rowohlt
BERLIN

Arkadi Babtschenko

Im Rausch

Russlands Krieg

Aus dem Russischen von Olaf Kühl

Rowohlt · Berlin

Deutsche Erstausgabe
Veröffentlicht im Rowohlt · Berlin Verlag, Oktober 2022

Diese Ausgabe folgt der von Ola Wallin edierten schwedischen Ausgabe
im Ersatz Verlag, Stockholm, August 2022
Innentypografie + Satz Rowohlt Verlag, Daniel Sauthoff, Freight Text Pro
Druck und Bindung CPI books GmbH, Leck, Germany
ISBN 978-3-7371-0177-6

Die Rowohlt Verlage haben sich zu einer nachhaltigen Buchproduktion verpflichtet. Gemeinsam mit unseren Partnern und Lieferanten setzen wir uns für eine klimaneutrale Buchproduktion ein, die den Erwerb von Klimazertifikaten zur Kompensation des CO_2-Ausstoßes einschließt.
www.klimaneutralerverlag.de

FSC www.fsc.org
MIX
Papier aus verantwortungsvollen Quellen
FSC® C083411

Prolog

14. April 2014

Ich heiße Arkadi Arkadjewitsch Babtschenko. Ich bin siebenunddreißig Jahre alt, Hochschulabschluss, verheiratet, erziehe eine Tochter.

Mit neunzehn steckte mich die Heimat in Filzstiefel, drückte mir eine Maschinenpistole in die Hand, setzte mich auf den Panzerwagen und sagte: «Fahr los.» Und ich fuhr. «Wiederherstellung der verfassungsmäßigen Ordnung» – so nannte sich dieser Krieg damals.

Mit zweiundzwanzig ging ich zum Kreiswehrersatzamt und meldete mich, diesmal freiwillig, zur Armee – und zog ein zweites Mal in den Krieg. «Antiterroristische Operation», so nannte sich das im Jahr 1999. Dabei nahm ich «im Laufe von einhundertzwei Tagen direkt an Kampfhandlungen teil», wie es in meinem Wehrpass heißt.

Für diese zwei Kriege hat die Heimat mir eine Freifahrkarte ausgestellt und zweitausend Rubel geldwerter Vergünstigungen gewährt. Danke auch dafür.

Mein Vetter Sergej Babtschenko ist in Tadschikistan gefallen. An der Grenze. Schon nach der Mobilisierung. Als Nachschub hatten sie ihnen junges Volk geschickt. Die mussten sofort ins Feld. Er hatte sich angeboten, anstelle der Jungen zu gehen. Sie stießen auf eine Bande, die Heroin schmuggelte. Er war MG-Schütze. Sie töteten ihn mit einem Kopfschuss. Als Einzigen in diesem Kampf. Ein Scharfschütze. Jetzt steht sein Name auf einer Gedenktafel für die Gefallenen in Baschkirien, seiner Heimat.

Mein Vater Arkadi Lawrentjewitsch Babtschenko schoss

Raumschiffe ins All. Er war Entwicklungsingenieur, arbeitete im sogenannten Kasten – dem ZKB SM. Zentrales Konstruktionsbüro für den Schwermaschinenbau. Er baute Kabelmasten für die Raketen. Seine letzte Arbeit war ein Kabelmast für den «Buran». Auf Dienstreisen verschwand mein Vater manchmal für ein halbes Jahr. In Baikonur lebte er in einem Wohnheim. In Moskau dagegen in einer Zweizimmer-Durchgangswohnung zusammen mit seiner Frau, dem Sohn, seiner Mama, dem Vater, Bruder und seiner Familie. Diese zwei Zimmer sind das einzige Erbe. Mehr hatten wir nicht. Kein Auto, keine Garage, keine Datsche.

In den Neunzigerjahren, als der «Buran» ein einziges Mal in den Weltraum flog, bevor alles in die Brüche ging, ging mein Vater nicht handeln und nicht stehlen. Er war dazu überhaupt nicht geeignet. Er war geboren dafür, Raumschiffe ins All zu schicken. Bis zu seinem Tod zeichnete er seine Kabelmasten, die niemand mehr benötigte. In fast völliger Armut.

Er starb an einem Schlaganfall. Im Jahr 1996. Ich war damals im Krieg. Wir konnten uns nicht einmal verabschieden.

Mein Großvater, Lawrentij Petrowitsch Babtschenko, hundertprozentiger Zaporoschjer Kosake, war Panzerfahrer. Er kämpfte in Chalchin Gol. Dreifach verwundet. Einmal schwer. Diese Verwundungen machten ihn dann fertig – er starb 1980, als ich drei war.

Seine Frau, Elena Michajlowna Kupzowa (nach ihrem ersten Mann, ihren richtigen Namen kenne ich nicht, weil meine Großmutter ihn sorgfältig geheim hielt – eine Jüdin, ja), war während des Krieges auf den Dächern im Einsatz und löschte Brandbomben. Als sie die Gelegenheit bekam, wanderte sie dennoch nicht aus Russland aus, nirgendwohin. Sie arbeitete ihr ganzes Leben, bis zum Tode. Im Heizraum. In unserem Haus, im Keller. Drei Tage die Woche.

Sie starb etwa zwei Monate nach ihrem Sohn. Ich war damals noch im Krieg. Ich weiß nicht einmal, wie sie beerdigt wurde.

Meine Urgroßmutter mit Namen Bachtijarowa (mit tatarischen Anteilen, jaja) war in den Dreißigerjahren nach Moskau gekommen. Mit zwei Kindern lebte sie in einem Nebenraum der Schule. Später hat sie ihr ganzes Leben darin gearbeitet.

Ihre Tochter, meine Großmutter, fabrizierte den ganzen Krieg, seit sie vierzehn war, Jodoform – Jodkristalle zum Verätzen von abgerissenen Gliedmaßen. Später, im Rahmen der Arbeitsfront, ging sie Kohlewaggons entladen. Oder Holz fällen.

Ihr Bruder, mein Onkel, büxte in den ersten Kriegsmonaten im Alter von fünfzehn Jahren an die Front aus und kehrte erst 1950 zurück – aus dem Fernen Osten.

Ihre Enkelin, meine Mama, fuhr mit mir nach Tschetschenien. Sie hat sich alles mit eigenen Augen angesehen. Dann hat sie sechs Kinder adoptiert.

Das erste Kind in meiner eigenen Familie war ein Adoptivkind. Das zweite ebenso. Erst das dritte, unsere Tochter, war unser leibliches Kind.

Heute hat meine Mama ein Kinderheim zu Hause. Alle Kinder stammen aus Lipjezk. Aus benachteiligten Familien. Alkoholismus, ja.

Der Großvater meiner Frau, Petr Gorkanov, ist ein reinblütiger Mordwine, im Großen Vaterländischen kämpfte er bei den Chemischen Truppen, dort hat er auch sein Augenlicht verloren. Bis zu seinem Tod lebte er auf dem Land. Er heizte mit Holz. Einen Gasanschluss bekam er zu Lebzeiten nicht.

Mein Schwiegervater, Fähnrich, reinblütiger Mordwine, diente in Deutschland. Als alles zusammenbrach, fand er mit Frau und Kindern irgendwie Unterschlupf in Kasernen und Wohnheimen.

Alle neunzehn Jahre meines Erwachsenenlebens – und sogar früher, seit 1993 – habe ich die ganze Scheiße mit meinem Land durchgezogen. Immer war ich dort, wo es meinem Land schlecht ging. Zum Weißen Haus beim Beschuss 1993, gut, dann zum Weißen Haus. In Tschetschenien, dann eben in Tschetschenien. In Südossetien – dann in Südossetien. In Krymsk – dann in Krymsk. In Blagoweschtschensk – dann eben in Blagoweschtschensk.

Die ganze Zeit waren ich, meine Familie, meine Vorfahren und meine Verwandten für mein Land Russen, so wie es sich gehört.

Wenn es galt, in Chalchin Gol zu brennen, für ein paar Kopeken den Weltraum zu erobern, im Keller zu hungern, Jodoform für die Front zu produzieren, mit den Kindern durch die Kasernen zu vagabundieren, in Tadschikistan zu sterben, in Tschetschenien die Läuse zu füttern, verlassene Kinder zu adoptieren – dann waren wir Russen.

In Tschetschenien hat mir kein einziges Mal jemand vorgeschlagen, die MP abzulegen und mich in mein Chochol-Land zu verpissen und in der verdammten Ukraine zu verrecken. Solange man für die russische Heimat verrecken soll, pfeift die russische Heimat darauf, ob du Jude bist oder nicht.

Da kennt die Heimat nur eine Nationalität: das Kanonenfutter.

Mich nach Chochol-Land zu verpissen, schlugen sie mir erst nach dem Krieg vor.

Natürlich diejenigen, die kein einziges Mal in irgendeinem Krieg gewesen waren.

Eine solche Masse Dreck über mich und meine Angehörigen wie in den letzten paar Monaten habe ich nie im Leben zu hören bekommen.

Auf dem «faschistischen Bandera-Juden»-Maidan hat mich niemals irgendwer nach meiner Nationalität gefragt. Dem «rechten Sektor», der auf den Barrikaden Seite an Seite mit Russen, Juden, Krimtataren und Armeniern kämpfte, war das piepegal. Schnurzpiep. Darum geht es ihnen nicht.

In der Heimat dagegen: Jener Mensch, um dessen Thronbesteigung willen der Zweite Tschetschenienkrieg angezettelt wurde und der selbst kein einziges Mal für seine Heimat gekämpft hat, nirgends, der sich glücklich um Afghanistan gedrückt hat und später, als er schon an der Macht war, an seiner Stelle und der seiner Kinder all diese jungen Rekruten in die von ihm selbst angezettelten Kriege in Georgien und auf der Krim geschickt hat, sagt mir von der Tribüne herab – mir, der ich als Freiwilliger in seinen Krieg gegangen bin –, dass ich ein Verräter sei, ein Agent des Feindes und zweitklassig.

Heute bin ich für meine Heimat ein Jude, ein ukrainischer Faschist, fünfte Kolonne und Nationalverräter.

Wundersam ist deine Welt, o Herr.

Erster Teil
Das Virus des Krieges

Das Virus des Krieges

13. Juni 2012

Der Krieg ist ein Virus. Eine umfassende pandemische Erkrankung. Kein Politiker, keine wirtschaftliche Situation, kein Hitler allein ist in der Lage, die Menschen nach Osten in Bewegung zu setzen, wenn die Zahl der Virusträger in der Gesellschaft nicht groß genug ist. Dazu muss es in den Menschen inkubieren. Sie müssen erkranken. Zu Virusträgern werden.

Russland ist ein Land im permanenten Kriegszustand. Seit Napoleon haben bei uns durchschnittlich alle fünfundzwanzig Jahre mehr oder weniger große Kriege stattgefunden. Somit kam ein Krieg auf jede Generation unseres Landes. Aus diesem Grunde ist der Krieg in den genetischen Code der Nation eingeschleust worden, er hat uns genetisch verändert.

Dieses Virus sitzt in jedem von uns, aber es schläft. Die Pandemie bricht erst dann aus, wenn es in die akute Phase übergeht. Das geschieht keineswegs so häufig, wie man annehmen könnte. Manchmal aber wird es grauenhaft.

Wenn in einer Gesellschaft, die dem Anschein nach sich keineswegs im Zustand der Agonie oder gar des Zerfalls befindet, Dinge geschehen, die einem die Haare zu Berge stehen lassen. Dinge, die in einer gesunden Gesellschaft völlig, absolut undenkbar sind.

Zum Beispiel wenn in einem Land, das den schrecklichsten Krieg in der Menschheitsgeschichte durchgemacht hat, Leute ganz unverhohlen in SS-Uniform zum Freiheitsmarsch kommen. Und ihnen nichts dafür passiert. Als wäre das völlig in Ordnung. Ganz normal.

Oder wenn Menschen in einem anderen Land, an dessen Zerfledderung wir beteiligt waren und dessen Offizierskorps in unseren Wäldern erschossen worden ist – wenn Menschen in diesem Land mit Reichsflaggen demonstrieren. So als würden, sagen wir, deutsche Fans am deutschen Nationalfeiertag mit NSDAP-Fähnchen durch die Straßen von Rschew ziehen.

Und ganz schlimm ist es, wenn der übrige Teil der Bevölkerung dieses Landes mehrheitlich Kommentare wie «Diese Polen sind ja völlig durchgeknallt» hinterlässt. Und der Staat in keiner Weise auf so etwas reagiert.

Solche Dinge – in einer gesunden Gesellschaft, betone ich noch einmal, undenkbar – sind in einer kranken Gesellschaft Gradmesser ihres moralischen Verfalls. Und dieser Verfall nähert sich bei uns, liebe Freunde, mit Siebenmeilenstiefeln dem Extrem.

Wir sind beinahe schon bereit für das Kriegsvirus. Sind beinahe bereit zu kämpfen. Beinahe WOLLEN wir den Krieg. Das lässt sich ganz deutlich an den Gesichtern ablesen. Die Anzahl der Virusträger im akuten Stadium steigt bei uns nicht über die Jahre, sondern über die Monate. Später, wenige Jahre danach, werden diese Leute wie üblich behaupten, sie hätten nur Befehle ausgeführt, hätten nicht begriffen, was sie tun, und überhaupt war *er* das alles, nicht ich. Dann werden wir wieder einmal die einfache und banale Wahrheit verstehen (so wie nach Tschetschenien, zum Beispiel) – dass man nicht töten darf. Eine Wahrheit, die wir mit so schöner Regelmäßigkeit alle fünfundzwanzig Jahre vergessen.

Aber um uns diese banale Wahrheit wieder bewusst zu machen, müssen wir erst eine weitere Katastrophe durchleben. Deren Anzeichen sich mit mörderischer Regelmäßigkeit schon hier und dort abzeichnen.

Das lässt sich einstweilen noch behandeln. Zum Beispiel durch gute Bildung. Durch den Aufbau des Staates. Eröffnung von sozialen Aufstiegsmöglichkeiten. Integration der Gesellschaft. Durch Arbeit und angemessenes Einkommen. Und natürlich, in erster Linie, durch Freiheit.

Noch ist Zeit für diese Behandlung.

Aber nicht mehr viel.

Der Weg, den das Land jetzt gerade nimmt, führt in den sicheren Abgrund.

Dämmerung

10. April 2013

Ich bin bekümmert, meine Herren. Nicht wegen der Popen oder der Vertrauenspersonen oder ihrer verletzten Gefühle, um Gottes willen. Ich habe schon gesagt, woher ich das alles kenne: die mit ihren verletzten Gefühlen und den Gesetzen, die sie aus diesem Grund zu verabschieden versuchen. Was die Popen und Zaren angeht, bin ich vollkommen solidarisch mit Alexander Sergejewitsch.

Bekümmert bin ich darüber, was sie aus meinem Land gemacht haben. Was sie aus sich selbst gemacht haben, mit Billigung meines Landes. Wie rasch sie einer so gigantischen Zahl von Menschen das Kreuz des Obskurantismus ins Hirn nageln konnten und was für eine gigantische Anzahl von Menschen wirklich froh ist über dieses neu erworbene Sklaventum.

Mich ärgert, dass der Anteil der Physiker, Ingenieure, Philologen, Astronomen, Botaniker, Linguisten, Mathematiker, Bibliothekare und überhaupt einfach gebildeter Menschen katastrophal und verschwindend gering ist im Vergleich zum Anteil der Xenophoben, Dunkelgeister, Schweinehunde und einfach nur Dummköpfe. Ich bin betrübt davon, dass ich in der Metro fast keine intelligenten Gesichter mehr sehe. Dass aus meinem Leben die Schicht der beseelten, Brillen tragenden Physiker und Lyriker verschwunden ist, die hitzig streiten und nur an die Wissenschaft glauben, weder ans schnelle Geld noch an den Popen noch den Zaren. Dass das Land die Klugen vertrieben hat und dabei ist, auch noch ihre letzten Reste zu vertreiben. Dass der Astrophysiker Alexej Filippenko, den ich immer auf Discovery gucke, Englisch spricht und nicht Russisch.

Na gut, die Dummköpfe – da ist nichts anderes zu erwarten. Aber dass man diesen Nagel auch gebildeten Menschen einhämmern konnte – das ärgert mich am meisten. Im Krieg habe ich die Erfahrung gemacht, dass der Mensch sich innerhalb weniger Wochen zum Tier machen lässt. Aber dass sich ein ganzes Volk innerhalb weniger Jahre in eine Masse von Charakteridioten verwandeln lässt – das war für mich eine Entdeckung. Wie hat Joseph Goebbels noch gesagt – gebt mir die Massenmedien, und ich verwandele jede Nation in eine Herde Schweine? Auch das verstimmt mich.

Es bedrückt mich, dass sie so viele sind. Mit welchem Tempo sie sich vermehren und mit welchem Tempo sie ihren Obskurantismus im Land verbreiten. Es bedrückt mich, mit welcher Leichtigkeit sie die Zivilisation ablegen und wie bereitwillig sie wieder ins Mittelalter eintauchen. Wenn wir die kritische Masse erreichen, gibt es kein Zurück mehr. Das ist eine Einbahnstraße. Ein Cambridge oder auch nur Skolkowo im orthodoxen Iran errichten zu wollen, ist unmöglich.

Mich ärgert, dass es so unglaublich wenig Zeit brauchte – ein Jahrzehnt –, damit all diese Judenitschs, Im-Klo-Zerquetscher, Gundjajews, Surkows, Bannerträger, Kosaken, patriotischen Patrouillen und dergleichen mehr hier auftauchen. Es ärgert mich, dass dieses Land sie schalten und walten lässt, dass sie ihr Unwesen treiben und Speichel verspritzen können, immer mehr. Ärgert mich, dass das Land es zugelassen hat, dass diese Schweine, Idioten und Charakterkastraten die Macht ergreifen und tun und lassen können, wie ihnen beliebt.

Ich habe die Schnauze voll von all diesen geistlichen Banden, den Popentreffen im Kreml, dem Petersburger Dieb dortselbst, dem Jargon des Gossenpräsidenten, laodizeischen Kodizes, den angeblichen Beleidigungen von irgendwelchen Gefühlen – die ich, ich wiederhole es zum dritten Mal, sonst wo habe –, den

Bannerträgern, die jetzt bestimmt hellhörig werden, und so weiter und so weiter.

Ich habe diesen undefinierbaren Schwebezustand satt. Ich will, dass das endlich aufhört. Egal auf wessen Kosten, aber es soll endlich Klarheit herrschen. Orthodoxer Iran – gut, dann eben orthodoxer Iran. Freies Russland, dann freies Russland. Ich will die Lösung.

Nein, mir liegt gar nicht daran, dass alles schlecht wird, alles untergeht. Ich definiere einfach den Frontverlauf. Russland wird frei sein, so oder so. Und nicht nur frei von Dieben und Usurpatoren. Auch von Obskurantismus und Unwissenheit.

Aber das Tempo, mit dem wir uns dem Mittelalter nähern, ist geradezu erschreckend, meine Herren.

Wirklich.

Nächste Haltestelle Blutbad

24. Oktober 2013

Ich habe überhaupt keine Lust mehr auf große ernsthafte Texte. Hat gar keinen Sinn. Hat keinen Sinn, jemandem noch etwas erklären zu wollen. Keinen Sinn, Beweise vorzubringen. Keinen Sinn, an die Vernunft zu appellieren oder auch nur die einfache, elementare Logik.

Die Migrantenhysterie hat alles überschwappt – von einem Ende zum anderen. Der Oppositionsführer (einer demokratischen, verdammt, Opposition!) tritt mit nationalistischer Rhetorik zur Wahl an. Die Kolumnisten des liberalsten aller Rundfunksender unterstützen einen Teilnehmer der russischen Märsche. Der beste Nachrichtenticker Russlands postet auf VKontakte rassistische Bilder, die unter aller Sau sind. Die üblichen Nazi-Überfälle hat nur eine (!) einzige Partei verurteilt. Vor diesem Hintergrund mischen die Skin-Brigaden die Märkte auf und überfallen Menschen anderer Nationalität in den Hauseingängen. Das Volk schlägt nichtrussische Passagiere in den Routentaxis blutig.

Schriftsteller, Journalisten, Regisseure, Wissenschaftler, die Anführer der öffentlichen Meinung – also all jene, die sich dem widersetzen, die ihre Stimme gegen diesen Wahnsinn erheben, die aufstehen und sagen sollten: «Leute, was tut ihr, besinnt euch!» –, sie alle schweigen. Nur vereinzelte Stimmen melden sich hier und da. Aber sie werden kaum noch gehört.

Vor diesem Hintergrund noch etwas zu sagen, ist völlig sinnlos. Was immer man vorbringt, man erntet nur: «Sie sitzen eben in der Hocke!»

Die Gesellschaft hat keinen Bedarf mehr nach einer Deutung

des Geschehens und dem Versuch, die Zukunft zu verändern. Die Bremsen sind gelöst, die Gesetze aufgehoben, Denken ist nicht mehr obligatorisch.

Wie mir neulich eine Bekannte nach Birjulewo sagte: Was willst du, jetzt ist alles klar, nächste Haltestelle – Blutbad.

Ich habe einmal einen Artikel mit dem Titel «Das Virus des Krieges» geschrieben. Die Aussage war, dass kein einzelner Mensch einen Krieg anfangen kann. Kein Hitler allein könnte das heutige Deutschland zum «Drang nach Osten» bewegen. Dazu muss die Nation selbst heranreifen. Dafür muss der Anteil der Träger des Kriegsvirus in der Bevölkerung die kritische Masse erreichen. Und dann braucht es keinen Hitler mehr – von ganz allein werden sie losziehen, die Gemüsemärkte zertrümmern, Moscheen anzünden, Menschen im Hauseingang niedermetzeln, Filterlager errichten, vor der Kamera verprügeln.

Und danach – nichts als Dunkelheit. Nur noch Dunkelheit. Eine andere Ausfahrt von diesem Weg gibt es nicht.

Und da sitze ich nun und sehe zu, wie es in meiner Nation reift, wie das Virus immer mehr Menschen erfasst, wie die Epidemie das Stadium der Hysterie erreicht, darauf folgt das Stadium des Wahnsinns, und mir wird klar, dass es jetzt vermutlich keine Heilung mehr gibt. Das muss durchlitten werden.

Behandelt werden kann so etwas nur prophylaktisch, vorbeugend, aber im Gegenteil, statt der Prophylaxe wurde noch Öl ins Feuer gegossen – und was jetzt kommt, zeichnet sich immer deutlicher ab.

Erst danach, in zehn, zwanzig Jahren, wenn die Epidemie vorbei ist, der Wahn verflogen, der Hass gestillt und der Schaum vor dem Mund getrocknet, werden die, die die völlige Zerstörung des Landes überlebt haben, aus ihren Kellern mit den Kanonenöfen und der Rattensuppe kommen, sich umsehen, einander anschauen und sagen: Mein Gott, was war das? Wozu haben wir das alles getan? Wer waren wir? Wie konnten wir zu so etwas werden?

Dann kommen vielleicht Bücher, Filme, wissenschaftliche Artikel. Vielleicht sogar normale Gesetze. Wie bei den Japanern. Die Japaner haben es doch geschafft. Auch wenn sie dafür erst zwei Atombomben abkriegen mussten.

Dann folgt die Deutung. Und der gesellschaftliche Bedarf nach einer Sinngebung wird sehr stark sein. Der «Archipel Gulag» hätte nicht im Jahr 1937 geschrieben werden können. Im Jahr 1937 hätte niemand den Samisdat versteckt. Dafür brauchte es Zeit. Abstand. Sinngebung.

Deshalb sitze ich jedes Mal, wenn ich eine neue Seite öffne und etwas Ernsthaftes schreiben will, eine Weile so da, glotze auf den Bildschirm – und klappe ihn wieder zu. Denn mir wird klar, dass ich fast keinen Leser mehr habe. Niemanden, für den ich schreiben könnte. Alle sind unterwegs, die Gemüsestände zertrümmern. Und die wenigen, die geblieben sind, die noch bereit sind zuzuhören – denen ist sowieso alles klar. «Was willst du – nächste Haltestelle – Blutbad.»

Die Moral von der Geschichte – gibt's nicht.

Willkommen, Krimbewohner!

17. März 2014

Nun denn, seid gegrüßt, liebe Krimbewohner! Schön, euch zu sehen. In den ersten Zeilen meines Briefes möchte ich euch dazu gratulieren, dass dies das letzte Referendum in eurem Leben war. Mit den «Willenserklärungen» war es das erst einmal bei euch. Eine freie Wahl werdet ihr nicht mehr haben – in keiner Frage mehr, nie. Nicht mal bei der Farbe der Bordsteinkanten auf eurem eigenen Hof. Das könnt ihr gleich vergessen.

Zweitens, verabschiedet euch schon mal von eurem Fernsehen. Tschüs, Direktübertragungen, tschüs, Talkshows und Diskussionen. Willkommen, Trash, Leichen, Debile und Urogenitalwitze. Nur noch Kiseljow, nur noch Hardcore! Und Live-Diskussionen mit Putin!

Drittens, die Wehrpflicht. Das ist überhaupt ein Thema für sich. In dreiundzwanzig Jahren Okkupation habt ihr natürlich schon vergessen, wie das ist, wenn sie eure Kinder zu den Soldaten holen. Na, macht nichts. Wird euch schon wieder einfallen. Besonders wenn eure Kinder in unserer – sorry, heute ja eurer – Armee an Krankheiten sterben, an denen sonst seit hundert Jahren niemand auf der Welt mehr stirbt. An Pneumonie zum Beispiel. Nach dem Krimklima irgendwo auf den Kurilen zu dienen, das ist es. Und dann natürlich der Schriftzug «Kaukas-Kraft» auf den kahl geschorenen Köpfen, das macht sich auch gut.

Sucht euch schon mal die Netzadresse von «Recht der Mutter». Der Verein unterstützt bereits seit zwanzig Jahren die Familien ums Leben gekommener Rekruten. Letztes Jahr hat die Stiftung den Familien von zweitausendvierhundertfünfundsechzig toten Rekruten geholfen. Davon waren, übrigens, zwanzig Prozent in den Selbstmord getrieben worden, fünfzehn Prozent an Krankheiten gestorben und fünf Prozent – zu Tode geprügelt. Mit einem Wort – «weine nicht, oh Mädel!».

Und ja, in Russland steht Soldatenmüttern bzw. Invalidinnen nach dem Verlust des Ernährers eine Rente von vierzig Dollar zu. Ihr habt euch nicht verhört. Dafür muss man allerdings jahrelang kämpfen. Willkommen in unserem Gerichtssystem. Das Gerichtssystem überhaupt ist ein weites Feld, deswegen erwähne ich nur kurz: Anfachen von Hass, Beleidigung der Gefühle von Gläubigen, Rechtfertigung von Terrorismus, extremistische Äußerungen, Verleumdung – das sind alles Straftaten. Und Verleugnung der Geschichte, Behinderung von Bürgern am Weitergehen, ungenehmigte Versammlungen von fünf Personen, amoralisches Benehmen – all das und sehr, sehr vieles andere – sind Ordnungswidrigkeiten.

Na, mit unseren Kosaken habt ihr ja das Vergnügen schon gehabt, wie man hört. Prachtkerle, nicht wahr? Aber das ist noch gar nichts, ihr kennt unsere Popen noch nicht.

Bei uns läuft hier übrigens gerade ein föderales Programm zur Förderung des geistlichen Lebens und zur Festigung der geistigen Zusammengehörigkeit. Unter der Losung «Kirchen überall, wo noch nichts ist!». Das heißt, falls ihr dachtet, irgendwo wird ein Kindergarten gebaut oder ein Autobahnkreuz – denkste, dort kommt erst mal eine Kirche hin. Genauso wie bei mir hier vor dem Fenster – auf der Brachfläche neben der Moskauer Ringautobahn, vor meinem Fenster, bauen sie jetzt eine hin statt einer Entlastungskreuzung. Hier ist jeden Morgen Stau, wozu da eine Entlastungskreuzung, nein, eine Kirche wird hier gebraucht. Egal, auch das werdet ihr mit der Zeit begreifen.

Und ja, der Beitrag für das Gotteshaus, da kommt keiner drum herum. Das Bürgermeisteramt von Elektrostal, das sich diese geistliche Innovation ausgedacht hat, wird es euch beibringen.

Und da wir schon bei Beiträgen sind. Uns steht hier ja auch noch die Reform des Wohnungswesens bevor. Sie dauert schon zehn Jahre und kommt jetzt gerade auf Touren. Sodass euer Wohngeld auch bald an die fünftausend Rubel betragen wird.

Ja, und die Vergünstigungen! Sind eure Vergünstigungen schon in Geldwert umgerechnet worden? Nein? Nun ... Geradezu beneidenswert. Bei Gelegenheit, zum Thema «Auflösung von Rentnerprotesten» hat unsere Dzerschinskij-Division schon vor fünf Jahren Übungen abgehalten. Sie wird eurer Berkut-Spezialeinheit sehr gern bei der Weiterbildung behilflich sein.

Nun, von Bagatellen wie dem Abknapsen der begehrtesten Grundstücke für kleine Paläste und Chalets, die Neuverteilung des – gesamten! – Business sowie Abriss und Brandschatzung von Wohnhäusern, um dann dort Handelszentren zu errichten, und so weiter und so weiter, will ich gar nicht reden. Von der Steuerpolizei, dem Gesundheitsamt, Feuerwehr, Staatsanwaltschaft, Untersuchungskomitee, FSB, Verwaltung etc. etc. gleichfalls nicht. Ihr lebt dort, sagt man, vor allem vom Tourismus, ja? Schon gut, schon gut. Bei uns nennt man das «Geschäft versauen». Den kleinen Selbstständigen, damit die Großen übernehmen können. Werdet euch dran gewöhnen. Schwamm drüber.

Aber noch zum Thema Tourismus. Es gibt dort bei euch private kleine Hotels, stimmt's? Direkt am Meer, oder? Auf der Krim? Na, jedenfalls: Ehe ihr euchs verseht, wird es dort keine privaten Hotels mehr am Meer geben.

Aber dafür Tkatschows Datscha! Schojgus Datscha! Die Datschen aller Senatoren! Die aller Abgeordneten! Die Datschen aller FSB-Agenten! Und dahinter die des gesamten Untersuchungskomitees und der ganzen Staatsanwaltschaft! Was für Jachten werden dort bei euch an den privaten Piers liegen! Mit was für Zäunen werden sie euer Meer abgrenzen! Die verfluchten Banderowzen werden euch beneiden.

Ihr werdet euch dann mit dem Stadtstrand von Sewastopol zufriedengeben müssen.

Nebenbei empfehle ich euch auch, die Floskel «Ihr seid viele, ich bin allein!» zu lernen. Die Russische Post, Ein-Schalter-Dienst, Sberbank, Rentenfonds, Sozialversicherung – all das gehört jetzt euch. Herzlichen Glückwunsch.

Und apropos Sberbank. Da habt ihr auch wieder Schwein gehabt, bei uns treiben sie jetzt die Rentenreform voran. Wie sich diese Rente zusammensetzt, hat schon vorher niemand kapiert, jetzt ist noch der Letzte damit überfordert – ob es überhaupt eine gibt, oder nicht.

Und zwei weitere Ausdrücke solltet ihr euch auch noch einprägen. «ATO» – «Antiterroristische Operation» – und «Hexogen». Das ist wichtig. Wirklich verdammt wichtig. Und meidet in Zukunft Menschenansammlungen, Bahnhöfe, Flughäfen – besonders Bahnhöfe und Flughäfen –, Bushaltestellen, Märkte, Konzerte, und überhaupt: Seid gut drei Stunden vor Abflug am Flughafen. Metalldetektoren stehen jetzt an jedem Eingang. Keine Späße mit der Miliz! Bärte tragt besser nicht. Die Haarfarbe hellt auf. Stülpt eure Taschen nach außen und lasst euch auf die erste Aufforderung abtatschen. Und geht niemals – nie! – ohne Ausweispapiere aus dem Haus.

Und denkt an die Sanktionen unserer internationalen Freunde, jetzt Feinde. Ihr seid ja jetzt Russland.

So viel dazu, im Klein-Klein. Noch mal zusammengefasst:

Demonstrationen sind in Russland verboten.

Widerstand gegen widerrechtliche Festnahme und widerrechtliche Verhaftung ist verboten.

Selbstbestimmung der Nationen ist verboten. Austritt aus Russland verboten. Separatismus verboten.

Adoption von Kindern durch Ausländer ist verboten.

Sogenannte «Propaganda» für Homosexualität ist verboten.

Konzerte von Madonna oder Elsa and Emilies «Ocean» sind verboten.

Ungenehmigte Plakate sind verboten.

Der Fernsehsender Doschd ist verboten.

Online-Zahlungen werden in Kürze verboten.

Die Preise in Moskau sind doppelt so hoch wie in Kyiv. Für alles.

Und noch etwas. Zum Abschluss. Alkohol ist bei uns (und jetzt auch bei euch) von elf Uhr abends bis acht Uhr morgens auch verboten. Prohibition, versteht ihr.

Welcome home, mit einem Wort.

Willkommen.

Geburt einer Armee

23. April 2014

Im Osten der Ukraine wird eine nationale Armee geboren.

Die Anti-Terror-Operation, die die Ukraine vor drei Wochen im Osten des Landes begonnen hat, ist mangels sichtbarer Ergebnisse eingestellt worden. Die selbst gestellten Aufgaben sind nicht erfüllt worden, Militärtechnik ging verloren, Soldaten sind in Gefangenschaft geraten oder gefallen. Den Sieg in dieser Runde haben zweifellos die Vertreter der selbst ernannten Volksrepublik Donezk errungen. Bei den harten Einschränkungen, denen die Streitkräfte heute unterliegen, war ein Erfolg auch kaum zu erwarten gewesen. Am Dienstagabend, nachdem bei Slowjansk der Leichnam des wenige Tage zuvor entführten Stadtrats von Horliwka, Wolodymyr Rybak, gefunden worden war, forderte der amtierende Präsident Oleksandr Turtschynow die Wiederaufnahme der Militäroperation. Aber offenbar haben die Militärs, die jetzt zudem durch die Vereinbarungen von Genf von 2014 gebunden sind, bis heute kein Verständnis für Taktik. Indessen entsteht im Osten der Ukraine eine eigene Volksarmee und -miliz. «Volk» ist dabei wörtlich zu verstehen – die Bewegung kommt von unten. Die Leute errichten Kontrollposten, formieren Einheiten und rüsten sie aus, bereiten die Verteidigung der Städte vor. Von sich aus, auf eigene Initiative.

Am Eingang der Stadtverwaltung von Dnipropetrowsk stehen zwei Klaviere. Das eine ist schwarz und stumm. Das andere gelb-blau, in den Farben der ukrainischen Flagge. Der junge Mann, der daran sitzt, spielt aus irgendeinem Grund das Lied «Vladimir Central». An der Wand über seinem Kopf eine Bekanntmachung zur Aufnahme von Freiwilligen in das Regiment der Nationalverteidigung und das Bataillon «Dnipro». Ich gehe zur Pressekonferenz von Jurij Bereza, dem Kommandeur des Regiments der Nationalverteidigung. Er erzählt gerade, dass die ersten achtzigtausend Dollar für die Auslieferung von «grünen Männchen» ausgezahlt worden seien. Hintergrund ist, dass zuvor der Gouverneur des Gebiets Dnipropetrowsk, der Milliardär Ihor Kolomojskyj, eine Belohnung von zehntausend Dollar für jedes gefasste Mitglied der bewaffneten Gruppierungen ausgelobt hatte.

«Bis jetzt wurden uns elf Mann übergeben», sagt Bereza. «Bei acht von ihnen ist die Beteiligung an bewaffneten Gruppierungen nachgewiesen. Als Beweis dienen Fotos oder Videoaufnahmen. Sie alle haben mit der Waffe in der Hand an der Blockade oder dem Sturm auf unsere Militäreinheiten auf der Krim teilgenommen.»

Die Frage nach der Staatsangehörigkeit der Festgenommenen beantwortet Bereza nicht direkt, gibt jedoch zu verstehen, dass auch Russen darunter seien.

«Es werden schon Witze gemacht: Wir haben hier russische Touristen im Transit von Polen nach Belarus – sollen wir die auch bringen?», lacht er.

Alle Festgenommenen befinden sich derzeit in Kyiv. Der Sicherheitsdienst der Ukraine kümmert sich um sie.

Jurij Bereza ist heute wohl eine der Schlüsselfiguren im Gebiet. Erstens ist er der Kommandeur des Regiments der Nationalverteidigung (nicht zu verwechseln mit der Nationalgarde). Und zweitens der Kommandeur des in Entstehung begriffenen Spezialbataillons «Dnipro». Das ist weniger kompliziert, als es klingt. Das «Regiment der Nationalverteidigung» ist kein Regiment. Es ist eine gesellschaftliche Vereinigung, die Regiment im Namen trägt. Ein militär-patriotischer Klub, der schon vor den Ereignissen existierte. Weder eine staatliche noch eine bewaffnete Struktur. Wenn auch zahlenmäßig schon mit einem Regiment vergleichbar.

Auf der Basis des «Regiments» werden jetzt auf Initiative der Gebietsverwaltung die zwei Bataillone «Dnipro-1» und «Dnipro-2» formiert. Hier wird es sich bereits um vollwertige staatliche Kampfeinheiten handeln. Zum Kommandeur des ersten ist ebenfalls Jurij Bereza ernannt worden. In das «Regiment» wird praktisch jeder aufgenommen, der will, die «Dnipro»-Bataillone treffen ihre Auswahl nach strengeren Kriterien.

Sowohl das «Regiment» als auch «Dnipro-1» und «Dnipro-2» sind regionale Untereinheiten, die nur im Gebiet Dnipropetrowsk tätig sind. Sie stehen nicht in irgendeiner Beziehung zur Nationalgarde – die ist eine föderale Struktur, die die Regierung der Ukraine jetzt im ganzen Land aufzubauen versucht. Aber angefangen hat alles mit dem Regiment. Und dieses kommt jetzt dem Begriff der «Volksarmee» am nächsten.

Im Grunde ist hier alles genauso wie auf dem Maidan. Da begann auch alles mit dem Bau von Barrikaden. Genauer gesagt, Kontrollposten. Nachdem Föderalisierungsanhänger erfolglos versucht haben, die Gebietsverwaltung einzunehmen, haben die Leute einfach angefangen, Dnipropetrowsk mit Kontrollposten zuzupflastern. SÄMTLICHE Zufahrten zur Stadt wurden gesperrt. Am Anfang handelte es sich um auf die Fahrbahn geschütteten Müll, der zufällig zur Hand war und der von einer Handvoll Leute bewacht wurde.

Danach ging man ernsthafter an die Sache heran. «Da kommt ein Typ und fragt, was wir brauchen», erzählt Wladimir, einer der Kämpfer des Regiments. «‹Eisen und Sand›, antworte ich. Und dann kommt der mit einem Wagen voll Eisen und zwölf Tonnen Sand an. Danach erschienen Militärs außer Dienst. Offiziere der Ingenieurs- und Pioniertruppen. Sie sagten, das alles sei ein Sandkastenspiel. Und zeichneten ordentliche Pläne. Einer davon war fast eine Diplomarbeit – mit Unterständen, MG-Nestern, Zellen, ideal in die Umgebung eingepasst. Fotografieren war, natürlich, nicht erlaubt.»

Die Kontrollposten wirken. Kürzlich haben sie einen voll besetzten Autobus zurückgeschickt, in dem fünfzig junge Burschen unterwegs waren, allesamt, man stelle sich vor – Mitarbeiter bei der Post, klar, die werden hier gebraucht. Aber die Befestigungen haben natürlich vor allem eine psychologische Bedeutung.

«Mir ist klar, dass Profi-Agenten, ob FSB oder GRU, trotzdem einzeln in die Stadt gelangen. Alle kannst du nicht herausfischen. Aber darum geht es nicht. Entscheidend ist, dass man die Situation nur dort hochschaukeln kann, wo die Bevölkerungsbasis dafür vorhanden ist. Und diese «Basis» gar nicht erst hier einschleppen zu lassen – das ist die Hauptaufgabe. Zweite Aufgabe: den Leuten Selbstvertrauen geben. Ihnen zeigen, dass hier jemand ist, der die Situation unter Kontrolle hat. Der bereit ist, sie zu verteidigen. Der bereit ist, dem Chaos zu widerstehen. Wenn jemand Starkes offen zeigt, dass er bereit ist, Verantwortung zu übernehmen, dann folgen die Leute. Am Anfang hatten sie Angst, klar. Inzwischen rufen sie schon an, wenn irgendwo betrunkene Hooligans ruhiggestellt werden müssen. Kannst du dir das vorstellen? Nicht bei der Miliz, sondern bei uns rufen sie an. Dabei ist das überhaupt nicht unsere Aufgabe. Wir rücken trotzdem aus. Damit die Leute das Vertrauen nicht verlieren. Zudem lässt das Gesetz es jetzt auch zu. Gerade in diesen Tagen sind Änderungen über die Festnahme durch Zivile verabschiedet worden.»

Es gibt auch überhaupt keine Antagonismen zwischen den Gesetzeshütern und der Volkswehr. Sie halten zusammen Wache. Die Miliz mit Maschinenpistolen. Die Volkswehr mit den Waffen, die sie als Bürger besitzen. Vom Luftgewehr bis zur

«Saiga», was man gerade hat. Waffenführungsgenehmigung vorausgesetzt, natürlich. An einem der Kontrollposten steht sogar ein gepanzertes Aufklärungspatrouillenfahrzeug. Das gehört auch jemandem, ist also Privateigentum, unbewaffnet. Damit kann notfalls rasch die Straße gesperrt werden.

«Eine Zeitlang war es wirklich zum Fürchten», sagt Wladimir. «Ich hatte Angst, mein Auto nachts zu parken. Ich dachte, sie könnten es anzünden. Außerdem fingen sie damals an, die Tituschkos hier reinzubringen. Die Vorbereitungen auf die Eskalation fingen damals schon an. Aber Dnipropetrowsk ist immerhin nicht Donezk. Schau, an jedem fünften Auto weht schon die ukrainische Flagge.»

Das stimmt. An ukrainischen Flaggen herrscht kein Mangel in der Stadt. Zwei junge Mädchen verteilen sie an einer Kreuzung. Die Autos, die am Kontrollposten vorbeifahren, hupen zur Unterstützung. Bewohner der umliegenden Viertel bringen Essen.

«Sie bringen uns so viel zu essen, dass wir das schon an die Kinderheime weiterverteilen müssen.»

Und das, obwohl Dnipropetrowsk eine fast komplett russischsprachige Stadt ist. Ukrainisch hört man hier so gut wie gar nicht auf den Straßen. Der ideologische Kampf ist in dem Gebiet bereits gewonnen. Die russischsprachige ukrainische Stadt hat sich entschieden, sie will für ihr Land kämpfen.

Wobei, so ganz eindeutig ist das nicht. Nach meinem Gefühl verläuft die Wasserscheide in Dnipropetrowsk ungefähr im Verhältnis sechzig zu vierzig. Sechzig Prozent für eine geeinte Ukraine. Vierzig ... gar nicht mal für Russland. Nicht einmal für die Föderalisierung. Eher für die Sowjetunion. Sehnsucht nach der alten Ordnung. Das gilt natürlich vor allem für die ältere Generation. Meiner Argumentation, dass das heutige Russland überhaupt nichts mehr mit der Sowjetunion zu tun hat, stimmen sie zu. Aber noch mehr Angst haben sie vor dem Raubtierkapitalismus, und vor allem vor den Dieben an der Macht. Und beide Seiten stimmen darin überein, dass Janukowytschs Herrschaft derart korrupt war, dass gar nichts anderes übrig blieb, als ihn zu stürzen. Und sowohl die einen wie die anderen antworten auf die Frage «Wird es Krieg geben?» einhellig: «Es ist schon Krieg.»

Analoge Prozesse gab es in Sumy, Mykolajiw, Krywyj Rih, Saporischschja. Auch in diesen Städten – und nicht nur dort – entstehen Nationalarmee-Strukturen.

Mit der Nationalgarde klappt es bislang nicht so gut. Bei der Nationalarmee kommt es jetzt vor allem darauf an, sie nicht zu behindern. Obwohl man selbst dazu nicht in allen Gebieten bereit ist. Anders als in Kyiv reden die Leute hier ausschließlich vom Krieg mit den «grünen Männchen». Nur darauf bereiten sie sich vor. Den Gedanken an einen Bürgerkrieg weisen sie sofort als aufrührerisch zurück. Dass Bürger der Ukraine gegen Bürger der Ukraine kämpfen könnten, wollen sie nicht akzeptieren. Sobald die «grünen Männchen» verschwinden, sind sie überzeugt, wird sich auch im Donbass alles einrenken. Das Argument, dass es in Donezk und Luhansk, anders als in Kyiv, keine derart offene Präsenz der russischen Armee gibt, akzeptieren sie. Doch als Anstifter des Separatismus gilt ihnen nur und ausschließlich Russland – durch Vertreter seiner Geheimdienste. Genauer gesagt, unterscheiden sie zwei Begriffe – den lokalen Separatismus, dem sie unblutig Widerstand leisten wollen, und die «grünen Männchen», die sie mit aller Macht bekämpfen wollen.

Wiedergänger

11. Dezember 2014

Zwanzig Jahre ... Kaum zu glauben. Am 11. Dezember 1994 begann offiziell der Tschetschenien-Krieg.

Ich denke weniger und weniger an diesen Krieg zurück. Träume fast gar nicht mehr von ihm. Kann mich so gut wie gar nicht mehr an die Orte, die Daten erinnern. Andere Kriege, andere Daten und andere Tode haben sich davorgeschoben. Die verbrannten Leichen in Zinvali. Der Tod von Kameraden. Anna Politkowskaja.

Und nun die Ukraine.

Dieser Krieg sollte der wichtigste in meinem Leben gewesen sein, aber da ist ein Oberst, der einfach nicht zur Ruhe kommt, der da sitzt auf seinem Thron und uns aus vollen Händen mit immer neuen Kriegen, immer neuer Scheiße zuschüttet.

Ich hatte Glück, ich bin nicht in den schlimmsten Fleischwolf, den von Grosny, geraten, nach Tschetschenien kam ich erst 1996, als Fernmelder, und habe das Land insgesamt eher tangiert, aber, verdammt, sogar mir mit meinem Glück reichte das, was ich damals gesehen habe. Nichts war schwärzer, nichts schrecklicher und hoffnungsloser in meinem Leben als dieser Krieg. Absolute, finsterste Hoffnungslosigkeit.

Man darf junge Burschen im Alter von achtzehn nicht zur Schlachtbank führen. Das darf man nicht. Niemals.

Mögen die Gefallenen in Frieden ruhen. Auf beiden Seiten.

Kursker Bahnhof. Sommer 1996. Ich kehre nach einem kurzen Urlaub, den man mir wegen der Erkrankung meines Vaters gewährt hat, nach Tschetschenien zurück. Das war das letzte Mal, dass ich ihn lebend gesehen habe. Er ist im August 1996 gestorben. Gerade als der Sturm auf Grosny begann. Das Telegramm über seinen Tod brachten sie mir auf die Startbahn, als unser zusammengeführtes Bataillon schon in den Hubschrauber steigen sollte. Unser Regimentspostbote, Funt, rannte extra auf die Startbahn und machte mich ausfindig. In letzter Minute. Ich flog nach Moskau zu seiner Beerdigung, alle anderen nach Chankala, Grosny. Von sechsundneunzig Mann kamen zweiundvierzig zurück.

Und nun sind zwanzig Jahre vergangen. Auf dem Bahnhof in Rostow werden erneut Kommandos aus jungen Rekruten gebildet. Und die Kühlwagen fahren erneut zum Leichenhaus. Wieder wird dem ganzen Land in Erinnerung gerufen, dass «Fracht 200» für den Transport eines gefallenen Soldaten zurück in die Heimat steht. Eine schon fast vergessene Abkürzung.

Und ich schreibe über den nächsten Krieg.

Meinetwegen, fliege ich nach Kyiv (verflucht ... beinahe hätte ich doch Grosny geschrieben). Und von dort werde ich mich mit allen Mitteln dagegen sträuben, in den Bezirk Pesok zu fahren.

Früher in solchen Fällen

28. Februar 2015

Früher wollte man in solchen Fällen immer irgendwohin fahren, sich mit jemandem treffen, etwas sagen, etwas tun. Heute möchte man allein sein. Es gibt nichts mehr zu sagen. Oder zu diskutieren. Alles ist längst klar. Auch zu tun gibt es eigentlich nichts mehr. Das Land versinkt in Dunkelheit. Im Mittelalter. Das Zurück ins Licht wird sehr teuer sein. Das ist alles schon klar. Und tun kann man hier so gut wie nichts mehr. Eine winzige Chance gibt es noch, aber ... Wer sollte auch etwas tun können? Die einen sind ausgewandert, die anderen im Gefängnis, wieder andere umgebracht.

Früher in solchen Fällen ... Gruslige Worte. Gruslige Jahre.

Er hat, soweit man sehen kann, viele von denen, deren Tod ihm zur Last gelegt wird, nicht umgebracht. Politkowskaja, das war nicht er. Natalja Estemirowa. Stanislaw Markelow. Sergei Magnitski. Aber sein Name wird in Verbindung mit genau diesen Namen in die Geschichte eingehen.

Für immer. Bis in alle Ewigkeit.

Ist da noch wer?

1. September 2015

Mich erreichen ständig Petitionen, ich sollte die Information über die Brände um den Baikalsee im ganzen Land verbreiten und überhaupt irgendwie beim Löschen helfen. Sie alle sind in folgendem Ton gehalten: «Wladimir Wladimirowitsch, wir sind für Sie, warum erhören Sie uns nicht? Und wo sind die Journalisten, warum helfen sie nicht, die Information zu verbreiten?»

Okay, Jungs. Sei's drum. Ich bin Journalist. Ich werde euch helfen. Ich habe genug Abonnenten, ich werde die Info verbreiten, Konten eröffnen und Spenden sammeln zur Unterstützung der Abgebrannten, den Ankauf von allem Notwendigen und die Organisation von Freiwilligentrupps ... Nein, wartet. Ich bin ja Nationalverräter. PayPal und Kiwi sind bei mir blockiert. Ich bin unter die Räder gekommen, als man gegen Alexei Nawalnys Spendensammlung für seine Stiftung vorging. Erinnert ihr euch, wie damals das Crowdfunding bekämpft wurde? Dafür bin ich noch ganz glimpflich davongekommen. Crowdfunding ist in Russland entweder verboten oder beinahe verboten, meine Online-Portemonnaies sind blockiert, beim Sammeln von Geldern kann ich euch nicht helfen. Erstens habe ich einfach keine Möglichkeiten, und zweitens will ich für so eine Sache nicht, wie Konstantin Jankauskas, in den Hausarrest wandern. Also, tut mir leid ...

Aber, natürlich! Jewgenija Tschirikowa! Die kann euch bestimmt helfen! Niemand kennt sich besser im Forstwesen aus. Sie ist in Ökologie bewandert, international vielfach mit Preisen geehrt, hat eine Menge Beziehungen und eine wichtige zivilgesellschaftliche Position überhaupt. Niemand kann den Wald verteidigen wie sie. Schreibt an Jewgenija! Die wird euch sicher helfen.

Ach, nein. Stopp. Wird sie nicht. Jewgenija lebt ja jetzt als Flüchtling irgendwo im Baltikum.

Lasst mich nachdenken.

Ja, aber na klar! Jewgeni Witischko! Schreibt an Witischko! Er weiß auch viel über den Wald, ein Umweltschützer von internationalem Ruf, Bürgerrechtler, er wird ganz sicher helfen.

Aber nein, stopp. Witischko sitzt doch im Knast. Gerade wegen Wald und Umwelt.

Wer dann? Wartet mal.

Aber sicher doch! Suren Gasarjan! Freund und Mitstreiter von Witischko, Ökologe, Waldschützer. Er weiß, was zu tun ist! Er wird helfen! Schreibt ihm!

Ach nein, stopp. Suren ist ja jetzt auch geflüchtet.

Aber jetzt fällt mir etwas ein! Selbstverständlich! Denis Sinyakov! Hof-Fotograf von Greenpeace! Alle Brände, Naturkatastrophen, Protestaktionen, Freiwillige – da ist er in seinem Element. Er wird die Information sicher weitertragen. An den müsst ihr euch wenden.

Ach nee, doch nicht. Denis ist ja, seit er nach den Protesten bei der Priraslomnaja-Ölplattform zwei Monate im Knast gesessen hat, in die Heldenstadt Stockholm gezogen ... Und überhaupt ist Greenpeace bei uns nicht sehr angesehen – das US-Außenministerium, das Kekse verteilt, ausländische Agenten, all so was.

Grigorij Kuksin? Der versucht mit seinem Team von ganzen fünf Leuten, den Brand zu löschen, aber das war's wohl fürs Erste.

Aber ja doch! Mitja! Mitja Aleschkowski! Der schafft das! Der weiß, was und wie es zu tun ist! Der hat doch humanitäre Hilfe für Krymsk gesammelt, trossweise, kolonnenweise, mit dem war ich in Blagoweschtschensk, der ist ein Fuchs in erster Hilfe in Ausnahmesituationen und in der Organisation von Freiwilligenbewegungen!

Aber wartet, nein. Mitja versucht doch jetzt, ein Kinderhospiz zu bauen. Anstelle des Staates. Ja, so ist das. Im Russland des einundzwanzigsten Jahrhunderts gibt es hinter dem Ural kein einziges Kinderhospiz. Wenn Mitja sich zweiteilen kann, dann wird er sich vielleicht auch um den Brand am Baikalsee kümmern, aber das bezweifle ich.

Ah! Pawel Schechtman! Der hat sich doch bei Abrissen von historischen Gebäuden vor die Bulldozer geworfen! Er hat im Wald von Chimki gekämpft! Der könnte ...

Nein, stopp! Pawel ist nach Kyiv geflüchtet.

Ajder Muschdabajew? Stellvertretender Chefredakteur einer Zeitung mit einer Auflage von drei Millionen? Ajder ist auch in Kyiv – Krimtatar, Politemigrant. Er versucht den zerschlagenen Fernsehkanal der Krimtataren wieder aufzubauen.

Wer bleibt noch ... Alyona Popowa? Olga Romanenko? Ksenija Vasiltschenko? Artjom Ajwasow? Matwej Krylow? All meine Bekannten und Freiwillige, mit denen ich in Krymsk, in Blagoweschtschensk, in Mordwinien war? Ich weiß nicht. Mir scheint, sie sind ausgebrannt. Mir scheint, mit denen ist das Gleiche passiert wie mit mir: Sie sind nicht mehr erpicht darauf, sich für das Land den Allerwertesten aufzureißen, Seele und Gesundheit zu opfern. Sie fahren nicht mehr auf eigene Kosten, um eure Wälder zu löschen. Und überhaupt – das Freiwilligengesetz, der FSB, all so was. Nachher werden sie dafür noch eingelocht.

Vielleicht sollte man die Leute einfach auffordern, auf eigene Initiative hinzufahren? Wir sind doch ein Erdölland, Treibstoff gibt's in Hülle und Fülle, Flugzeugindustrie ist da, keine Kleinstaaterei in der Föderation, sondern ein einziges Zentrum, eine Vertikale, ein Staatsmonopolist im Flugverkehr. Steig ein und flieg. Wo ist das Problem?

Und? Was? Wisst ihr nicht, wie viel ein Flugticket nach Irkutsk kostet? Was ist los mit euch, lebt ihr hinter dem Mond? Echt jetzt, da wird kaum jemand hinfliegen.

Teufel noch mal. An wen soll man sich da noch wenden, liebe Freunde? Wer könnte über euch sprechen? Wem könntet ihr schreiben, damit er euch hilft?

Der Armee vielleicht? Sie steht im Feld vor der Ukraine, in Donezk. Den Uralkosaken? Boris Nemzow, der in Irkutsk eine Demonstration für die Rettung des Baikalsees organisiert hat? Ermordet. Nawalny? Sein Bruder sitzt in Geiselhaft, der hat andere Sorgen. Ilja Ponomarjow? In die USA geflohen. Dmitry Zimin? Der ist am Boden. Lenta.ru? Am Boden. Kommersant, Gazeta, NTW, ORT? Verkauft oder am Boden. Grani? Blockiert. Josch? Blockiert. Meduza? Im Ausland. Rustem Adagamow? Geflüchtet. Andrei Mironow? Gefallen bei Slowjansk. Alle meine Sonderkorrespondenten und Fotokorrespondenten? Im Donbass beschäftigt.

Vielleicht Putin persönlich? Der Präsident des Landes, das gerade jetzt, in diesem Augenblick, brennt und überflutet wird? Der trinkt Tee im Fitnessraum. Hat eine Fotosession. Hat keinen Kopf für so was. Und das wär's dann auch.

Gibt niemand, dem ihr schreiben könnt, Kinder.

Während ihr geschwiegen habt, während ihr von nichts gewusst haben wolltet, während sie andere abgeholt haben, nicht euch, während ihr «Politik interessiert mich nicht» gesagt habt, während sein Rating sechsundachtzig Prozent betrug, sind alle – ALLE – meine Bekannten, die euch hätten helfen können, entweder emigriert oder eingebuchtet oder ermordet worden. Ich habe niemand und nichts, dem ich noch schreiben könnte.

Was soll ich euch sagen? Schreibt Putins Kampfburjaten. Oder schreibt besser gleich ans Guinness-Buch der Rekorde.

Eine andere Lösung sehe ich nicht mehr.

Einen heißen Gruß vom unabhängigen Journalismus, der Freiheit des Wortes, der Opposition und der Zivilgesellschaft.

Talkshow

27. Oktober 2015

Anruf vom Ersten Kanal: «Guten Tag, Arkadi. Wir möchten Sie zu einer Sendung über Patriotismus einladen, zum 4. November. Moderieren werden Tatjana Wedenejewa, Angelina Wowk und Juri Nikolajew.»

Sie brechen also gleich zu Anfang mit den Klischees. Die Rädchen im Kopf rattern, stehen quietschend still. Der 4. November, das ist in meiner Welt der Tag, an dem in Ljublino vermummte Menschen aufmarschieren, die Arme zum Siegheil hochreißen und «Ruhm für Russland!» schreien. Wieso jetzt Patriotismus? Was hat das mit Patriotismus zu tun? Was hat das mit Tante Tatjana zu tun? Mit Angelina Wowk? Der Erste Kanal möchte mich einladen, damit ich in der Patriotismus-Sendung gemeinsam mit Chrjuscha und Stepaschka über Fackelzüge berichte oder was? Und überhaupt, warum ich und warum der Erste Kanal?

Dann machte es doch klick. Ich lebe schließlich in einer realen Welt. Und der Erste Kanal lebt in einer Welt, die er selbst konstruiert hat. Und ganz offensichtlich nur für sich allein. Und der 4. November ist für sie nicht der Tag der russischen Märsche, sondern der Tag irgendeiner nationalen Einheit.

«Hmmm ...», sage ich. «Habt ihr euch das auch gut überlegt? Ihr zeigt mich ja sowieso nicht. Ich steh doch bei euch auf der schwarzen Liste. Ihr schneidet sowieso alles raus, was ich sage.»

«Nein», heißt es. «Was? Wie können Sie so etwas sagen? Beim Ersten Kanal gibt es keine schwarzen Listen.» (Oho, und wie es die gibt, schon damals, als ich dort arbeitete – vor zehn Jahren.) Sie können alles sagen, was Sie wollen, bei uns gibt es keine

Zensur. Mitja Aleschkowski hat Sie empfohlen, der hatte einen klasse Auftritt bei uns in der Sendung zum Thema «Vaterlandspflicht», wir sind begeistert, hin und weg, aber wir können ihn natürlich nicht schon wieder einladen, wir brauchen so jemanden wie ihn, Sie wissen schon, deshalb haben wir Sie eingeladen. Sie haben doch in der Armee gedient? Na, sehen Sie. Sie waren im Krieg? Na also. Sie waren Freiwilliger im Fernen Osten? Ja, prima, dann können wir über die Freiwilligenbewegung als Ausdruck von Patriotismus und Vaterlandsliebe sprechen.»

Okay. Wenn Sie sich das gut überlegt haben, kein Ding. Ich komme.

Das Fernsehen erstaunt mich immer wieder aufs Neue, jedes Mal mehr. Wenn ihr meint, diese ganze schöne bunte Welt wird dort in Ostankino gemacht, wo kluge Leute in Zeitnot über die Flure hasten, dann irrt ihr euch gewaltig. Die Sendung zum zehnten Jahrestag des Beschusses des Weißen Hauses zum Beispiel haben wir in den Kellern von Kitai-Gorod gedreht. Diesmal zimmerten sie die Sendung über den Patriotismus auf irgendeiner angemieteten Industriezone im Hinterhof der Metrostation Aleksejewskaja zusammen. Ich dachte zuerst, man hätte mich aus Versehen in einen Baumarkt gebracht oder auf einen Provinzbahnhof irgendwo bei Rjasan. Eine Reihe von tragbaren Biotoiletten auf der Straße. Davor in einer Schlange eine bunt zusammengewürfelte, armselige Menschenmenge. «Sagen Sie, haben Sie den Brigadeführer gesehen? Aus welcher Brigade sind Sie?» Statisten, wie sich herausstellt. Für die Massenszenen. «Die können ja nicht hier bei uns im Gebäude aufs Klo gehen.» Stimmt auch wieder. Wer will solche Leute schon in den Drehpausen auf seinen Toiletten haben.

Vier Mann begleiteten Angelika Wowk die Treppen hoch. Alle mit einem Lächeln auf den Lippen, als hätten sie die Ehre, den Thronfolger am Arm zu führen. Die jungen Redakteurinnen waren genau das – sehr jung. Um die zwanzig. Auch das nichts Neues: Fernsehen wird bei uns im Land von jungen ehrgeizigen Mädchen und Jungs mit Ellbogen gemacht, die genau wissen, was sie vom Leben erwarten, ein klares Ziel vor Augen haben und sich nicht davon abbringen lassen. Und bei diesem Ziel handelt es sich, ganz eindeutig, nicht um die Produktion von hochwertigem Journalismus. In Russland ist das überhaupt kein Ziel, glaube ich. Vielleicht irgendwo in London.

Arkadi, hier eine Liste der Fragen, die die Moderatoren Ihnen stellen werden. Wir brauchen von Ihnen eine Geschichte über das Hochwasser. So was in der Art, wie Sie das herrenlose Hündchen gerettet haben.

«Hmm ... Was? Ein Hündchen? Was für ein Hündchen?»

«Na, das Hündchen. Sie schwimmen und schwimmen, das Dorf ist überschwemmt, die Bewohner evakuiert, sie sehen das Hündchen und haben es gerettet. Das ist sehr patriotisch.»

«Ach, das Hündchen ... Na sicher, klar. Das Hündchen. Verstehe. Ja. Das Hündchen ... Hören Sie mal, dort sind siebeneinhalbtausend Häuser überschwemmt worden, die kriegt man bis zum ersten Frost nicht trocken, im Frühjahr kracht das in allen Fugen und bricht zusammen, Zigtausend Menschen in drei Regionen des Landes stehen dann ohne Dach über dem Kopf da, ein paar Hundert Dörfer müssen von null an wiederaufgebaut werden – was zum Teufel soll da das Hündchen?»

«Gut. Dann eben über den Fernen Osten ohne eine Geschichte. Sie erzählen einfach, was Sie dort gemacht haben. Wie Sie humanitäre Hilfe verteilt haben. Und überlegen Sie solange mal, ob Sie irgendeine Anekdote über den Krieg haben, die Sie uns erzählen können?»

«Über den Krieg? Ja, ich hab da eine Anekdote. Ich kann erzählen, wie der Bataillonskommandeur einen Kriegsgefangenen ins Minenfeld gejagt hat, und der hat ihm dreißigtausend

Dollar von den Gefallenen gebracht, Falschgeld zwar, aber dann ist er in die Luft geflogen, und der Kommandeur hat seiner Ordonnanz, einem Wehrdienstleistenden, den Befehl gegeben, ihn zu erschießen, und der hat ihn am Damm erschossen und ist dann im Bataillon von Lagerfeuer zu Lagerfeuer gelaufen und hat gesagt, er kann nicht mehr schlafen. Oder ich kann erzählen, wie ein Soldat in meiner Einheit am Kontrollposten einen Drogenabhängigen festhielt, der sich in Schatoj seine Dosis holen wollte, ihn im Winter an einen Baum fesselte und einen Tag und eine Nacht lang ausfragte, wo er seinen Stoff herkriegt, und dann wollte er ihn erschießen, ich ließ das nicht zu, und wir haben uns angeschrien, haben sogar zu den Waffen gegriffen, dann kam der Bataillonskommandeur und hat den Drogenabhängigen nach Tschernokosowo gebracht. Dort haben sie bestimmt einen Aufständischen aus ihm gemacht, wenn seine Verwandten ihn nicht freigekauft haben, und wenn er nicht gestorben ist, dann sitzt er bestimmt noch heute. Oder ich kann von Dima Lachin erzählen, der ganze zwei Tage im Krieg war, bis ihm eine Kugel die Wirbelsäule durchschlug, seine Beine versagten, er flehte uns an, sie abzuschneiden, das Vaterland speiste ihn mit einer Rente von siebzig Dollar ab, obwohl allein ein Katheter zweihundert kostete, wir versuchten dann, ihn im Burdenko-Krankenhaus unterzubringen, er starb aber genau in dem Moment, als ich alle Papiere zusammenhatte – er wollte einfach nicht mehr leben. Oder ich kann von der Stiftung ‹Das Recht der Mutter› erzählen, wie sie seit zwanzig Jahren kostenlos den Familien von achtzigtausend gefallenen Wehrpflichtigen der Armee hilft. Von Nina Pistechina, die seit fünf Jahren auf dem Kazaner Bahnhof lebt und in einem Mayonnaiseglas die Knochen ihres verbrannten Sohnes mit sich herumträgt, dazu zwei Tüten voller Papiere, Anträge, Klagen und Bescheinigungen, die sie unaufhörlich durch alle Instanzen schickt, um die ihr zustehende Wohnung zu bekommen. Oder von Ljudmila Belova, die seit achtzehn Jahren versucht, eine Rentenzulage für den Verlust des Ernährers vom Staat zu bekommen. 1200 Rubel – das ist, soviel ich weiß, etwa ein Dreihundertstel des Monatsgehalts von denen, die uns gleich am Bildschirm etwas von Patriotismus erzählen werden ... Von ...»

«Arkadi, gut, verstehen Sie ... Das passt hier nicht. Wir brauchen etwas Patriotisches. Etwas in der Art, Sie sind verwundet, und Ihr Freund holt Sie da raus. Und dann stirbt er. Am besten.»

Genau dieses «am besten» gab mir den Rest. Ein ziemlich merkwürdiges Gefühl, sie gucken dir ins Gesicht und bitten dich, davon zu erzählen, wie dein Freund getötet wird. Am besten.

Nein, nein, ich blieb ruhig. Ich sagte einfach, eine patriotische Geschichte über den Krieg hätte ich dann wohl auch nicht für sie.

«Gut. Dann sagen Sie ganz allgemein – ich bin dort gewesen, es ist schrecklich, das wünsche ich niemandem. Lassen Sie uns jetzt von der Armee reden. Was meinen Sie, sollte jeder Mann dienen?»

«Was soll ich schon meinen. Ich meine zum Beispiel, dass die Armeen von Ländern, die im 21. Jahrhundert und im Informationszeitalter leben, ihre Streitkräfte auf Automatisierung und Roboter umstellen. Drohnen durchpflügen den Luftraum, und der Soldat wird zu einer gesonderten Kampfeinheit, angeschlossen an ein Computersystem mit Videokamera, Navigator, Nachtsichtgerät, GPS und so weiter und so fort, und wir streiten noch immer darüber, ob ein Mann in der Armee dienen soll oder nicht. Übrigens, fragen Sie sich mal, warum Sie bei Putins Personenschutz keinen einzigen Zeitsoldaten finden, alles nur absolute Profis im Rang von Oberstleutnants? Warum schützen die sich selbst mit einer Berufsarmee, während sie zur Verteidigung des Landes achtzehnjährige Jungs abstellen? Warum ...»

«Gut, Arkadi, dann lassen wir das mit der Armee auch. Sagen Sie einfach, dass Sie der Meinung sind, wir brauchen eine Berufsarmee. Das geht. Jetzt weiter – Sie haben doch nach Tschetschenien einen Vertrag geschlossen und sind als Freiwilliger wieder dorthin zurück. Erzählen Sie, warum. Das ist nämlich patriotisch, passt genau zum Thema unserer Sendung.»

«Keine Frage. Gern. Weil wir eine Arbeiter- und Bauernarmee haben, in der nur Arbeiter und Bauern dienen, ist das ein billiges Arbeitsreservoir, das dem Staat völlig am Arsch vorbeigeht. Was es umsonst gibt, das schätzt man nicht. Die Weiber bringen genug Nachschub zur Welt. Deshalb hat das Land seine Soldaten immer im Stich gelassen, und zwar total. Nach Tschetschenien gab es bei uns kein einziges Rehabilitationssystem für ehemalige Kombattanten. Auch heute gibt es keins. Deshalb sind die ergrauten Jungs mit den bodenlosen Augen, wenn sie aus dem Krieg zurückkommen, sich selbst überlassen. Und die erdrückende Mehrheit geht entweder kaputt, oder sie landet im Knast, oder man geht wieder dorthin zurück. Ich wollte mich weder kaputt saufen noch einsitzen, deshalb bin ich zurückgegangen. Und das haben Tausende bei uns getan. Mit Patriotismus hat das überhaupt nichts zu tun. Wenn Krieg in Moskau wäre, würden wir mit Freuden auch in Moskau kämpfen. Ihr glaubt gar nicht, mit welcher Freude wir in Moskau kämpfen würden! Besonders in solchen Stadtteilen wie dem Kreml und eurem Ostankino da ...»

«Gut, Arkadi. Lassen wir das. Tatjana, das hier ist Arkadi Babtschenko, den Aleschkowski uns empfohlen hat.»

Tatjana erwies sich als Frau der Tat: «Ich werde Klartext mit Ihnen reden. Aleschkowski repräsentiert bei uns die Opposition, und alles, was er gesagt hat, können wir nicht senden. Wir haben hier Zensur.» (Aha! Endlich hat jemand es ausgesprochen!) «Wenn Sie auf diese Tour reden wollen, dann geht das nicht auf Sendung.»

«Tatjana. Ich will es auch klar ausdrücken. Ich vertrete ebenfalls die Opposition. Und erzählen kann ich genau das alles, aber als jemand, der von Feldwebeln erzogen ist, werde ich mich in meiner Ausdrucksweise nicht groß zieren.»

«Wie Sie wollen. Dann gehen Sie nicht auf Sendung.»

Sie führten mich ins Studio. Setzten mich auf ein Sofa. Nikolajew trainiert die Aussprache patriotischer Intonationen. Der Alexandrow-Chor singt sich ein. Dana schminkt meine patriotische Miene nach. Irgendwelche Leute feilen an den Nuancen ihrer Geschichten. Alle sind erfüllt vom Bewusstsein des großen Glücks, das ihnen zuteilwird: im Ersten Kanal ihr Scherflein darüber beizutragen, wie sie ihr Vaterland mehr und besser lieben. Alle fallen auf die Knie für die Gelegenheit, beim Ersten Kanal ins Bild zu kommen.

Bis zur Aufnahme sind es noch fünfzehn Minuten, doch ich kann mich kaum noch beherrschen.

Ich rief Tatjana her. Mir war jetzt völlig klar, dass dem Ersten Kanal alle meine Geschichten scheißegal waren. All diese Veteranen, Soldaten und ihre Mütter interessierten sie einen Dreck. All die Tschetscheniens, Blagoweschtschensks, Südossetiens und Krims. Darum ging es überhaupt gar nicht. Was sollte der Erste Kanal mit irgendwelchen blödsinnigen Antworten von mir auf ebenso blödsinnige Fragen. Wen regt das hier schon groß auf, in einem Studio mit Toiletten, getrennt von der Statistenmasse? Erzähl die Geschichte von dem Hündchen, die man von dir hören will, und sei froh über die Chance, die du gekriegt hast. Allen hier ist das alles völlig klar. Von den dreihundert Zuschauern, die im Studio sitzen, glaubt kein einziger das aufgeblasene Theater, das sie hier gleich mit heiter-glücklichen Mienen inszenieren werden. Berechnendere Menschen als die Mitarbeiter des Fernsehens habe ich nirgends gesehen. Banker können da nicht mithalten.

«Tatjana», sage ich. «Am besten fahr ich jetzt einfach nach Hause, und wir lassen das Ganze.»

«Okay», ist Tatjana sofort einverstanden, und man hört das Krachen, mit der ihr ein riesiger Stein vom Herzen fällt.

«Ich kann hier keine Exzesse mehr gebrauchen ...», höre ich im Gehen mit einem Ohr, wie sie die kleine Redakteurin zusammenstaucht, die mich eingeladen hat. Angelina Wowk setzt den passenden Gesichtsausdruck auf, die Studiogäste üben sich in strahlender Heiterkeit, die Moderatoren salben süßlich die Größe unseres geliebten, wunderschönen, einzigartigen Landes, man kann den Patriotismus mit Messern schneiden. «Achtung, Kamera!», höre ich. «Vaterland, wir werden dir jetzt hier von unserer Liebe erzählen.»

Angenehmes Glotzen!

Zurück in die Steinzeit

15. November 2015

Ich werde ständig gefragt: «Arkadi, wie geht es weiter? Was wird aus unserer Heimat und aus uns werden?»

Was wird schon, was wird ... Lasst uns mal in die Glaskugel schauen.

Eine Zeitlang wird alles etwa so bleiben, wie es ist. Der Erdölpreis um die fünfzig Dollar pro Barrel, ein sich hinziehender Krieg in Syrien, Obama-Schmock, ein neuer kühler Krieg, schleichende Entwertung von Renten, Haushalt, Löhnen, Geld und überhaupt sinkender Lebensstandard.

Wie lange? Weiß ich nicht. Zwei Jahre, vielleicht. Vielleicht auch zweiundzwanzig. Solche Regime sind manchmal ziemlich widerstandsfähig.

Und die unaufhaltsame, schleichende Verarmung der Bevölkerung unterhöhlt sie in keiner Weise. Im Gegenteil: je ärmer die Bevölkerung, je ärmer das Land – desto stabiler die Macht. Es gibt kein besseres Geschenk für einen Diktator als das Programm «Erdöl für Lebensmittel». Armut und der äußere Feind – ein gefundenes Fressen. Hauptsache, der Fernseher funktioniert. Und das tut er bei uns, volles Rohr. Die Kinder werden im Hauseingang an Hunger sterben – für das Fernsehen wird immer genug Geld da sein.

Apropos «Erdöl für Lebensmittel», vielleicht ist das nicht nur eine Hyperbel. Die europäische Bürokratie kommt sehr langsam in Bewegung und braucht lange, aber am Ende regt sie sich doch. Und es sieht so aus, als hätten die wichtigen Onkel dort beschlossen, dass jemand hier zu sehr über die Stränge geschlagen hat und man jetzt mal ein Wort unter Erwachsenen reden muss. Allem Anschein nach ist der Beschluss gefallen, das Regime zu stürzen.

Und Regimes werden heutzutage nicht mehr von Panzerkolonnen gestürzt, sondern durch die Zerstörung der Wirtschaft. All dies Gerede, dass die Sanktionen nicht gegen das Volk, sondern gegen das Regime gerichtet seien; dass wir nicht das Volk des Irak, Koreas oder Russlands bekämpfen, die wir schätzen und achten, die etwas Besseres verdient haben, sondern das Regime von Saddam Hussein, Kim Jong-un oder Wladimir Putin – das sind alles Märchen für Minderbemittelte. Der Regimesturz ist nur möglich durch den ökonomischen Kollaps der gesamten Bevölkerung, den Zusammenbruch der Wirtschaft des ganzen Landes.

Und zusammenbrechen wird sie, zweifellos.

Die Verdrängung Russlands aus der Weltwirtschaft ist ins Auge gefasst.

Pech nur, dass dieser Prozess für Rohstoffländer praktisch unwiderruflich ist.

Und Putin hat ihn beschleunigt wie niemand zuvor. Mehr noch, dieser höchst begabte Genosse hat auch das Ende des Kohlenwasserstoff-Zeitalters näher gerückt.

Die Steinzeit endete nicht deshalb, weil die Steine ausgingen. Ebenso nähert sich auch das Erdölzeitalter nicht seinem Ende, weil es kein Erdöl mehr geben würde. Statt nun den Prozess des Wechsels zu neuen Energieträgern zu verlangsamen, die Entwicklung neuer Energiearten und Hochtechnologien zu verzögern, indem er Erdöl so lange wie möglich, so viel und billig wie möglich verkauft und selbst diese Zeit und die Öldollars dazu nutzt, seine Wirtschaft von der Rohstoffbasis auf neue technologische Grundlagen zu stellen, hat Genosse Putin, der sich wie ein Tankstellenbesitzer für den Herrn der Zeit und der Erdöl- und Gasmonopole dieses Planeten hält, den wissenschaftlichtechnischen Fortschritt bei der Entwicklung alternativer Energiequellen mehr beschleunigt, als Greenpeace es sich je hätte träumen lassen. Er hat in einem Jahr erreicht, was die Umweltschützer in einem halben Jahrhundert nicht geschafft haben. Die Grünen hüpfen vor Freude, klatschen und verneigen sich tief.

Außerdem hat er den Saudis Eintritt in Europa verschafft. Und solche Marktakteure rücken nichts wieder heraus.

Nun, der Traum der Kommunisten wird wahr – die Renten werden bei uns auf 1200 Rubel steigen. Schade nur, dass ein Laib Brot 10000 kosten wird, eine Wohnung am Arbat hundert Milliarden, und eine Milliarde wird den Gegenwert von hundert Dollar haben.

Na, und die Leichen, natürlich. Ohne die geht es nicht. Ob aus Syrien, aus dem neuen Tschetschenien, aus der Ukraine. Ich würde mich nicht zu sehr darauf verlassen, dass mit der Ukraine alles vorbei ist, nein, in Russland wird jetzt, solange Putin an der Macht bleibt, ständig Krieg sein, nur mit wechselndem Schauplatz. Und wenn in Syrien etwas hakt und dieser Krieg nicht mehr geeignet ist, die Bevölkerung von den inneren Problemen abzulenken, dann wird der Ort der Kampfhandlungen einfach wieder zurück in den Donbass verlagert. Mit einem neuen Angriff auf Charkiw, etwa.

Dahinter darf man keine taktischen oder strategischen Überlegungen vermuten. Dieser Krieg soll ganz andere Aufgaben lösen – alle möglichen, nur keine militärischen. Armut, Krieg, Gefängnis und die Zombie-Glotze – das sind die vier Säulen dieses Regimes.

Und dann, eines schönen Tages, wird alles zusammenbrechen. Mit einem Mal, vollständig und überall. Wie der kluge Sergej Smirnov sagt: «Das Desaster wird kurz, aber allumfassend sein.»

Wie die Praxis zeigt, genügen ein paar Hundertschaften bewaffneter und organisierter Männer, um eine Stadt von hunderttausend wie Slowjansk ins Chaos zu stürzen. Um ein Land wie Russland ins Chaos zu stürzen, genügen zehn Banden von je zehntausend Leuten. Und so viel kriegt man hier in einer Minute zusammen.

Diese Periode eingehend zu beschreiben, erübrigt sich. Wir sehen mit eigenen Augen, was geschieht. Alles geht auf Sendung, live. Guckt euch nur die sogenannten Volksrepubliken Donezk und Luhansk an. Es wird genau so werden wie dort.

Hier wird eine einzige große Volksrepublik sein, auf einem Sechstel der Erdoberfläche, von Meer zu Meer. Mit Alkoholikern an den Kontrollposten, abgeschnittenen Köpfen im Flüsschen, Folter in den Kellern, verschwundenen Geschäftsleuten und öffentlichen Hinrichtungen.

Der Zar wird still und heimlich in den Hinterhöfen des Kremls erwürgt – oder im Gegenteil, fröhlich am Dzierżyński-Denkmal auf der Lubjanka erhängt –, und genau die sechsundachtzig Prozent der jetzt in ihn Verliebten werden es sein, die ihn aufknüpfen. In der ersten Reihe werden diejenigen stehen, die jetzt lauter als alle anderen von seiner Größe und Unersetzlichkeit tönen, und einen Tag später wird auch das Denkmal gestürzt.

Und dann, wenn das alles vorbei ist, kommen hier auf den Ruinen diejenigen, die überlebt haben, in den Genuss einer Außenverwaltung.

Die Welt wird es nicht riskieren, dieses Territorium, das von Idioten mit Atomwaffen bevölkert ist, sich selbst zu überlassen. Sie wird Maßnahmen ergreifen.

Der Zar wird vom Strick genommen, die Reste von Dzierżyński werden aufgeräumt, in den Sockel steckt man eine amerikanische Flagge. Humanitäre Hilfe wird geliefert, im Gedränge um «Bushs Hühnerkeulen» werden die Leute sich gegenseitig die

Augen auskratzen, fröhlich Fähnchen in die Kameras von CNN und BBC schwenken, sagen, dass sie Putin immer gehasst haben, Hillary und Trump dagegen lieben, und sie werden Amerika wieder einmal für Buchweizen und Waschpulver danken.

Amerikanische Flaggen werden in diesem Land überhaupt rasch zu einem Bestseller werden. Kleine Businessidee von mir.

Nach den demokratischen, offenen, ehrlichen und gesetzmäßigen Wahlen – und ehrliche, offene Wahlen kann man in diesem Land immer abhalten, die Wähler stimmen ehrlich und offen für jeden, der nur lange genug im Fernsehen gezeigt wird, wozu wir da einen Tschurow brauchen, ist mir schleierhaft – wird es einen Außenverwalter geben. Jemanden wie Aleksei Nawalny. Vielleicht ist es nicht nur jemand wie Nawalny, sondern er persönlich, vorausgesetzt, er verschwindet nicht spurlos in den Lagern des NKWD und überlebt die Volksrepublik. Oder Dmitri Medwedjew. Oder noch jemand anders mit vergleichbar liberalen Ansichten, der es durch seine Kompromissfähigkeit mehr oder weniger allen recht macht.

Kurz, unser russischer Hamid Karzai. Oder Dschalal Talabani. Dieser Präsident des Irak, der nach Saddam kam.

Karzai-Nawalny wird mit Unterstützung der Außenverwaltung seine zwei Amtszeiten ableisten, und diese Zeit wird relativ ruhig sein.

Vermutlich wird diese Zeit sogar die beste in der Geschichte Russlands im 21. Jahrhundert – die ruhigste Zeit, ohne Kriege, ohne Tote und ohne Erschütterungen, mit einem relativ eingepegelten Armutslevel und vielleicht sogar einem minimalen Wirtschaftsaufschwung.

Aber so, wie es einmal war, wird es nie wieder werden. Nichts hört auf und geht wieder in die alten Bahnen zurück, dessen muss man sich bewusst sein.

Eine Energie-Supermacht wird es nicht mehr geben. Keine goldenen Öldollars. Keine Paläste und keine Gehwegplatten von Sobjanin auf den Straßen. Kein Sotschi, keine Krasnaja Poljana. Kein Aufstehen von den Knien.

Nichts davon. Niemand wird uns je wieder aufnehmen. Kein G8, keine G20, keine EU und keine Summits.

Wir hatten die einmalige Chance, zu einem der tatsächlich führenden Staaten der Weltwirtschaft zu werden, uns wurden SÄMTLICHE Möglichkeiten auf Kredit eröffnet, alle Türen geöffnet, wir wurden in sämtliche Kreise eingelassen, man lächelte uns zu und drückte uns die Hand, aber wir haben alles verkackt, haben das vom Himmel regnende Geld für Prunkpaläste, olympische Spielchen, Mercedes, Militärparaden, Kriege, Morde und Geheul über die eigene Größe verpasst.

Man hat uns die Chance gegeben, aber wir haben der Welt wieder einmal nur eines bewiesen – dass wir unfähig sind, Demokratie, Technologie, Wirtschaft, Stabilität, Entwicklung und Sicherheit zu generieren.

Wir können nur Putins generieren, in unterschiedlicher Bauweise. Und solche Leute hält man lieber auf Abstand, irgendwo in der Zone der Dritten Welt, und lächelt ihnen über die Türkette hinweg zu.

Ein zweites Mal werden wir solche Kredite nicht bekommen.

Unter der Außenverwaltung wird hier so etwas wie Nordbrasilien entstehen, mit einem Touch Nordvenezuela: ein riesiges, baumbestandenes Territorium der halbdritten Welt ohne besondere Erschütterungen, ziemlich stabil, einheitlich arm (abgesehen von der Hauptstadt), und ob es in den Tiefen des Landes Leben gibt oder nicht, weiß man nicht.

Und weil das Land diese einmalige Chance nicht nur verkackt, sondern auch nichts daraus gelernt hat, wird hier nicht lange Nordbrasilien bleiben.

Karzai wird seine zwei Amtszeiten zu Ende regieren, modernisieren wird er natürlich nichts, einerseits, weil es hier im Prinzip nichts zu modernisieren gibt, weil Erdöl nie wieder hundertfünfzig Dollar kosten wird und etwas anderes als die Rohstoffwirtschaft hier nie aufgebaut wurde, aber auch deshalb, weil er keinen Grund dazu hat. Er geht triumphierend in den Ruhestand, seine Stelle nimmt ein nunmehr völlig grauer und schwacher Nachfolger ein, an dessen Name sich niemand erinnern wird, und damit geht die Periode der relativen Ruhe allmählich zu Ende.

Allzu lange ist hier alles vernichtet worden, was den Kopf auch nur ein bisschen über die Flasche Zhiguli-Bier hinausreckte. Jahrhunderte lang ist das Gen von Freiheitsliebe, Unabhängigkeit, Unternehmertum, Fleiß, selbstständigem Denken und kritischer Informationsverarbeitung in Russland ausgerottet worden. Und in den letzten hundert Jahren geschah das ganz brutal mit der Sense.

Putin hat eines wirklich geschafft: Er hat den übelsten Dreck aus den Menschen herausgeholt. Allen Hass, alle Fremdenfeindlichkeit, alle Aggression. Die schmutzigsten, widerwärtigsten, schwärzesten Züge der menschlichen Natur. Das hat so nicht einmal die UdSSR geschafft. Sogar die Sowjetunion hat das Proletariat lediglich zum Klassenhegemon deklariert, in Wirklichkeit herrschte die werktätige Intelligenz, die Ingenieure und Lehrer sowie die sprichwörtlichen Physiker und Lyriker.

Putin dagegen hat nicht einfach das Lumpenproletariat vom Boden geholt und zum Klassenhegemon gemacht – denn auch das Lumpenproletariat vermag friedlich zu sein –, er hat die aggressiven Prolls zu Herrschern gemacht.

Ja, das Gen der Freiheitsliebe und des freien Denkens besitzt die erstaunliche Fähigkeit, aus dem Nichts wieder zu entstehen. Trotz des Kahlschlags, der in Stalins Lagern, im Bürgerkrieg, in den Strafbataillonen des Zweiten Weltkriegs, in Folterkellern und im Holodomor stattfand, wuchs in den Siebzigerjahren eine neue Intellektuellenschicht, quasi aus dem Nichts. Aber endlos ist diese Regeneration nicht möglich.

Am Ende erreicht das Territorium ein Stadium, in dem nichts Lichtes und Gutes auf ihm mehr gedeihen kann. Die Zivilgesellschaft kann sich einfach nicht mehr rechtzeitig ausbilden, sie entwickelt nicht jene Konzentration, jenen Prozentsatz, der nötig wäre, um Änderungen in Gang zu bringen – ihre Mitglieder werden schneller umgebracht, als sie zur Welt kommen. Ermordet von Minderjährigen mit der Machete, draußen auf dem Land.

Das ist die Kongolisierung des Landes.

Und Russland geht genau in Richtung Kongolisierung.

In diesem Nordkongo kriechen dann Zombies in Reinkultur aus der Dunkelheit. Das Böse in purer, destillierter Form.

Eine Mischung aus KGB, Gestapo, dem Popen Dmitri Smirnow, Tschaplin, Miltschakow, German Sterligow, Ochlobystin, Prochanow, Limonow, Dugin, Tesak und Bezler.

In einem Wort: ein orthodoxer IS.

Das Land verwandelt sich in eine Mischung aus Irak, Haiti, Somalia, Kolumbien, IS und Volksrepublik Donezk.

In der Hauptstadt, bewacht von Regierungstruppen, wird das Leben weitergehen – so wie in Mogadischu – und in ein, zwei Großstädten ebenso, aber hütet euch davor, nach Anbruch der Dunkelheit die Zone jenseits der Moskauer Ringautobahn zu betreten.

In Magadan wird stumpfes, banales, absolutes Gangstertum herrschen.

Wladiwostok und Kaliningrad werden versuchen, etwas wie eine eigene Staatlichkeit zu bilden, während sie mit schreckgeweiteten Augen zusehen, was in den Nachbarregionen passiert.

Letztlich werden sie sich den russischen Republiken Primorsk und Baltikum anschließen.

In Tschetschenien herrscht Kadyrow. Auf der Ebene, in den Bergen eine neue Abart des IS. So wie im gesamten Nordkaukasus. Von diesen Regionen kann man sich schon heute verabschieden.

In Rostow, Krasnodar, Stawropol – überhaupt im Süden – wird es eine Art Südliche Kosaken-Volksrepublik geben. Dort wird man mit Nagaikas ausgepeitscht, dort wird getrunken, die Kohleschächte werden als Alteisen verramscht, man kämpft gegen die Tschetschenen-Inguschen-Dagestaner und singt Lieder über das Pferd und den Ataman. Von Zeit zu Zeit wird die ukrainische Armee in den Grenzregionen nach dem Rechten schauen so wie Israel in den unkontrollierten Grenzregionen des Libanon – ohne Erfolg.

Und zwischen Wladiwostok und dem Ural wird China sein. Von Meer zu Meer. Von Ozean zu Ozean. Bis zum Nordpol. Der Baikalsee wird zum touristischen Anziehungspunkt des Planeten. Immobilien dort werden Millionen Yuan kosten. Die russischsprachige Bevölkerung von Blagoweschtschensk, Krasnojarsk und der stadtähnlichen Siedlung Tiksi werden zur chinesischen Kommunistischen Partei beten, in gar nicht üblen Autos auf zehnspurigen Autobahnen fahren und denken, dass es ihr Glück war, sich zu assimilieren, die eigene Sprache zu vergessen und im großen Reich aufzugehen. Und damit haben sie recht.

Auf dem übrigen Land, in den Dörfern, wird nichts sein. Das heißt, eine völlig eingeschüchterte Bevölkerung wird dort in Kellern hausen, und über ihren Köpfen in den zerstörten Häusern tobt der Krieg – mal in die eine Richtung, dann in die andere, aber ununterbrochen.

Enden wird das alles mit dem kleinen Nationalstaat Moskowien, so wie das Römische Imperium schließlich zu Italien geworden ist. Allerdings nach einer Periode mit Dutzenden von zersplitterten kleinen Fürstentümern.

Das Römische Reich brauchte dreihundert Jahre, um zu zerfallen, das Russische inzwischen einhundert, aber in unserer Zeit geht alles schneller, daher wird das Mosaik von Fürstentümern hier schon Ende des Jahrhunderts entstehen.

Das erste Stadium, die vollständige Kongolisierung des Landes, würde ich mit dem Zerfall des Irak vergleichen, allerdings verlangsamt durch die gigantischen Ausmaße des Territoriums. Die vollständige Kongolisierung wird in etwa dreißig, vierzig Jahren abgeschlossen sein, dabei tun die Machthaber alles, um die Entwicklung maximal zu beschleunigen, deshalb wird es vielleicht auch schneller gehen.

Ganz gleich wie es kommt, Russland wird die Weltarena verlassen, den atomaren Knüppel wird man ihm aus der Hand nehmen. Seine Nachbarn wird das Land in Ruhe lassen – auch der Kongo belästigt niemanden mehr – und was dort im Innern passiert, das interessiert keinen besonders.

Allerdings gibt es auch eine Alternative. Die Chance, dass das Irrenhaus zu einem mehr oder weniger normalen Zustand zurückfindet, besteht noch. Nur leider komme ich in der letzten Zeit immer häufiger zu dem Schluss, dass es sich hierbei nicht um einen grundsätzlichen Richtungswechsel, sondern nur eine Verzögerung beim Zerfall des Imperiums handeln wird.

Die historische Richtung ist, glaube ich, bereits vorbestimmt.

Russischer Infantilismus

22. Dezember 2015

Wenn ich die «Russische Welt» mit einem Wort charakterisieren müsste, würde ich ohne Zögern sagen: Infantilismus. Dieser Begriff beschreibt den heutigen Zustand der russischen Gesellschaft am besten. Infantilismus ist in erster Linie die Unfähigkeit, die Verantwortung für die eigenen Handlungen zu übernehmen. Die Unfähigkeit, Ursache und Wirkung zu erkennen und zu verstehen, dass diese und jene Handlungen diese und jene Folgen haben.

Eine kindlich unbedarfte Wahrnehmung der Welt. Die Welt des Infantilen ist extrem simpel. Die Amerikaner haben den Ölpreis abstürzen lassen. Die Amerikaner haben die Revolution in der Ukraine angezettelt. Amerika hasst die Russen. Deshalb hat es die Juden und die Liberalen geschickt. Und die Juden Rotenberg haben alles Geld gestohlen. Und Putin ist gut. In dieser Welt ist kein Platz für Halbtöne und komplexe geistige Zusammenhänge. Ihr Hauptmerkmal ist Primitivität.

Es ist auch eine Art kindlicher Grausamkeit. Erwachsene steigern sich für gewöhnlich nicht in so einen Zustand von Hass und Aggression hinein, sie wollen nicht grundlos schaden, Schmerz zufügen, Böses tun. In der Welt der Erwachsenen, wo Familie, Kinder und Verantwortung zählen, ist das nicht üblich. Dort wirkt ein System von Eindämmung und Gegengewichten. Nur Infantile können so zielgerichtet in einen Zustand der Grausamkeit geraten, das Objekt ihres Hasses so zielgerichtet austauschen.

Dabei spielt auch das absolute, kindliche Unverständnis für den Wert des Lebens eine Rolle. Erwachsene blasen gemeinhin keine Frösche mit dem Strohhalm auf. Sie schneiden Welpen nicht den Kopf ab. Machen keine ganzen Wohnviertel mit Vernichtungswaffen platt. Knallen keine Flugzeuge mit Buk-Raketen ab nach dem Motto «Passagierflugzeug oder nicht, scheiß auf den Unterschied, Hurra, der Vogel fällt, wir haben euch gewarnt, nicht in unseren Luftraum zu fliegen!»

Die mangelnde Wertschätzung des Lebens – auch des eigenen – ist wohl die Haupteigenschaft des Infantilismus.

Und natürlich das Fehlen logischer Ketten. Eine Welt, in der die Kausalketten gestört sind. In der Handlung und Folge überhaupt nicht zusammenhängen. In der aus dem Fenster geworfene Eier und strammgezogene Ohren zwei völlig unterschiedliche Dinge sind. So wie die Besetzung eines Teils vom Nachbarland und die Sanktionen, der Fall des Ölpreises. Das ist keine verdiente Strafe für die eigene Idiotie, sondern es kommt einfach daher, dass die Scheiß-Amis alles Russische hassen.

Wobei dieser Masseninfantilismus nicht klassenspezifisch ist. Das ist das Interessante. Ja gut, bei den erblichen Alkoholikern, wo das Ethanol über Generationen hinweg alle Signale im Gehirn, alle Neuronen degenerieren lässt, da ist die Sache klar. Primäre Dummheit, kristallklar, über Generationen poliert. Eine erwachsene Persönlichkeit kann sich da gar nicht herausbilden. Doch der Infantilismus durchdringt die ganze Gesellschaft, von oben nach unten, unabhängig von der sozialen Situation, dem Einkommen, der Kaste – das ist das Erstaunliche!

Da wird eine Glühbirne im Kreißsaal mit einem Lappen abgedeckt, und im ausbrechenden Feuer verbrennen Neugeborene. Man verstößt das eigene Kind, weil es Brandwunden hat. Die Adoption eines behinderten Kindes durch eine deutsche Familie wird verboten, weil es theoretisch in schwule Gesellschaft geraten könnte. Man fabriziert Clips über einen gekreuzigten Jungen. Und glaubt daran. Man unterstützt die Ausplünderung der Schwachen, faselt von Euro-Faschismus, Bandera-Faschismus, Turko-Faschismus und Liberal-Faschismus. Zieht los, um die Banderas umzubringen, weil sie die russische Sprache unterdrücken, und zeigt das im Fernsehen. Wahlzettel werden im Krankenhaus eingeworfen. Essen wird zerquetscht. Das zerquetschte Essen wird eingesammelt. Man wirft türkische Studenten von den Universitäten, entlässt einen Professor wegen eines Artikels. Man behauptet den Vorrang des eigenen Rechts gegenüber dem Völkerrecht. Und verklagt dann die Türkei. Man unterschreibt schleimige Oden auf die Herrschenden ...

Ein erwachsener Mensch kennt den Begriff der Würde. Dieser Begriff hat nichts Materielles. Er verspricht keinen Profit. Ein Kind ist in der Lage, für Schokolade erniedrigende Dinge zu tun. Ihm fehlt noch die Persönlichkeit, die Basis, auf der das Gefühl der Würde sich entwickeln kann. Das erwachsene Individuum, in dessen Bewusstsein die Persönlichkeit bereits ausprägt ist, wird sich für den Profit nicht zum Idioten machen. Bei starken Persönlichkeiten ist dieser abstrakte Begriff stärker als materielle Vorteile. Ein erwachsener Mensch wird keine Tomaten mit Kettenfahrzeugen zerquetschen. Er wird nicht hinter der Reibwalze des Bulldozers sitzen, der die Gänse zerdrückt, die der Händlerin im Dorfladen weggenommen worden sind. Denn das ist eine Schande – noch so ein abstrakter Begriff, der in der infantilen Welt fehlt. Es ist verständlich, dass ein dreijähriges Kind nicht kapiert, warum es mit der Schleuder nicht auf die Sonne schießen kann, oder ein heruntergekommener Prolet, warum es schlecht ist, mit dem Traktor über Tomaten zu fahren. Aber es ist schon erschreckend, dass ein Professor, Schriftsteller, Arzt oder Ingenieur nicht einsehen will, warum man fremdes Gut nicht wegnehmen darf. Da steht ein erwachsener Mensch vor dir. Sogar ziemlich klug. Aber ein Teil seines Gehirns ist zersetzt von dem durchs Fernsehen auf die Spitze getriebenen Infantilismus. Die moralischen Imperative, die in jeder normalen Erwachsenengesellschaft gelten, dringen nicht zu ihm durch. Man kann nicht mit ihm reden. Nicht diskutieren. Wie bei einem launischen Kind, das hysterisch geworden ist: «Warum hast du Petja die Krim weggenommen? Man darf dem anderen nichts wegnehmen! Gib es zurück. Die Gesetze müssen beachtet werden.» – «Nein! Das mach ich nicht! Meins! Meine Krim! Will nicht! Ich geb sie nicht zurück! Mein Spielzeug!» Und Schluss.

In den Donbass kämpfen fahren, um seinen Kredit abzuzahlen – das ist kein Verhalten eines Erwachsenen. Den eigenen, gefallenen Ehemann zu verleugnen, weil man Geld dafür bekommt, das ist kein Verhalten eines Erwachsenen. Als Offizier einer Sondereinheit der Hauptverwaltung für Aufklärung (!) zu dienen, mit einer Diversionsgruppe ins Hinterland des Gegners einzudringen und dann als Gefangener rumzuplärren: «Ich war es nicht, das hat alles nichts mit mir zu tun, ich wusste von nichts, bin reingelegt worden», das ist kein Verhalten eines Erwachsenen. «Putin, schick Truppen rein» zu brüllen und sich dann zu wundern, warum die Ukraine ihre Artillerie einsetzt – das ist kein erwachsenes Verhalten.

Aber mein Gott, was kann man sagen, wenn der oberste Oberkommandierende seine Soldaten verleugnet, wenn er sagt «die gibt es dort nicht», wenn er seine Armee losschickt, sie in den Tod schickt ohne Chevrons und Rangabzeichen, seine Flugzeuge ohne Identifikationsmerkmale starten lässt ...

Infantilismus, zur Staatspolitik erhoben. Das hat es in der Geschichte wohl noch nicht gegeben. Was einen erwachsenen Menschen vor allem ausmacht, ist die Fähigkeit, Verantwortung zu übernehmen. Verantwortung für andere, Verantwortung für sein eigenes Land, vor allem aber – Verantwortung für die eigenen Handlungen. Das hat sogar die Sowjetunion gelehrt. Sogar das Sowjetsystem, das jeden Ausdruck von individueller Persönlichkeit unterdrücken wollte, hat gelehrt, dass man ehrlich sein, nicht stehlen, für seine Taten einstehen soll.

Der Putinismus ist vermutlich das erste Regime der Geschichte, das deviantes Verhalten zur offiziellen Ideologie gemacht hat.

Die Quintessenz davon ist natürlich der Donbass. Mit diesem Krieg kann wohl nur der Kongo mithalten, wo elfjährige Kinder den Dorfbewohnern Beine und Arme abhacken.

«Wir sind doch zum Referendum gegangen und haben abgestimmt in der Hoffnung, dass Putin uns zu sich holt, so wie er die Krim geholt hat, wir haben hauptsächlich für Putin gestimmt», diese Äußerung einer Frau, die aus dem Donbass nach Pskow geflohen ist und jetzt aus ihrer Unterkunft geworfen wird, zitiert Radio Svoboda.

Na ... Teufel nochmal ... Mehrere Tage lang habe ich mir diesen Satz angesehen und wusste nicht, von welchem Ende ich sie kommentieren sollte. Denn diese Phrase, «Wir wollten, dass Putin uns zu sich holt», ist aus der Sicht eines erwachsenen Menschen bar jeden gesunden Menschenverstandes. Eine absolut zusammenhanglose Wortansammlung, ohne jede semantische Botschaft. Was bedeutet «zu sich holen»? Meint ihr damit, ihr wollt in Russland leben? Dann kauft euch eine Fahrkarte und fahrt hin. Wo ist das Problem? Oder meint ihr, die Truppen des Nachbarlandes sollten einen Teil eures Landes besetzen, die verfassungsmäßige Ordnung zerstören, die Staatsmacht stürzen, bewaffnete Banditengruppen bilden und mit Vernichtungswaffen Schläge gegen die Städte führen, bei denen zehntausend Menschen umkommen? Das hieße dann nämlich ganz anders. Das wäre nicht «wir wollten, dass Putin uns zu sich holt». Das wäre Kollaboration. Das wäre Verrat. Staatsverrat. Das wäre Beteiligung an einer terroristischen Organisation. Verbrechen gegen das Leben. Gegen die Menschlichkeit. Gegen die öffentliche Sicherheit und Ordnung. Gegen die Grundlagen der Verfassung und die Sicherheit des Staates. Das ist Terrorismus. Planung, Vorbereitung, Entfesselung und Ausführung eines Angriffskrieges. Darauf stehen zwanzig Jahre Gefängnis. Im besten Falle. Im schlimmsten: Liquidierung mit der Waffe in der Hand.

Ihr seid Kriminelle, begreift ihr das überhaupt? Was ihr jetzt habt – das habt ihr genau davon, dass ihr einfach «zum Referendum gegangen» seid. Einfach ist daran gar nichts. Geht euch das in den Kopf? Nein. Keine Spur. In den Augen – absolute Verständnislosigkeit.

Diese Phrase, «zu sich holen», die lese und höre ich nicht zum ersten Mal. Was heißt «zu sich holen»? Auf den Arm nehmen, oder was?

Kinder. Absolute Unterentwicklung des erwachsenen Bewusstseins.

Genau die gleiche Verständnislosigkeit in den Videos von der Vernehmung gefangener Kämpfer der «Volksrepublik Donezk» auf youtube. «Wozu bist du hergekommen?» – «Ich bin unter den Einfluss der Propaganda geraten.» Was für eine Propaganda? Lebst du 1933 in Deutschland? Außer dem Völkischen Beobachter keine andere Informationsquelle? Es gibt Internet. Es gibt noch Echo Moskwy, RBK, die Nowaja Gazeta, The New Times, Doschd. Es gibt Pavel Kanygin, Timur Olewski, Andrei Piontkowski. Schließlich auch noch Alexei Nawalny. Du weißt doch, wer Nawalny ist? Weißt du, wovon er spricht? Dann warum sagst du, du bist «unter den Einfluss der Propaganda gefallen», du verfluchter Idiot? Weil das gar nichts mit Propaganda zu tun hat – darum. Weil du als allererster in den Foren brülltest: «Gott sei Dank haben sie dieses liberale Journalistenpack zusammengeschlagen.»

Ihnen stehen sämtliche Informationsquellen zur Verfügung.

Sie wissen alles. Die Information erreicht sie. Sie wollen nur nichts davon wissen. Können die Fakten nicht verarbeiten. Fehlen von logischen Ketten, Fehlen einer Kausalverbindung, primitives Weltbild: «Mir hat die Erzieherin Tante Walja im Fernsehen gesagt, dass die Banderas böse sind.» Die Folge: Man stellt Divisionen entwicklungsgestörter Persönlichkeiten auf und schickt sie los, um ein Blutbad im Nachbarland anzurichten.

Im Grunde genommen ist diese «Tante Walja im Fernsehen» der Grund allen Übels. Nicht mit der Propaganda hat es angefangen. Die Propaganda traf auf fruchtbaren, gut gepflügten Nährboden. Kein Kisseljow, der tönt, er wolle die USA in «radioaktive Asche» verwandeln und die «Herzen von Schwulen» verbrennen, wäre möglich gewesen, wenn ihm nicht ein Jahrzehnt lang mit idiotischen Talkshows und Serien der Weg bereitet worden wäre.

Allein die Serie «Doma-2» [Häuser-2]: Wäre sie nicht auf allen Kanälen gelaufen – die Krim wäre nicht okkupiert worden. Davon bin ich fest überzeugt.

Erinnert ihr euch an den halbvergessenen Begriff «Verblödung der Bevölkerung»? Wenn neunundneunzig Prozent der TV-Produktion, die Reklame eingeschlossen, ein und dasselbe simple, animalische Verhaltensmodell propagieren: charakterliche Idiotie; wenn im Fernsehen die ganze Vielfalt menschlicher Emotionen auf zwei primitive Reflexe zurückgeschnitten wird: Gebrüll und Hysterie – das genau ist Infantilismus. Dieses launische Kind, das dann nicht mehr steuerbar ist. Was soll's ... Das Experiment der Verblödung des ganzen Landes muss als gelungen gelten.

Ich wiederhole es zum hundertsten Mal: Russlands furchtbarste Waffen sind nicht die Iskander, die Unterseeboote und das Atomwaffenarsenal. Russlands furchtbarste Waffe ist die Glotze, die die Menschen in Zombies verwandelt.

Zu den Kommentaren im Netz sage ich erst gar nichts. Du liest das und begreifst, wenn du darauf antworten willst, musst du mit dem Einmaleins beginnen. Mit der Entstehung der Erde vor viereinhalb Milliarden Jahren. Anders geht es nicht.

Und ich muss zugeben, dass es höllisch schwer ist, vierundzwanzig Stunden am Tag und sieben Tage die Woche in einer Internatsklasse für Zurückgebliebene zu leben. Da weiß man es wahnsinnig zu schätzen, wenn man einen Menschen trifft, dem das Hirn noch nicht weggefressen wurde. Eine Art total absurdes Ghetto. Ein ganzes Land voll aggressiver, grausamer, zurückgebliebener Minderjähriger. Ein Land, in dem die Penner die herrschende Klasse sind.

Wladi hat's geschafft. Das muss man sagen.

Aber lange halten solche Konstruktionen nicht. Sie sind ohne Steuerung von außen nicht zur Selbstorganisation fähig.

Wie das alles enden wird? Klar. Mit Nachsitzen. Nachpauken des durchgenommenen Stoffs. Das Leben ist der beste Lehrer. Es bringt einen schon zu Verstand. Wenn nicht durchs Hirn, dann durch den Arsch. Es wird alle lehren. Alle erziehen. Allen den Kopf zurechtrücken. Es wird die Ohren langziehen, in die Ecke stellen, mit dem Riemen strafen, nach den Verhaltensregeln der Erwachsenenwelt, im Rahmen des Zulässigen – und das zweifellos mit Erfolg. Auch bei denen, die sich sträuben. Sogar bei totaler Begriffsstutzigkeit.

Also das Erwachsenwerden kommt. Es kommt ganz bestimmt. Aber es wird höllisch wehtun, so viel ist sicher.

Tag des Sieges

9. Mai 2016

Meiner kleinen Tochter den Tag des Sieges zu zeigen, habe ich das letzte Mal vor vier Jahren versucht. Schon damals war es die Hölle. Zutritt zum Roten Platz nur durch Metalldetektoren und nach Taschenkontrolle. Die Metro abgesperrt. Fußgängerunterführungen gesperrt. Straßen gesperrt. Sperrung pur. Barrierengehege. Phalangen von Miliz und Streitkräften des Inneren. Geschlossen der Alexandergarten und irgendein kirchlicher Gottesdienst. Totaler Kitsch der Stadtgestaltung. Und Massen, Massen, Massen von Landbevölkerung, die glückselig über alledem sind. Dominierend für einen selbst das Gefühl, dass das alles nicht mehr *dein* Feiertag ist, nicht für *dich* veranstaltet wird, dass du hier nur ein unerwünschtes Element bist, von Bullen und Soldaten abgegrenzt.

Deshalb versuche ich schon seit einigen Jahren, am Tag des Sieges aus Moskau wegzukommen. Das kann man sich nicht mehr mitansehen. Für mehrere Tage verwandelt sich das Land, das auch in der übrigen Zeit in psychischer und moralischer Hinsicht nicht ganz gesund ist, in eine Station Nr. 6. Die nächste Phase der akuten Erkrankung beginnt. Da helfen keine Medikamente mehr. Die Augen werden glasig, die Worte wirr, man durchleidet eine Weltanschauungspaltung. Schaum vor dem Mund, unsere Großväter haben gekämpft, wir können es noch mal tun, Faschisten, Banderas, heilige Krim-Unser, Obama-Schmock. Falsche Schiffchen auf dem Kopf, falsche Orden, in falschen Uniformkitteln verkleidete Kinder, falsche Aufkleber, falsche Gardebändchen. Warum zieht ihr Kindern Uniformen an? Warum behängt ihr in Uniform gesteckte Kinder mit

Orden? Warum dreht ihr einen Clip von einem toten Jungen in Steppjacke? Wozu zeichnet ein Mädchen mit der Asche ihres eingeäscherten Großvaters etwas vom Krieg? Ach, weiß der Teufel ... ist so üblich.

Siegeswahn – ein sehr treffender Begriff.

Und diese Antwort, *wir können es wieder tun* – dazu ist praktisch niemand mehr in der Lage. Was willst du wohl noch mal tun und erleben, sag mir, du Backfisch im Uniformkittel, Galliffethose und der klobigen Nachahmung einer Schpagin-Maschinenpistole über der Schulter? Den Rückzug an die Wolga? Die Taktik der verbrannten Erde – deiner eigenen Erde – beim Rückzug? Das Abbrennen der Dörfer bei Moskau, damit dem Feind nichts in die Hände fällt? Das Leben in Erdhöhlen bei minus vierzig Grad? Die Brotration von einhundertzwanzig Gramm? Das Gesetz von den fünf Ährchen? Die Unfruchtbarkeit der Luftwaffen-Technikerinnen, weil sie Hundert-Kilo-Bomben einhängen mussten? Die Strafbataillons? Die Sperrtrupps? Die Millionen von Gefallenen bei der Eroberung Berlins? Die Verschickung von verwundeten Veteranen auf die Lagerinsel Walaam? Direkt aus den deutschen Konzentrationslagern in die des Gulag? Die Repressionen des Jahres 1947? Siebenundzwanzig Millionen Gefallene? Die siebzig Jahre lang unbestattet liegen gebliebenen Toten auf den Höhen von Sinjawino? Was willst du da wiederholen, du Idiot? Glaubst du tatsächlich, die Großväter hätten dafür gekämpft?

Nein. Er schweigt. Neu ist ihm, dass der erste Sturm auf die Festung Brest durch die sowjetischen Streitkräfte gemeinsam mit der Wehrmacht erfolgte; dass die polnische Garnison, die die Festung verteidigte, danach von Sowjettruppen niedergemacht wurde, dass die erste Parade in Brest eine gemeinsame sowjetisch-faschistische war; dass die USA mit dem Lend-Lease Act alles bis hin zum Schweinefett lieferten; dass es bei Lipetzk eine Schule der deutschen Luftwaffe gab; dass sogar nach der Kriegserklärung noch Versorgungszüge mit Lebensmitteln nach Deutschland gingen; dass der Krieg überhaupt im Jahre 1939 begonnen hat – diese Information ist der schizophrenen Weltanschauung fremd.

Der Tag des Sieges hat eine im Vergleich zu seiner ursprünglichen Bedeutung genau entgegengesetzte Aussage bekommen, und was dieser Tag heute darstellen soll, entzieht sich mir. Die ursprüngliche Botschaft war mir klar: Niemals durfte sich so etwas wiederholen. Man sollte gedenken. Niemals vergessen. Niederknien. Sicher, auch damals war das alles verlogen. Aber zumindest verbal wurden früher Antikriegsparolen formuliert. Und die Waffentechnik, die damals über den Roten Platz zog, war zur Verteidigung gedacht, nicht zum Angriff. Zum Schutz unserer verrammelten Grenzen gegen die verfluchten Bourgeois. Und heute?

Zum Schutz welcher Grenzen dienen heute die Mehrfachraketenwerfer Grad, Uragan und Smertsch? Was holt die auf dem Triumph-Platz ausgestellte Buk vom Himmel? Welche Städte machen die Selbstfahrlafetten Gwosdika und Akazija platt? Über welches Land fahren die Panzerwagen Tigr? Welche Berge haben die Iskander und Totschka-U 2008 beharkt?

«Jetzt sehen Sie die Mehrfachraketenwerfer-Systeme Uragan über den Roten Platz rollen. Sie wurden erfolgreich in Tschetschenien und Georgien eingesetzt» – diese Formulierung habe ich einmal gehört, als ich im Fernsehen zufällig auf die Übertragung der Parade stieß. Ausgesprochen wurde sie von einer jungen TV-Moderatorin in fröhlich-feierlicher Intonation. Mein Gott, Mädchen, was faselst du? Hast du überhaupt gesehen, was diese Uragan in Tschetschenien angerichtet haben? Hast du gesehen, in was sie die Dörfer verwandelt haben? Hast du das tschetschenische Dorf Zony gesehen, in dem kein einziger Stein auf dem anderen geblieben ist und nur die Ofenrohre aus der Asche ragten? Ein ganzes Dorf aus Ofenrohren – eins zu eins wie aus dem Kriegsfilm, nur war das diesmal kein Werk der faschistischen deutschen Besatzer, sondern deiner tollen Mehrfachraketenwerfer hier. Hast du überhaupt mal gesehen, wie sie funktionieren? Da bekommt man schon beim Hingucken Angst.

Wer diese Technik auch nur einmal in Aktion erlebt, wer auch nur einmal erblickt hat, was sie aus Dörfern, Häusern, Menschen, aus dem menschlichen Leben macht, wer auch nur sehen musste, in was eine Artilleriegranate den Körper eines Menschen verwandeln kann und wie die Körper derjenigen sich verwandeln, die in dieser Technik lebendig verbrennen – dem vergeht die Begeisterung für dieses ratternd-rasselnde Eisenzeug ein für alle Mal. Das Gesicht versteinert bei dem Anblick.

Und dann natürlich der Geruch. Dieseltreibstoff, das von der Sonne auf der Panzerung erhitzte Staufferfett ... Das bleibt für immer. Das kriegst du nicht mehr aus dem Gedächtnis.

Sich für Massenvernichtungsmittel, für wahllos wirkende Waffen zu begeistern, das vermag nur eine perverse Logik. Das ist nicht normal. Die Norm ist das Gegenteil – davon Abgestoßen-Sein.

Und natürlich hat sich der Sinn, mit dem diese Waffen besetzt sind, völlig geändert. Nach Georgien, der Krim und dem Donbass sind das keine Symbole der Verteidigung mehr. Es sind Symbole der Aggression. Des Angriffs. Der Okkupation.

Grad – das ist der Flughafen von Donezk. Buk – die abgeschossene Boeing. Der Panzer T-72 – Debalzewo. Der Mannschaftstransportwagen Tigr (der ursprünglich «Rächer» heißen sollte) – der Luftwaffenstützpunkt Belbek. Iskander – das ist Georgien.

Und diese Assoziationen werden für immer bleiben. Das ist der fragwürdige Ruhm, den diese Waffen sich errungen haben.

Diese Parade ist keine Schau der Militärtechnik mehr, die die Welt vor der braunen Pest gerettet hat. Es ist eine Parade von Technik, die zehntausend Menschen in dem früher einmal «brüderlichsten» Land getötet hat. Genau diese Technik hämmert jetzt, genau in diesem Augenblick, auf die Industriezone der ukrainischen Stadt Awdejewka ein.

Was habt ihr dort verloren?

Dies ist keine Parade der Verteidiger und Befreier mehr. Es ist eine Parade der Okkupanten. Eure Panzer erregen heute nur Übelkeit. Nur das.

Die Botschaft eines solchen Tages wie dem des Sieges zu verraten, sie in ihr Gegenteil zu verkehren, um hundertachtzig Grad zu verdrehen – das muss man auch erst mal können, klar.

Und dann natürlich der Handel. Der Handel mit dem Sieg. Der ganz unvorstellbare Formen annehmen kann. Lagerhäftlinge nähen Gardebändchen. Das will einem zurechnungsfähigen Außenstehenden schon schwer in den Kopf. Wir aber, die wir in einem Land leben, in dem mit Uniformkitteln, Orden, Kinderuniformen gehandelt wird, in dem es von Gardebändchen umkränzten Wodka gibt, irre Videos in den sozialen Netzen, anormale TV-Serien, ein Konzert von Gazmanow zu Ehren des Sieges in den Arabischen Emiraten, Aufkleber, auf denen zwei Homomännchen Analsex treiben, wobei der eine anstelle des Kopfes Hammer und Sichel, der andere ein Hakenkreuz hat ... Was sind im Vergleich dazu bändchennähende Lagerhäftlinge?

Im Grunde müsste dieser Tag im heutigen Russland nicht Tag des Sieges, sondern Allrussischer Tag des Siegkommerzes heißen.

Aber den Geschmack trifft's. Das Volk lässt sich nicht lumpen und greift zu.

Und unternehmerisch Veranlagte machen ihr Geld damit. In

Griechenland zum Beispiel, das nach der Schließung der Türkei und Ägyptens unter dem Zustrom russischer Touristen ächzt, erkennt man den Marktwert der Siegessymbolik ebenfalls. Der Uniformkittel auf einer Raki-Flasche, die ich in dem Getränkeladen in einem griechischen Touristenort neben einem Stripclub gesehen habe, wird dem russischen Patrioten schmeicheln, der aus irgendeinem Grunde zur Siegesfeier nicht auf die Krim, sondern nach Gayropa gefahren ist – das treffendste Symbol dafür, wofür die Millionen Tode jetzt herhalten müssen.

Euren Sieg verschachern heute schon die Marktschreier in Griechenland, verehrte Herren Patrioten, und ihr schwadroniert weiter von eurem «Großväter-haben-gekämpft» und «Wir-können-es-noch-einmal-tun».

In Moskau werden derweil Lebensmittel für die Landbevölkerung gesammelt. Unter ihr Kriegsveteranen, die im Gebiet Twer und Leningrad leben.

Lebensmittel. Sammlung. Für das Land. Und die Veteranen. Von Leningrad.

Na dann – auf den Tag des Sieges.

Russische Feiertage

10. Mai 2016

Gestern, stellt sich heraus, war der «Tag der Veteranen von Kampfhandlungen». Ein inoffizielles Datum. Offiziell pfeift das Vaterland auf seine Soldaten, wie immer. So wie es auf uns gepfiffen hat, als wir Soldaten waren, pfeift es auf die, die sich aus der Scheiße, in die sie uns geritten haben, aus eigener Kraft wieder rausgearbeitet haben. Daran habe ich mich schon lange gewöhnt. Hab mich daran gewöhnt, dass die Veteranen für das Land nur ein Bild im Zombie-TV sind. In anderer Eigenschaft werden sie nicht gebraucht. In anderer Eigenschaft kann man ihnen die Veteranenzulage verweigern, kann ihnen sagen: «Ich hab Sie nicht dahin geschickt», kann die Mutter eines in Tschetschenien gefallenen Offiziers auf die Straße setzen, kann den Müttern von in Grozny Verbrannten ihre paar Kopeken Rente vorenthalten, kann die Jungs wieder losschicken, damit sie in Georgien im Panzer brennen, kann Männer im Rollstuhl mit Almosenrenten abspeisen, kann Nichtidentifizierte auf dem Bogorodskij-Friedhof verbuddeln, fernab von menschlichen Blicken ... Man kann alles. Und wirst du aufmüpfig, dann schleifen sie dir am Asphalt die Fresse blutig. Hast du die Weisheit mit Löffeln gefressen, Veteranenarsch?

Nur in der Einlage zum Wehrpass steht es so schön: «Hat vom 24. Dezember 1999 bis 3. April 2000 als Funk-Richtschütze Wehrdienst bei der Vereinigten Gruppe der Streitkräfte in der Region Nord-Kaukasus geleistet. Dabei hat er hundertzwei Tage lang faktisch an Kampfhandlungen teilgenommen.» Und nicht einmal diese Einlage haben alle. Denis B., der im August 1996 zwei Wochen lang ohne Wasser an einem umzingelten Kontrollpunkt in Grozny ausgeharrt hat, wo von zweiunddreißig Mann vier überlebt haben – er hat ihn nicht. Er ist kein Veteran. Er war abkommandiert, Papiere gibt es nicht. Anfangs versuchte er noch im Wehrkommissariat etwas nachzuweisen, aber nach der Standardfloskel «Bring uns eine Bescheinigung von Bassajew» hat er ein Kreuz drauf gemacht. Mit einem Wort, offiziell ist Denis nirgendwo gewesen.

Vitali Ragulin, der in Tadschikistan in einem Schützenpanzerwagen in die Luft geflogen ist – hat keine. Vitalij will zwar noch immer durch die Wand. Kommt mit Nachweisen an. Organisiert Anhörungen in der Gesellschaftskammer. Schreibt Anträge. Macht auf sich aufmerksam. Schon zwanzig Jahre lang. Versucht, dem Vaterland zu beweisen, dass er *sein* Veteran ist. Und das Vaterland scheißt darauf, seit zwanzig Jahren. Doch, immerhin, ein Gesetz hat das Vaterland vor ein paar Monaten angenommen – nach einem Vierteljahrhundert –, daraufhin haben von den mehreren Tausend Soldaten der zweihundertersten Division, die in Tadschikistan waren, jetzt immerhin: sechsundzwanzig Mann einen Veteranenausweis bekommen.

Im Grunde bin auch ich Veteran nur des Zweiten Tschetschenienkrieges. Den Ersten hat das Vaterland mir erlassen. Zusammen mit ungefähr anderthalb Millionen alten Rubeln, vor der Entwertung. Im Ersten bin ich nicht gewesen. Die Erkennungsmarke zählt nicht als Beweis. Diese Hundemarken liegen bei mir schon lange in der Schatulle. Hundemarken, mit denen ich, dachte ich früher, fürs ganze Leben verwachsen bin, mit denen ich mich gewaschen, mit denen ich gegessen und geschlafen habe und mir nicht vorstellen konnte, dass man sie jemals abnehmen kann, für Frevel und Verrat an den Gefallenen habe ich das gehalten – jetzt liegen sie bei mir in der Schatulle. Mir mit meinen kindlichen Vorstellungen davon, «was gut ist und was böse», will noch lange, lange nicht in den Kopf, wie das Vaterland seine Gefallenen verrät. Das Vaterland ist hier außer Konkurrenz. Und überhaupt habe ich keine Lust, meine Vergangenheit ständig am Hals zu tragen. Sie war nämlich nicht lustig. Aber sie beunruhigt mich auch nicht mehr. Mich beunruhigt überhaupt nur noch wenig. Ich habe bei Zemo-Nikozi Verwundete auf dem Buckel geschleppt, dann den Fernseher angeschaltet und gesehen, wie die Pressesprecherin des Verteidigungsministeriums, Sofia Malyavina, im Kreml den Tapferkeitsorden für die tapfere Verbreitung von Pressemitteilungen aus dem Flüchtlingslager in Alagir, hundertfünfzig Kilometer vom Kriegsgeschehen entfernt, bekommt; habe gesehen, wie eine Rotte Journalisten im Kreml aus der Hand des Arschlochs Naryschkin KAMPF-Auszeichnungen entgegennimmt (ohne jede Scham!), habe ausgespuckt, ausgeschaltet, vergessen. Dich laden sie nicht in den Kreml ein. Bleib mal locker, Veteran. Ein Loch im Schenkel und die Zähne, die dir Timocha und Boxer ausgeschlagen haben – das sind alle Auszeichnungen, die du hast.

An all das habe ich mich längst gewöhnt. All das beunruhigt mich schon lange nicht mehr. Beweisen will ich nichts, niemandem, schon lange nicht mehr. Will nichts und niemandem etwas erzählen. Will mich mit niemandem mehr treffen. Bin niemandem mehr irgendwas schuldig. Dieses ganze Pathos ist doch nur zum Angucken gut. In Wirklichkeit lässt die Erinnerung dich schaudern. Gott behüte. Ganz real, diesem Land zu dienen – Gott behüte. Daraufhin stellte das Vaterland Strafanzeigen gegen mich, schickte mir den FSB vor die Tür, schrubbte auf Demonstrationen den Asphalt mit meiner Visage, quälte mich in grünen Minnas, verhängte Geldstrafen gegen mich ... Geschissen auf alle meine Ausweise und Soldbücher. Dass ich Veteran bin, hab ich nur ein einziges Mal erwähnt. Am 6. Mai, als ich mit diesem Bullen, der mich bei der Festnahme verprügelt hat, vor dem Polizeirevier geraucht habe. Später hat er die Leute im Gefangenentransporter geprügelt. Ich bat ihn, mich zum Rauchen aus der Zelle zu führen, er war einverstanden, steckte sich auch eine an, redete irgendwas von Tschetschenien, ich fragte, wo und wann, und es stellte sich heraus, dass wir fast zur gleichen Zeit an fast demselben Ort gewesen waren, und ... Da hab ich die Anzeige gegen ihn fallen lassen. Hab's nicht übers Herz gebracht. «Bin von einem unbekannten Milizangehörigen geschlagen worden», hab ich eingetragen. Obwohl ich seinen Namen und seine Dienstnummer bis heute irgendwo notiert habe. Egal. «Wenn das Vaterland glaubt, es würde uns ernähren, dann soll es auch glauben, wir würden es verteidigen.» Man soll seine Vergangenheit nicht wie im Rucksack mit sich schleppen. Das Leben geht weiter. Neue Schikanen und neue verschmorte Leiber in zerschossenen Panzern werden kommen. Da könnt ihr sicher sein. Das Vaterland gibt keine Ruhe.

Na dann, auf den Tag des Veteranen.

Marsch der auferstandenen Toten

10. Mai 2016

Was ich jetzt sagen werde, ist wahrscheinlich nicht sehr populär – aber ich finde die Aktion «Unsterbliches Regiment» grauenhaft. Ein Strom von Zehntausenden von Menschen mit den Fotografien toter Menschen ... Na, einmal mag das angehen. Um ein Bild von der Anzahl der Tode zu bekommen, die der Krieg gefordert hat. Aber jedes Jahr von Neuem ...

Ich habe keine Lust, mir das anzusehen. Bei mir ruft eine solche Menge von Bildern von Menschen, die nicht mehr unter den Lebenden weilen und hier versammelt sind, ausschließlich negative physiologische Reaktionen hervor. Marsch der auferstandenen Toten.

Versteht ihr ... Die Fotografien der in Auschwitz Ermordeten sollten innerhalb von Auschwitz bleiben. Sie eignen sich nicht für Wanderausstellungen. Der Tod ist eine sehr ernste Sache.

Irgendwo hinzugehen und die Getöteten dort anzusehen, ihnen in die Augen zu schauen – das sollte eine psychische Arbeit sein. Der Sinn besteht doch gerade darin – sich zu *zwingen*, das anzusehen, es für wahr zu nehmen, in sich hineinzulassen, sich die Arbeit machen, diese Information in Gehirn und Organismus aufzunehmen, sie zu verarbeiten, zu bewältigen und Schlüsse daraus zu ziehen. Sie wenigstens mit dieser kleinen Geste der Erinnerung zu ehren. Wenigstens mit dieser kleinen Geste zu bekennen, dass wir es nicht vermocht haben, diese Morde zu verhindern.

Das *muss* psychologisch schwerfallen. Das können nur einmalige Ereignisse sein. Man kann nicht nach Auschwitz wie auf die Berlinale gehen – sich mal ein paar Fotos angucken. Und völlig irre wäre es, die Fotos der in Auschwitz Ermordeten auf Sperrholz zu kleben und damit jedes Jahr am Tag der Befreiung durch Auschwitz oder Warschau zu ziehen.

Das nivelliert diese Tode. Nivelliert deine eigene seelische Arbeit, die aufgewendet werden muss.

Das ist eine private Sache. Zu persönlich. Viel zu einmalig. Das verträgt keine Massenevents. Verträgt die Masse nicht. Das muss in dir selbst sein. Das ist deine persönliche seelische Arbeit. Eine Arbeit, die du selbst vollbringen musst.

Ich kann mir überhaupt nicht vorstellen, was mich dazu bringen könnte, ein Foto meiner schon verstorbenen Großmutter auf ein Brettchen zu kleben und es zur allgemeinen Anschauung durch die Straßen zu tragen. Wozu? Das ist *meine* Großmutter. Meine Familie. Das Andenken meiner Familie. Wozu soll ich mein Familiengedenken auf ein Brettchen kleben und es vorsätzlich allen zeigen? Wozu sollen all die anderen die Fotografie meiner Großmutter oder meines Großvaters, der noch bei Chalchin Gol als Panzerfahrer gekämpft hat, betrachten und wissen, dass sie schon tot sind? Ich verstehe ja, vor dreißig Jahren, mit der Botschaft – diese Menschen könnten noch leben. Aber heute ist es doch vorbei, diese Menschen wären so oder so schon tot. Ist doch siebzig Jahre her.

Einfach zu viel. Zu viele Tode auf einem Haufen, zur Schau gestellt für Menschen, die nicht darum gebeten haben.

Eine Entwertung jeder einzelnen Tragödie.

Dieser Massenkult des Todes ist hypertroph.

Die Toten aus den Gräbern holen und damit der Welt vor der Nase herumfuchteln – was soll das?

Der Nächste bitte

20. Juli 2016

Ich bin es leid, meine Leute unter die Erde zu bringen. Die ganze Zeit ein und dasselbe. Ein teuflisch endloser Todesreigen.

Allein von denen in meinem engeren Kreis, mit denen ich befreundet oder bekannt war, sind Jurij Schtschekotschichin, Anna Politkowskaja, Stanislaw Markelow, Anastasia Baburowa, Natalia Estemirowa und Boris Nemzow ermordet worden. Wladimir Kara-Murza hat dank der großartigen Leistungen der Ärzte eine Vergiftung überlebt. Dieser Krieg hat Andrej Mironow fortgerissen. Und jetzt ist Pawel Scheremet umgebracht worden.

Ich wiederhole – das sind nur diejenigen, die ich persönlich kannte. Und nur die, die getötet worden sind.

Dutzende andere sind verprügelt, überfallen, eingesperrt oder aus dem Land gejagt worden. Dutzende. Allein unter meinen Bekannten.

Jedes Mal wieder ist es geradezu unglaublich. Das kann nicht sein. Nicht er. Wofür? Warum? Bei Pawel war das besonders schwer zu glauben. Und dennoch – es ist wahr ...

Pawel Scheremets letzter (verflucht noch mal, ja, jetzt ist es der «letzte» – sosehr wir dieses Wort auch hassen und zu meiden suchen) Arbeitsplatz in Russland war das «Gesellschaftliche Fernsehen Russlands». Das natürlich überhaupt nicht gesellschaftlich war, trotzdem konnte man dort eine Zeitlang – nicht sehr lange – nach seiner Gründung ungehindert sagen, was man dachte. Pawel moderierte das Programm «Wahr? Ja!». Dieses Programm von ihm war das letzte in einem russlandweiten Fernsehkanal, wo noch Meinungsfreiheit bestand. Ich hasse Pathos, aber hier ist es angebracht: Der letzte Vorposten der Meinungsfreiheit in der staatlichen Zombie-Kiste war Scheremets Programm. Als Pawel dann trotzdem wegging – genauer gesagt, als sie ihn dort verdrängt hatten –, ging auch ich nicht mehr hin. Dort gab es ohne Pawel einfach nichts mehr zu tun. Später luden sie mich auch gar nicht mehr ein. Heute ist das eine von vielen weiteren halbgaren Sinnlosigkeiten. Das Studio sieht irgendwie noch genauso aus, die Aufmachung ist die gleiche, Schlipsträger diskutieren etwas, nur hat eben der einzige lebendige Mensch das Studio verlassen – Klappe zu, Zombie.

Es ist schon wirklich erstaunlich – in dieser Sendung wurde eigentlich über nichts Besonderes gesprochen, es gab keine großen Recherchen, Geheimnisse wurden nicht aufgedeckt, man redete einfach nur über allgemein anerkannte, normale menschliche Dinge, über den absoluten Wert der Freiheit an sich, die Unantastbarkeit der Freiheit des Wortes, den Aufbau der Zivilgesellschaft, das Recht dieser Gesellschaft auf Protest, über die Usurpation der Macht, darüber, was aus unserem Vaterland und uns werden würde – das heißt, im Grunde über Leben, Land und Zukunft – und immer war das interessant. Zu Scheremet ging man immer gern. Weil man wusste, bei ihm darf man die Dinge beim Namen nennen. Ohne Angst. Das ist unglaublich wichtig. Einfach nur die Wahrheit zu sagen. Und das begreift man so richtig erst, wenn es nirgendwo mehr möglich ist. Bei niemandem mehr.

Mit ihm war es überhaupt irgendwie locker und fröhlich. Die beste Definition, die ich heute über Pawel gelesen habe, lautet «einnehmend». Genau das war er – einnehmend. Sowohl in dem Sinne, dass er den Raum mit seinem Lächeln, seinen Scherzen füllte, als auch im Sinne seines inneren Reichtums. Von einem guten Menschen kann man nicht genug kriegen. Scheremet war ein guter Mensch. Von ihm hatte man wirklich nie genug.

Dabei verstand natürlich auch er selbst es, die Wahrheit zu sagen, die Dinge beim Namen zu nennen, er konnte harte Texte schreiben und unversöhnlich mit jenen sein, die er hasste, und mit jenen, die realisieren wollten, was er hasste. Er verstand es, das zu tun, was getan werden musste.

Zudem besaß er diese naiven, in unserer heutigen Welt, unserer Zeit überflüssigen Züge – Ehrlichkeit, Aufrichtigkeit, Offenheit, Gewissen, Unbestechlichkeit. Also all jene Eigenschaften, die in einer normalen Welt normal sind, in der Gegenwelt dagegen nur stören. Mir scheint, er glaubte tatsächlich daran, dass man mit Worten, mit dieser seiner Wahrheit, diesem seinem Anstand und seinem Gewissen das diktatorisch-autoritäre Russland verändern könne.

Es gelang nicht. Russland hat ihn ausgestoßen. Solche wie er werden hier nicht gebraucht.

Und dennoch ...

Ich verstehe noch, dass man für investigative Recherchen zur Korruption umgebracht wird. Wenn jemand aufgrund deiner Arbeit das mit solcher Mühe zusammengeraubte Geld verliert, den Platz am Fressnapf, das Häuschen an der Côte d'Azur. Ich verstehe, dass man für journalistische Recherchen zu den Verbrechen der Machthaber umgebracht wird. Entführungen, Folter, Morde, Hinrichtungen ohne Urteil. Wenn man aus dem hochdekorierten Sessel fliegt und lebenslang im Straflager «Weißer Schwan» bei Perm verschwindet. Ich verstehe, wenn Rechtsanwälte umgebracht werden, die Opfer von Nazigruppen oder auch Journalisten verteidigen, die über diese Gruppierungen schreiben. Verstehe, wenn Zeugen umgebracht werden, politische Konkurrenten, Oppositionelle. Das ist alles irgendwie logisch. Logisch nach einer tierischen Logik zwar, aber immerhin. Mensch beseitigt – Gefahr behoben.

Aber ich verstehe nicht, warum man gesellschaftspolitische

Journalisten umbringt. Da habt ihr nun den politischen Journalisten Pawel Scheremet umgebracht, und jetzt? Ich weiß nicht, wer «ihr» genau seid, mit welchen Motiven und aus welchem Land – aber was wird jetzt? Welche Gefahr habt ihr behoben? Was wird sich ändern?

Wird sich die öffentliche Meinung irgendwie ändern? Wird die Freiheit, die er verteidigte, in den Augen derer, für die sie nahezu der höchste Wert war, weniger wert sein? Die Diktatur, die er hasste und die er bekämpfte – sowohl bei sich in Belarus als auch in Russland und in der Zwangsemigration in der Ukraine –, ist diese Diktatur jetzt auch nur eine Spur attraktiver für irgendjemand? Ändert sich die Entwicklungsrichtung des Landes? Jungs, mit diesem Europa haben wir irgendwie die Arschkarte gezogen, lasst uns zurück unter die Fuchtel Moskaus – so vielleicht? Klappt bei irgendjemandem im Gehirn ein Schalter um, und Pawels Leser und Zuhörer, die seine Meinung teilten, Freiheit, Menschenrechte, Demokratie, ehrliches Business, marktwirtschaftliche Konkurrenz, unabhängige Gerichte, Zivilgesellschaft, Herrschaft des Gesetzes, Gleichheit, Antiklerikalismus, Antifaschismus, Würde, Ehre, Ehrlichkeit, Gewissen – all das, worüber er schrieb und das er predigte –, das soll jetzt in den Augen der Menschen wertlos werden, und sie sollen Sklaventum, Unterwürfigkeit, Chauvinismus, Vetternwirtschaft und Diebstahl besser finden?

Wozu habt ihr Pawel umgebracht, ihr Bastarde?

Höflichkeiten

28. Dezember 2016

Wollt ihr wissen, was Hetzjagd auf Andersdenkende im Putin'schen Russland ist? Ich werd's euch gleich erzählen. An meinem eigenen Beispiel. Verfolgt hat man mich auch früher schon – aber jetzt ist der Angriff besonders heftig.

Vor drei Tagen ist ein russisches militärisches Transportflugzeug mit einem Militärensemble abgestürzt, das vor russischen Fliegern in Syrien auftreten sollte. Die Flieger hatten Aleppo bombardiert. Ich schrieb einen Post darüber auf Facebook. Neutral. Der Post enthielt keinerlei Aufrufe oder Beleidigungen. Ich habe nur festgestellt, dass die russische Armee Aleppo bombardiert, ohne zwischen Zivilisten und Nicht-Zivilisten zu unterscheiden, dass dort Dutzende von Kindern sterben, dass die Fotos dieser Kindertode um die ganze Welt gegangen sind, dass Russland ein Aggressor ist, der die Krim annektiert, einen Teil der Ukraine besetzt und dort einen Eroberungskrieg begonnen hat, der mindestens zehntausend Menschen das Leben gekostet hat; dass es davor einen Teil Georgiens besetzt und auch in diesem Land Städte bombardiert hat. Und dass ich, nach all diesen Kriegen und Toden, für den Tod von Vertretern der Besatzungsarmee einzig und allein Gleichgültigkeit habe.

Jemand fand meinen Post – kein Zeitungsartikel, kein Fernsehbeitrag – einfach nur ein Facebook-Post! – nicht patriotisch genug.

Damit fing es an.

Als Erster meldete sich Witali Milonow, Abgeordneter der Staatsduma, bekannter Schwulenhasser und Obskurant, Initiator von Gesetzen zur Einschränkung der Rechte sexueller

Minderheiten, der persönlich an Angriffen auf LGBT-Vertreter beteiligt war. Er beantragte, mir und Boschena Rynska – eine weitere Journalistin, die ebenfalls, wie ihm schien, einen zu wenig patriotischen Post geschrieben hatte – die Staatsbürgerschaft zu entziehen, uns des Landes zu verweisen und unser Eigentum zu beschlagnahmen.

Danach äußerte sich der Senator Franz Klinzewitsch, rief dazu auf, nach «Recht und Gesetz» mit uns aufzuräumen und beteuerte, es werde «eine Reaktion» geben.

Damit kam eine Hetzjagd ins Rollen, wie ein Schneeball.

Alle Kräfte der Propagandamaschine kamen zum Einsatz. Der Erste Kanal – der mächtigste Staatssender in Russland – rief zu einer Petition auf, um uns die Staatsbürgerschaft abzuerkennen und uns auszuweisen. Innerhalb eines Tages hatten hundertdreißigtausend Menschen diese Petition unterschrieben. Ein anderes Propagandamedium, die Agentur «Life», ging pflichtgemäß zum Angriff über und hängte mir mithilfe von Gerichtsbeamten eine gefakte Ordnungswidrigkeitsstrafe an – wegen Schwarzfahrens im Bus –, dabei habe ich als Veteran von Kampfhandlungen überhaupt freie Fahrt. Das ist die übliche Praxis in Russland, sie dient dazu, jemandem wegen Schulden die Ausreise aus dem Land unmöglich zu machen. Die Flucht, mit einem Wort.

Ein Computerspiel im Genre *Beat 'em up* wurde entwickelt, in dem zur «Abrechnung mit den Feinden Russlands mithilfe der eigenen Fäuste und Stiefel» aufgerufen wurde. Diese Feinde müsse man «prügeln, bis sie abklappen». Prügeln, bis sie abklappen – das wollen sie mich. Ich bin die erste Figur in diesem Spiel.

Der Post von Boschena Rynska wird zurzeit von der Generalstaatsanwaltschaft geprüft. Die Praxis zeigt, dass solche Prüfungen in der Regel mit einer Strafanzeige enden – und einer

Freiheitsstrafe von bis zu fünf Jahren. Beachtet bitte: Die Generalstaatsanwaltschaft untersucht nicht die Ursachen des Flugzeugabsturzes, sondern den Post auf Facebook. Und vor Boschenas Haus lauern regimetreue Rote Garden, die von Zeit zu Zeit den Sturm auf ihre Wohnung versuchen. Andersdenkende mit Brillantgrün oder Fäkalien zu übergießen, ist gleichfalls gängige Praxis in Russland. Neulich wurde die Journalistin Julia Latynina wegen ihrer Artikel mit Fäkalien übergossen. Brillantgrün bekamen wiederholt meine Freunde ab, zum Beispiel der Aktivist Mark Galperin – weil er mit Antikriegsplakaten demonstriert hatte. Die Patrioten überfallen jemanden, weil er gegen den Krieg demonstriert – was ist das anderes als eine hundertprozentige Analogie zu Ereignissen in den Romanen von Remarque?

Im Internet wird meine Privatadresse mit dem Aufruf veröffentlicht, mich einmal «zu Hause zu besuchen». Drohbriefe gegen mich und meine Familie kommen jetzt zu Tausenden – per Post, per Facebook und per Telefon. Das ist alles kein Spaß, Überfälle und Zusammenschlagen von Andersdenkenden sind in Russland seit Langem an der Tagesordnung, die Fälle gehen in die Hunderte, bei solchen Überfällen werden Baseballschläger, Metallrohre und Glasflaschen benutzt, sodass ich wirklich Angst um meine Familie habe. Der letzte Fall liegt gar nicht lange zurück – Unbekannte überfielen meinen Freund, den Journalisten Grigori Pasko, und schlugen ihn zusammen. Danach warf das Untersuchungskomitee ihm Terrorismus vor und versucht ihn jetzt hinter Gitter zu bringen. Dabei hat Pasko sowieso schon vier Jahre wegen angeblicher «Spionage» gesessen.

Der regimetreue obskurantistisch-patriotische Fernsehsender Zargrad führt ein Ranking der Top 100 der dreistesten Russophoben. Dort stehe ich auf Platz zehn. Ich, der ich zweimal als Soldat dieses Landes im Krieg war.

Und es kommt immer besser. Eine der populärsten russischen Zeitungen betitelt einen Artikel mit «Die Unmenschen, die über die Katastrophen frohlocken, müssen ihre Staatsbürgerschaft verlieren». Wobei über die Katastrophe, ich wiederhole, weder jemand frohlockt noch Schadenfreude gezeigt hat. Dieser Artikel ist in einem Stil gehalten, der unbedingt zitiert werden muss:

«Wie lange sollen wir noch ertragen, dass manche in den sozialen Netzen über die Tragödien Russlands frohlocken? Und zwar vorsätzlich, ganz unverhohlen, herabsetzend. Gerade heute hat man das starke Bedürfnis, solche ehrlosen Gesellen zur Verantwortung zu ziehen und sie für ihre schmutzigen Worte gerecht zu strafen. Und gegen jene Russen, die ihrer Schadenfreude keinen Zwang antun, ein Verfahren zum Entzug der Staatsbürgerschaft anzustrengen. Krieg ist heute nicht nur in Syrien, wohin das Militärflugzeug mit den Zivilbürgern unterwegs war. Krieg ist auch in Russland – ein Informationskrieg zwar, aber doch ein Krieg. Und verteidigen müssen wir uns nach den Gesetzen des Kriegsrechts. Wäre es nicht an der Zeit für ein Gesetz ‹Über die Unzulässigkeit des öffentlichen Frohlockens bei für Russland tragischen Ereignissen›?»

Ja, ihr habt euch nicht verhört. Ein Gesetz «Über die Unzulässigkeit öffentlichen Frohlockens». Mehr noch, einige Parlamentarier haben diese Initiative bereits unterstützt! Deshalb vermute ich, dass so ein Gesetz kommen wird. Dann wird man mangelhaft trauernde Menschen auf gesetzlicher Grundlage ins Gefängnis stecken können.

Insgesamt unterscheidet sich dieser Artikel in seinem Stil nicht von Artikeln der Stalin'schen Zeitungen zur Zeit des Großen Terrors in den Dreißigerjahren, als man forderte, die «Volksfeinde wie tollwütige Hunde zu erschießen». Vom Erschießen ist übrigens auch hier die Rede – vorgeschlagen wird die Wiedereinführung der Todesstrafe. Von den Zeiten der Repression, als in den Stalin'schen Lagern Millionen Bürger vernichtet wurden, ist man gar nicht so weit entfernt. Im Gegenteil, vielleicht eilt man mit Siebenmeilenschritten darauf zu.

Dieselbe Zeitung hat auch eine Umfrage «Was halten Sie von russischen Bürgern, die Schadenfreude über Katastrophen äußern?» gemacht. Als Erstes steht da: «Das sind Unmenschen, denen man die Staatsbürgerschaft entziehen muss.» Und prompt antworten vierzig Prozent der Befragten, dass wir Andersdenkende, ja: «Unmenschen» sind.

Die zweitpopulärste Zeitung, ebenfalls regierungsfreundlich, schreibt in folgendem Stil: «Ekelhafte Rotze», «Geistesgestörte», «fünf Jahre Frauenstraflager». Die Sprecherin des Außenministeriums (!), Maria Sacharowa, benutzt die Ausdrücke «Abschaum», «Schindluder», «Dreck».

Und das Sahnehäubchen: Dmitri Peskow, Sprecher des russischen Präsidenten (!), hält das für die «scheußlichen Manifestationen einer Geisteskrankheit».

Ich mache keine Witze. Die Sprecherin des Außenministeriums und der Sprecher des Präsidenten bezeichnen mich und meinesgleichen als Abschaum, Dreck und scheußliche Geisteskranke. Dabei berichte ich euch hier nur die krassesten Fälle. Beteiligt an der Hetzjagd haben sich, glaube ich, alle staatlichen Medien. Dutzende. Ein unfassbarer Strom der Entmenschlichung und Vertierung, dem man wehrlos ausgesetzt ist. Propaganda und «Kampf gegen die Feinde» genießen im Putin'schen Russland Priorität, dafür werden gigantische Mittel aufgewandt. Die Hetzjagd ist ein sehr effektives Instrument. Sie zermürbt den Menschen. Nach wenigen Tagen ist man mit den Nerven am Ende. Beim KGB verstehen sie sich darin. Sie wurden in der Vergangenheit gut geschult.

Ihr standet nicht schon mal kurz vor der Verhaftung? Bewahre euch Gott vor dieser Erfahrung. Die Erwartung einer Verhaftung, einer Hausdurchsuchung, untergeschobener Rauschmittel und der Vorwurf der Pädophilie (auch eine gängige Praxis, genau mit dieser Beschuldigung wurde kürzlich der Leiter der karelischen Abteilung von Memorial, Juri Dmitrijew, verhaftet, dieselbe Provokation versuchte man mit dem zum zweiten Mal aus Russland ausgewiesenen Dissidenten Wladimir Bukowski), Zusammenschlagen im Hauseingang, Überfälle auf der Straße, Schüsse in den Rücken.

Gott verschone euch vor solchen Erfahrungen. Sie sind hart. Wirklich hart. Und es ist schrecklich. Schrecklich, was mit diesem Land vor sich geht. Auf welchen Abgrund es zurollt. Und wohin das alles führen soll.

Auf der Schule, im Geschichtsunterricht, konnte ich nicht begreifen, wie Deutschland, ein ganzes Land, dem Wahnsinn anheimfallen konnte. Wie ein ganzes Land damit anfangen konnte, die Juden zu vernichten, Pogrome zu veranstalten, Menschen zu vertreiben, sie im Hauseingang zusammenzuschlagen und bei den Vernichtungslagern zu enden. Ich konnte nicht begreifen, wie die UdSSR, auch ein ganzes Land, dem Wahnsinn anheimfallen konnte. Wie sie anfangen konnte, Millionen zu denunzieren, Menschen nach ihrer Klassenzugehörigkeit zu liquidieren, ganze Völker zu Feinden zu erklären und sie zu deportieren. Ich war überzeugt, dass diese Zeit nie wiederkommen würde. Niemals.

Jetzt kann ich dieses Wahnsinnigwerden mit eigenen Augen beobachten. Am eigenen Leibe. Lager sind uns noch erspart geblieben, aber alles andere ist im Putin'schen Russland schon wieder da.

Totale Entspannung

24. Februar 2017

Information ist ein Stoff, den man nicht lange unter Verschluss halten kann. Irgendwas sickert immer durch. Irgendwo hat jemand jemandem etwas gesagt. Jemand hat irgendwo was gehört. Jemand ist Zeuge eines Gesprächs am Nachbartisch im Café geworden (übrigens ein realer Fall, einmal wurde ich genau auf diese Weise vor dem Interesse gewarnt, dass, sagen wir, irreguläre Gruppierungen an meiner Person zeigten).

Manchmal erreicht die Information sogar diejenigen, die sie brauchen.

Die Information über die bevorstehende Hetze gegen mich erreichte mich von mehreren Seiten. Mir wurde gesagt, dass ich und Boschena Rynska «in Bearbeitung» seien. Wegen eines Posts auf Facebook. Eines Posts mit inkorrekter Trauerarbeit. Bearbeitung aus allen Rohren. In zwei Tagen. Unter Einsatz von «Life», dem Ersten Kanal und anderen. Aber «körperliche Rachemaßnahmen» seien zunächst nicht geplant.

Ich musste lachen. Was konnten die schon von mir wollen ...

Es kam genau so, wie mir prophezeit wurde. Auf das Jota genau.

Das war die erste Hetzjagd gegen mich, das alles dauert nun schon Jahre. Alles hat es gegeben: Nachstellungen, breitschultrige Typen vor dem Haus, aber auch Strafverfahren und Filme über die «siebzehn Freunde der Junta» sowie die Hetzartikel. Diesmal aber war die Attacke ganz besonders heftig. Konzentriert. Ein Außenstehender wird schwer verstehen können, dass solche Ressourcen gegen einen Blogger aufgeboten werden. Der Abgeordnete Milonow, Senator Klinzewitsch, gefakte Strafen,

Halbdebile der russischen Befreiungsbewegung NOD, die Trolle von Olgino, der «Moskowski Komsomoletz», die «Komsomolskaja Prawda», «erschießen wie tollwütige Hunde», Gesetzentwürfe für Strafverfolgung wegen unzureichender Trauer, Petitionen zum Entzug der Staatsbürgerschaft und so weiter und so weiter. Gegen diesen Schwall von Scheiße kann man sich nicht wehren.

Das nächste Mal war Anfang Februar. Diesmal schon konkreter. Daten wurden genannt. Sei auf der Hut. Provokationen sind geplant. Unter Provokationen sind dann schon «Provokationen beliebiger Art» zu verstehen.

Da konnte ich nicht mehr drüber lachen.

Ich packte meinen Koffer. Entschloss mich zur Ausreise. Aber ... blieb dann doch. Ich las, dass Wladimir Kara-Murza vergiftet worden war – zum zweiten Mal. Und in meiner Magengegend braute sich ein ganz unglaublicher, wilder, animalischer Protest zusammen und überschwemmte mein Gehirn. Er verdrängte alles Rationale. Dieser Protest ließ sich in zwei Worten ausdrücken: «Zum Teufel!»

Zum Teufel!

Ich fahre nicht. Nicht jetzt. Nicht diesmal. Scheiß drauf. Macht, was ihr wollt. Das ist mein Zuhause. Meine Tür. Wollt ihr Krieg? Na gut. Versucht es.

Auf den Entschluss folgt die totale Entspannung. Da ist keine Angst mehr. Kein Stress. Du bist zu allem bereit. Drauf geschissen. Eine Art blödsinniges Grinsen wandert über dein Gesicht. Kommt schon. Ich warte.

Die in einer solchen Situation notwendigen Vorsichtsmaßnahmen habe ich natürlich trotzdem getroffen. Ihr wisst schon – die Familie in Sicherheit bringen, USB-Sticks verschlucken, das Handy vergraben –, was man so tut, wenn man Besuch erwartet.

Exakt zum angekündigten Datum fanden Razzien an fünf Adressen statt. Mark Galperin, dem sie die Wohnungstür auffrästen, sprang vom Balkon. Er wurde gefasst und vom FSB mitgenommen. Die Journalistin Olga Sapronowa, die ein Interview mit ihm gemacht hatte, festgenommen, in die Lubjanka gebracht. Ihre Wohnungen wurden durchsucht. Durchsuchung auch in der Wohnung von Marks Ex-Frau. Die Galperina wurde am Abend, was niemand geglaubt hätte, dennoch freigelassen, am nächsten Tag jedoch in der Sberbank erneut festgenommen und zehn Tage eingesperrt.

Zu mir kamen sie an diesem Tag nicht. Jemand hatte mich von der Liste gestrichen.

Ich glaube, mich rettet doch auch die Tatsache, dass ich einen ziemlich hohen Bekanntheitsgrad habe. Sodass der Ärger nach der Verhaftung ihren Nutzen überwiegt. Fernab in den Regionen kommt es vor, dass man für einen Like, einen Post, ein Foto, egal was in den Knast wandert. Diese Menschen kennt man nicht, es gibt kein Aufsehen, Unterstützung ist nicht zu erwarten. In den Großstädten und bei Personen des öffentlichen Lebens ist das zweifellos schwieriger.

Obwohl, von Zeit zu Zeit kriegen sie auch Anfälle von Hyperaktivität. Da wird Anton Nossik ein Strafverfahren angehängt, der Ehemann von Ljubow Sobol kriegt eine Spritze in die Hüfte, Julia Latynina wird mit Scheiße übergossen, der Rechtsanwalt Iwan Pawlow und sein «Kommando 29» kriegen was aufs Dach, und was weiß ich. Dutzende weiterer Fälle könnte man aufzählen. Ich kann mich gar nicht mehr an alle erinnern.

Aber die Information bestätigte sich bis in Einzelheiten. Als mir das dritte Mal bekannt wurde, dass jetzt gerade, in diesem Moment, darüber beschlossen werde, was mit mir passieren sollte – Strafverfahren und endgültig wegstecken oder nur abwinken, den spinnerten Journalisten seine Posts auf Facebook schreiben lassen –, da wollte ich als kultivierter Mensch den Leuten die Qual der Wahl abnehmen und beschloss, das gottgefällige Vaterland präventiv zu verlassen.

«Wenn jemand verspricht, euch umzubringen – dann glaubt ihm.»

Heute glaube ich es.

Also entscheidet euch, Freunde, ich trinke hier derweil ein Bier. Mensch weg, Problem weg. Leitet ein Verfahren ein – okay, ich bin dann mal hier. Leitet keins ein – auch okay. Ich erhole mich ein bisschen, komme zurück, und wir setzen die Spielchen fort.

Auf Prag fiel die Wahl ganz zufällig. Eigentlich nicht einmal eine Wahl. Gute Menschen boten mir an, eine Weile bei ihnen unterzukommen. Das kam gerade zur rechten Zeit, und ich nahm die Einladung gern an.

Exil ist das nicht. Vorübergehende Ausreise. Jedenfalls hoffe ich das. Ich denke, die Wogen wegen mir werden sich nach einer Weile glätten, und ich kann nach Hause zurück. Ich will nicht emigrieren. Nein, ich habe Mitleid mit den Kindern Deutschlands, ihren schweren Opfern. Knausrig bin ich auch nicht. Ich will nicht. Und fertig.

Rustem Adagamow hat mir übrigens beim Bier erzählt, dass es bei ihm genauso war – er kam mit einem Koffer, für ein paar Wochen. Jetzt hockt er schon das fünfte Jahr hier.

Im Grunde ist das in Russland jetzt gängige Praxis. Das Regime setzt nicht auf Haft und Repression – das gibt nur unnötige Probleme, nachher erzählt die BBC noch davon –, sondern auf die Vertreibung der dissidentischen Geister aus dem Land. Am Anfang ein paar versteckte Hinweise, dann offene Drohungen, dann Druck, und wenn du es beim zehnten Mal immer noch nicht kapierst, dann natürlich wanderst du in den Knast.

Im Großen und Ganzen hat sich mein Leben nicht sehr verändert. In Moskau saß ich in der Wohnung und schrieb Posts auf Facebook. Ohne besondere Notwendigkeit ging ich nicht in die Stadt. Ich lebte in meinem kleinen Ghetto. Jetzt sitze ich hier genauso in der Wohnung und schreibe auf Facebook.

Der Bekanntenkreis, den ich dort hatte, fehlt hier. Viele – nein, heute kann man wohl sagen, die Mehrheit – sind ausgereist, in die innere Emigration gegangen, einige sitzen, andere wurden ermordet. In Prag habe ich an den ersten vier Tagen mehr von meinen Leuten getroffen als in Moskau in einem halben Jahr. Arbeit habe ich hier nicht – aber die hatte ich auch in Moskau nicht. Der Zutritt zum großen Journalismus ist den Andersdenkenden verwehrt. Was die Arbeit angeht, hat es der russische Journalist im Ausland sogar einfacher als in Moskau.

Im Grunde hat sich nur die Geolocation geändert.

Und die Paranoia ist weg. Das Gefühl der ständigen Anspannung, das ständige Wittern von Gefahr. Der Verhaftung, des Stahlprügels, halbdebiler Patrioten, Provokationen, Spritzenattentaten, Vergiftung durch «unbekannte Substanzen», Schatten im Hauseingang, nachts anfahrender Fahrstuhl, Abgesandte des Regionalfürsten, die eine Entschuldigung wollen, der Mannschaftswagen im Hof usw.

Mir ist jetzt völlig gleichgültig, was Solowjow über mich sagt, welche beschwörende Handbewegungen Kisseljow macht, welchen nächsten Fake «Life» gemeinsam mit den Gerichtsbehörden zusammenbraut, wie viel Schaum Milonowo vor dem Mund hat und welche Autos bei mir auf dem Hof stehen. Früher war ich gezwungen, dieses Geschmeiß im Auge zu behalten, aus ihren Worten und ihrer Intonation die künftige Entwicklung der Situation abzuleiten und entsprechende Maßnahmen zu ergreifen. Jetzt pfeife ich darauf. Diese Idiotie dort wirkt von hier aus als das, was sie tatsächlich ist. Idiotie.

Ich weiß eines, und das ist wichtig. Der staatliche Unterdrückungsapparat in diesem Land wird nicht mit voller Wucht gegen mich eingesetzt werden. Das genügt mir. Das ist eigentlich das allererste Gefühl, das man nach der Grenzkontrolle hat. Das Gefühl, in Sicherheit zu sein. Ich taxiere die Menschen jetzt nicht mehr danach, ob sie eine potenzielle Bedrohung für mich darstellen.

Ich lächle sie einfach an.

Sterbensangst

30. Mai 2017

Vor dem Sterben hat man immer Angst. Das war vor zwanzig Jahren so und ist es heute, vermutlich auch in hundert Jahren noch. Die Angst verändert sich nur.

Mit achtzehn hatte man Angst, weil man gerade eben unter Mamas Rock hervorgekrochen war. Du hattest die Welt noch nicht gesehen. Hattest noch nicht gelebt. Gar nichts hattest du. Nicht einmal ein Mädchen. Mit achtzehn ist man praktisch noch ein Kind. Die Welt steht dir offen, so verlockend, sie ruft dich mit allen Farben, und du sollst sterben. Ohne sie gesehen zu haben. Ohne in ihr gelebt zu haben. Ohne irgendetwas zu hinterlassen. Kinder. Sodass mit dir alles zu Ende geht. Der Lebensfaden, der seit Millionen Jahren von deinen Vorfahren verläuft, wird zerrissen. Das macht dich wehmütig, alles ist grauenhaft schwarz ... So wie dort, auf dem schmalen Grat – ich war erst neunzehn, und es ging mir schon so schlecht. Der erste Tschetschenienkrieg war für mich die absolute Hoffnungslosigkeit, absolute Finsternis. Sogar die Erinnerung ist verfälscht – es war Sommer, als ich in diesem Krieg war, alles blühte in den üppigsten Farben, aber ich sehe nur Schwarzweiß vor mir. Wie auf den Aufnahmen der Wochenschau. Die Farben sind aus der Erinnerung getilgt. Vollständig. Nur schwarze Erwartung des Todes.

Heute ist die Angst anders. Nicht mehr so brennend. Hat sich irgendwie eingepegelt ... Inzwischen habe ich wenigstens meinen Stamm fortgesetzt. Dieser Lebensfaden wird nicht zerrissen werden. Was ist denn Unsterblichkeit, wenn nicht unsere Kinder? In ihnen leben wir fort. In dieser Hinsicht jedenfalls bin ich beruhigt.

Aber die Angst, nicht mehr zu erleben, wie dein Kind aufwächst. Es nie wieder umarmen zu können. Und deine Tochter wird dich nicht mehr umarmen können. Das tut weh.

Sterben ist natürlich schrecklich. Immer. Wenn jemand das Gegenteil behauptet, glaubt ihm nicht. Für mich wird die Angst davor nur immer größer. Weil man nicht ewig Glück haben kann. Das Glück ist nicht endlos. Einmal bist du davongekommen. Meinetwegen zweimal. Oder fünfmal. Aber irgendwann muss es auch dich erwischen ...

Ich habe gesehen, wie Leute an die Wand gestellt wurden, und ich wurde selbst an die Wand gestellt. Da läuft das Leben nicht im Zeitraffer vor deinen Augen ab. Das ist Quatsch. Ich persönlich habe nur an eins gedacht – schafft er es, dich mit einem Schuss zu töten, oder nicht. Und so hektisch wie er am Verschluss fummelte, wusste ich – er schafft es nicht.

Eigentlich fürchtest du in solchen Momenten nicht den Tod selbst – Tod ist, als ob das Licht ausgeknipst wird, und bei einem Kopfschuss kapierst du gar nicht mehr, dass du weg bist. Es ist der Schmerz, den du fürchtest. Wir alle haben gesehen, was eine Artilleriegranate mit dem menschlichen Körper anrichten kann. Du hast Angst, ohne Unterkiefer in deiner eigenen Jauche zu liegen, deine Gedärme zusammenzuraffen und noch Stunden so zu wimmern. Zu spüren, wie die kalte Luft sich in dir sammelt. So zu sterben – davor hat man wirklich Angst.

Und dann tut es einem leid, die Zukunft nicht mehr zu sehen. Denn wir leben doch, finde ich, gerade in sehr interessanten Zeiten. Zeiten neuer Durchbrüche, neuer Entdeckungen. Ich hätte große Lust, den Himmel noch weitere hundertsechzig Jahre vollzuräuchern und dann vielleicht in den Mariner-Tälern auf dem Mars zu sterben. Eigentlich geht es nur darum, dass wir den Augenblick noch erleben, in dem eine prinzipielle Lebensverlängerung hundert Dollar kostet.

Doch wenn du lange genug im Krieg bist, dann – verschwindet das zwar nicht alles, aber es tritt in den Hintergrund. Ein, zwei Monate, und schon scheint die Welt, in der du deine Kinder, dein Haus, deine Zukunft zurückgelassen hast, verschwommen. Realität besitzt nur noch das, was jetzt und hier ist.

Als Igor, mein Freund und Landsmann, gefallen war, wollte ich alle töten, alle durch die Bank, mit bloßer Hand – Frauen, Kinder, Alte ... Und dann selbst sterben. Damals verlor ich den Verstand. Wortwörtlich. Ich glaube, ich sah mich selbst damals schon von der Seite.

In solchen Momenten kann von Angst gar keine Rede mehr sein ... Dir ist vielmehr alles scheißegal. Zu einem guten Soldaten wirst du nicht, wenn du zielsicher schießt oder die Granate weit wirfst. Zu einem guten Soldaten wirst du, wenn dir Leben und Tod gleich wenig bedeuten. Wenn dir egal ist, ob du überlebst oder stirbst. Dann fängt man an, Dinge zu tun, zu denen der Mensch nicht fähig schien. Das, was später als «Heldentat» bezeichnet wird. Und das ist tatsächlich schrecklich. Was der Krieg aus einem machen kann ... Auf das eigene Leben gibt man keinen Pfifferling mehr, von dem der anderen ganz zu schweigen. Zurückzukommen ist danach sehr schwer. Es dauert Jahre. Jahrzehnte. Manchen reicht, um zurückzukommen, ihr ganzes Leben nicht.

Mit achtzehn ist das wohl doch einfacher. Wer die achtzehn Jahre als Einberufungsalter festgesetzt hat, hat klug daran getan. In dem Alter lässt der Mensch sich viel leichter manipulieren. Man hat noch romantische Träume von Heldentum im Kopf. Noch keine Verantwortung. Keine Familie. So gut wie nichts zu verlieren. Man lässt sich den Kopf leichter mit hohlen Phrasen von Pflicht, Vaterland, Patriotismus, Tugend vernebeln. Mit vierzig ist das nicht mehr so leicht. Mit vierzig wirst du überhaupt vorsichtiger.

Ich zum Beispiel kann mich jetzt schon das dritte Jahr nicht dazu durchringen, erneut in den Krieg zu ziehen.

Damals war ich ein guter Soldat. So weit war ich gekommen.

Jetzt bin ich ein schlechter. Leben will ich mehr als sterben.

Neue Staaten

8. August 2018

Das war ein Krieg, wie er im Buche steht. Der erste Putin'sche Krieg der neuen Art – durch und durch verlogen, durch und durch widerlich, Eroberungskrieg durch und durch. Genau dort wurden zum ersten Mal die Technologien ausprobiert, die wir heute beobachten – sowohl bei der Annexion der Krim, bei der Okkupation des Donbass und bei der Bombardierung Syriens.

Die «grünen Männchen», Marionetten-Quasi-Staaten, total gesteuert, kontrolliert und versorgt von Russland, wahnsinnig dreiste Lügen aus der Zombie-Kiste, irrer Taumel der Nation, Denunziation georgischer Schulkinder, erste gekreuzigte Jungs, erster georgischer Faschismus, der zweitausend friedliche Einwohner das Leben gekostet hat, die erste wirkliche und skrupellose Verwandlung der Massenmedien in Zombisierungs- und Tötungsmittel – das hat damals alles ganz offen begonnen.

Das war ein richtiger Krieg. Mit Raketenangriffen, Artilleriebeschuss des friedlichen Gori, mit Panzern, Luftwaffe, mit Buks – eine von ihnen hat vor meinen Augen ein russisches Flugzeug abgeschossen. Nächtliche Bombardierung Goris, die ich beobachtet habe, als ich bei Zemo Nikozi im Feld lag. Die Intensität dieses Krieges ließ sich durchaus mit den intensivsten Kämpfen im Donbass messen, auch wenn der Maßstab nicht zu vergleichen war. So viele Leichen, wie ich dort gesehen habe, habe ich wahrscheinlich in meiner ganzen Zeit in Tschetschenien nicht gesehen. Der Geruch von verbranntem, in der Hitze verwesendem Menschenfleisch verfolgte mich noch jahrelang.

Und die Lügen. Lügen, Lügen, Lügen. Von Anfang bis Ende.

Die Lüge, der Kaukasuskrieg hätte am 8.8.08 begonnen. Russische Truppen waren schon am 7. einmarschiert, das sagt selbst Chrulew. Die aktive Phase hatte schon eine Woche vorher, am 1. August, begonnen. Der offene Krieg – noch früher. Als die Osseten aufgerüstet wurden, als die Bahnlinie durch Abchasien gelegt wurde, als «unbekannte» Bodenkampfflugzeuge die Radaranlagen in Georgien zerstörten und unbekannte Diversionstruppen die Gasleitungen beschädigten. Russland hatte nie aufgehört, Georgien zu provozieren. Keinen einzigen Augenblick.

Die ersten «grünen Männchen». Als unter dem Vorwand von Friedenstruppen die russische Armee als Besatzer einmarschierte.

Ich werde keine Fotos von zerrissenen Körpern posten, von zerfetztem Militärgerät und Menschenfleisch – das könnt ihr euch alles im Netz ansehen. Viel wichtiger finde ich etwa Oberleutnant Oleg Galawanow. Artilleriebeobachter der ossetischen Armee, dessen Beobachtungspunkt sich im vierten Stock einer Kaserne der «Friedenstruppen» befand. Von dort lenkte er das Feuer der ossetischen Artillerie auf georgische Dörfer.

Er wurde durch den ersten oder zweiten Schuss eines georgischen Panzers ausgeschaltet – der kam die Straße von Dzari entlang und erwischte ihn mit einem Volltreffer. Aber erst nachdem Hetagurowo, die georgischen Posten auf georgischem Gebiet und georgische Einheiten beschossen worden waren. Danach krakeelte die russische Propaganda etwas von einem treulosen Überfall auf die friedliche Kaserne der friedlichen russischen Friedenstruppen, die friedlich den Konflikt einhegen wollten.

Artilleriebeobachter. In einer Kaserne der «Friedenstruppen». Und ohne sich zu verstecken, ohne die Beteiligung ihrer «Friedenstruppen» als Konfliktpartei zu verheimlichen, lügen sie weiter von einem treulosen Überfall des georgischen Faschismus. Die Besetzung eines Nachbarlandes unter dem Vorwand des Schutzes der eigenen Bürger.

Jetzt will Russland seine «Friedenstruppen» auch in den Donbass schicken.

Die erste «Volksrepublik»: als der russische General Barankewitsch direkt aus Moskau zum Verteidigungsminister Süd-Ossetiens ernannt wird. Alles – Logistik, Versorgung, Unterstützung, Führung, Ernennungen – absolut alles kam aus Moskau.

Die ersten gekreuzigten kleinen Jungs in Unterhose. Als das russische Fernsehen so dreist und unverhohlen zu lügen begann, ohne die Skrupel, von denen es sich bis dahin noch zurückhalten ließ. Lügen über den treulosen Überfall, Lügen über die vom Erdboden getilgte friedliche Stadt, Lügen über zweitausend Getötete, Lügen über die Aggression Georgiens – Lügen, Lügen, Lügen. Ein Schwall von Lügen. Ohne Ende. Das bewusste Irremachen der Nation, ihre Verwandlung in aggressive Aufrechtgänger, die bereit sind, georgische Kinder aus den Schulen zu holen und sie als minderwertige Menschen zu deportieren. Und eine Bevölkerung, die zum ersten Mal die Bereitschaft zeigte, den Aufrufen der Zombie-Kiste nachzukommen. Richtig, nicht alle. Richtig, damals war der Widerstand gegen die Entmenschlichung noch ziemlich stark. Aber sechs Jahre vergingen, und dieser Widerstand hatte sich vollständig aufgelöst im monolithischen Wahn des «Die Krim gehört uns».

Die erste offene Okkupation unter dem Vorwand, die bedrängte Bevölkerung schützen zu müssen. Ausgabe von Pässen, Einmarsch von Truppen, Abhaltung von «Referenden».

Die feige Tagliavini-Kommission – weder hü noch hott – brachte den politischen Willen nicht auf, die Dinge beim Namen zu nennen.

Damals wurde das alles durchgeprobt. Alle Technologien, die Russland heute in der Ukraine einsetzt, wurden damals geprobt. Die «Volksrepubliken» Donezk und Luhansk – damals geprobt. Die grünen Männchen von heute – damals geprobt. Die Zombie-

Show von heute wurde damals geboren und erlebte dort ihre Premiere.

Damals sah die Welt verständnislos zu. Sie wollte nicht verstehen. Feige Besänftigung der «Konfliktparteien» statt härtester Antwort an den Aggressor und Okkupanten. Statt etwas auf die Finger zu geben, härteste Sanktionen einzuführen, die Dinge beim Namen zu nennen und eine entsprechende Strategie des Widerstands zu wählen – Verhandlungen und Schleimerei.

Im Ergebnis haben sie gekriegt, was sie jetzt haben. Und das ist noch nicht das Ende. Warum aufhören, wenn diese Technologien so wunderbar funktionieren? Bis heute? Weltcup, FIFA, FIDE, Nord Stream, holländische Subunternehmer für die Krim-Brücke, Siemens-Turbinen für die Krim. Aus welchem Suff heraus sollte Mordor auf ihre künftige Anwendung verzichten? Ist doch wieder mal gut gegangen!

Heute, zehn Jahre später, ist völlig klar, was damals in Georgien passiert ist. Diese zehn Jahre zeigen, wie sehr auch das Reich selbst sich verändert hat. Was sich herauskristallisiert hat. War vor zehn Jahren die Kampagne «Ich bin ein Georgier» noch ziemlich stark und haben Lehrer es abgelehnt, Listen georgischer Schüler aufzustellen und sie zu denunzieren, hat damals die Gesellschaft ausreichend Widerstand gegen die aufgezwungene Entmenschlichung geleistet – so ist das heute vorbei. Das Volk hat sich mit der Entmenschlichung abgefunden. Das ist jetzt der neue Gesellschaftsvertrag in Mordor. Wobei von Gesellschaft dort gar keine Rede sein kann. Völlig unvorstellbar, dass heute die Menschen massenhaft mit «Ich bin Ukrainer»-T-Shirts auf die Straße gehen. Und die Lehrer? Die denunzieren heute ihre Schüler aus eigenem Antrieb wegen irgendwelcher Bildchen auf VKontakte. Das Reich kristallisiert sich. Davor gibt es kein Entrinnen. In diesen zehn Jahren ist das überdeutlich geworden.

Zwanzig Prozent von Georgien sind bis heute besetzt. In Zchinwali, zwanzig Kilometer von der zweitgrößten Stadt Georgiens entfernt, ist eine Militärbasis gebaut worden, wie ich sie noch nie gesehen habe. Eine ganze Stadt. Pathos und imperialer Prunk, auf den die Rubljowka neidisch wäre.

Das Programm für die Armeereform läuft bis 2020, Milliarden fließen in den militärischen Bereich, Fehler sind beseitigt, die Technologien des scheußlichen Krieges bis zur Perfektion eingeübt, wieder werden sie eingesetzt werden, wieder wird die Welt die Augen verschließen, vor einer neuen Okkupation, einer neuen Invasion.

Die Schlüsse könnt ihr selber ziehen.

Cargo-Kult

9. Mai 2019

Mit achtzehn kam ich zum ersten Mal in den Krieg. Seitdem ist fast ein Vierteljahrhundert vergangen. Ich habe mich verändert. Ich bin ein völlig anderer Mensch. Dreiundzwanzig Jahre genügen, um sehr vieles zu vergessen. Fast alles. Dieser Krieg rührt mich jetzt fast gar nicht mehr an. Die Zeit heilt wirklich Wunden. Ich weiß nicht, was passieren müsste, damit ich mich hinsetze und mich den Erinnerungen hingebe. Ich kann auch nicht mehr weinen nach diesem Krieg. Trunkene Tränen vielleicht – aber dazu muss ich bestimmt eine Flasche trinken, Wodka, um diese sabbrigen Bläschen abzusondern. Etwas Peinlicheres und Banaleres lässt sich schwer vorstellen. Die Klumpen der Erinnerung lasten so tief in mir, so schwer sind diese Klumpen, so ernsthafte seelische Anstrengung würde jede Berührung mit ihnen kosten, dass man nicht die geringste Lust hat, sie hervorzuholen, sie aufzurühren. Erst recht in Gegenwart von anderen. Erst recht in der Öffentlichkeit.

Bewusst machen – ja. Bewerten und Schlussfolgerungen ziehen – ja. Buße tun für die Sünden – ja. Aber kein Tanz mit dem Georgsbändchen.

Ein Großvater von mir ist gestorben, als ich drei war. Der andere, als ich vierzehn war. Ich kann mich kaum noch an sie erinnern. Viel mehr als das, was vor vierzig Jahren war, macht mir Sorgen, was aus meiner Tochter wird. Ich kann mir nicht vorstellen, wozu ich jetzt die Fotos meiner Großväter auf Sperrholz kleben und damit durch die Straßen spazieren sollte.

All die Tränen nach diesen längst vergangenen Ereignissen – das ist so eine verdammte Heuchelei.

Bei einem Menschen, der im Krieg war, kann der Krieg nur ein einziges Gefühl hervorrufen – Grausen.

Es graust einem schon bei dem Gedanken, sich an all das noch einmal zu erinnern.

Und erst recht mit der Ziehharmonika und den Fotos der Gefallenen über den Boulevard zu hüpfen ...

Statt diese ganze Parade zu veranstalten, solltet ihr euch lieber mit den Ereignissen befassen. Einen Sinn in ihnen suchen, sie verstehen, bereuen und nie wieder zulassen.

Aber nein. Ihr Land zerstört erneut die Nachbarländer, und sie laufen mit Porträts herum und sind auf irgendetwas stolz. Auf Ereignisse, die siebzig Jahre zurückliegen. An denen niemand von ihnen beteiligt war.

Der jetzige Krieg macht mir viel mehr Sorgen als alle vorherigen zusammen genommen.

Kümmert euch lieber um eure Kinder. Damit sie in künftigen Kriegen nicht wieder in fremde Länder einfallen und fremde Kinder umbringen. Und selbst nicht in den Panzern verbrennen.

Verlogenheit und Cargo-Kult.

Worauf Russland stolz sein kann

13. Juni 2021

Das Lewada-Zentrum wollte kürzlich in einer Umfrage wissen, worauf die Russen stolz sind. Die Ergebnisse waren insgesamt vorhersehbar. An erster Stelle steht der Große Vaterländische Krieg. An zweiter die «Heimholung der Krim in die Russische Föderation», an dritter Gagarins Kosmos-Flug. Alles einleuchtend. Aber da sind zwei Momente, auf die ich gern eingehen würde.

Erstens sind die Russen in Wirklichkeit auf gar nichts stolz. Russland ist total von sowjetischer Mentalität geprägt: Augen zu und durch. Immer. So tun, als hätte man nichts gesehen. Auf den Versammlungen brüllen, was die Partei dir gesagt hat, und nach der Versammlung mit den Saufkumpels hinter der Garage die Partei verfluchen. Die Russen, in Wirklichkeit auf gar nichts stolz, werden demonstrativ stolz auf das sein, was die Zombie-Kiste ihnen vorgibt. Sieg im Großen Vaterländischen – gut, dann eben Stolz auf den Sieg im Großen Vaterländischen. Krim – gut, dann auf die Krim. Trump – dann eben Trump. Obama – dann Obama. Ganz genau so war es übrigens. Vor acht Jahren löste Obamas Wahlsieg eine Woge des nationalen Stolzes in Russland aus, weil die Russen vor acht Jahren aus irgendeinem Grunde noch glaubten, Barack Obama wäre irgendwie ihnen zu verdanken. Neustart der Beziehungen und all das. Dieser Stolz verflog dann ja so rasch, wie jetzt der Stolz auf Trumps Sieg verfliegt, der – wen wundert's! – auch uns zu verdanken war, nur hat man das hier vergessen, denn mit der Erinnerung ist es hier wie mit dem Stolz – sie reicht, wie beim Goldfisch, drei Tage. Und danach darf man wieder auf das Gleiche stolz sein, der Reihe nach.

Das Wichtigste aber ist – ein Land, das kein Mitgefühl hat, kann auch keinen Stolz entwickeln. Stolz ist untrennbar mit Scham verbunden. Wenn du keine Scham empfinden kannst, bist du auch unfähig zum Gefühl des Stolzes.

Ein Land, in dem Jahr für Jahr jeden Winter zuverlässig einmal die Woche berichtet wird, dass bei minus dreißig Grad ein Kind/Invalide/Obdachloser aus dem Bus geworfen wurde, weil er die dreißig Rubel für die Fahrkarte nicht aufbringen konnte – und das sogar Diskussionen unter der Intelligenz darüber hervorruft, ob die Schaffnerin schuld sei oder nicht, Gott noch mal! –, ein solches Land ist seinem Wesen nach unfähig zum Stolz. Man nennt so etwas «Charakterverblödung» oder – der Terminus gefällt mir besser – «Charakterkastration». Eine gewaltsame charakterliche Kastration, vorgenommen an ganzen Völkern während des Großen Terrors, als alles weggesäbelt wurde, was die Nase über das Geheul von «abknallen wie tollwütige Hunde!» hinausstreckte, und dies mit vollem Erfolg.

Seit jener Zeit ist Russland ein zynisches Land, das auf Scham wie auf Stolz pfeift. Hier schämt man sich nicht, die eigenen Ehemänner zu verleugnen, sie gegen Geld in anonymen Gräbern verscharren zu lassen, mit Nummern – von was für einem Stolz redet ihr? Da braucht man also nicht lange drum herum zu reden. Einfach nur die Tatsache festhalten.

Einen zweiten Aspekt finde ich noch interessanter. Außer den ersten drei Punkten sind die Russen auch «stolz» auf Folgendes: die Verwandlung des Landes in Sowjetzeiten zu einer der führenden Industrienationen der Welt. Die Errungenschaften der russischen Wissenschaft. Den russischen Waffenruhm. Kampf gegen das tatarisch-mongolische Joch, Verteidigung Europas gegen den Sturm von Osten. Der Geist der russischen Unabhängigkeit, die Freiheitsliebe.

Zusammen mit dem Großen Vaterländischen Krieg, der Heimholung der Krim und der Eroberung des Kosmos sind das alles sehr interessante Punkte.

Es geht darum, dass *alle* aufgezählten Punkte Mythen sind.

Hundertprozentige, absolute Mythen. Nichts von dem Aufgezählten ist so oder hat so stattgefunden wie von den Befragten dargestellt.

Lasst uns kurz die Liste durchgehen.

Der Große Vaterländische – hier ist alles mehr oder minder klar. Ein solcher Krieg existiert nur in der russischen Geschichte. In allen anderen ist er lediglich Teil des Zweiten Weltkriegs. In den die UdSSR 1939 im Bündnis *mit* Deutschland eingetreten ist. Erster Sturm auf die Festung Brest, gemeinsame Parade, die 29. Panzerbrigade der Roten Armee unter Brigadekommandeur Kriwoschein, die die Garnison von General Plissowski dann in eigener Verantwortung niedermachte, Plissowski selbst wurde erschossen in Charkow, Teilung Polens und so weiter. In Wirklichkeit fanden von 1939 bis 1945 in der UdSSR gleichzeitig drei Kriege statt – der Zweite Weltkrieg, der Große Vaterländische und der Zweite Bürgerkrieg. Die Republik Lokot, womöglich bis zu zwei Millionen Russen, die gegen die UdSSR kämpfen, die Auslieferung der Kosaken an Stalin usw. Und mit dem Sieg ist auch nicht alles so eindeutig – der Lend-Lease Act, atlantische Konvois, nur die brachten die Airacobras, Lieferungen von Stahl und überhaupt allem, bis hin zum Solidol-Fett. Der Sieg, auf den Russland so stolz ist, ist aus dieser Sicht auch ein Mythos. Das einzige Land, das vom ersten bis zum letzten Tag in diesem Krieg gekämpft hat, ist Großbritannien.

«Heimholung» der Krim: Beim richtigen Namen genannt – Eroberungskrieg, Annexion, Okkupation. Hier ist alles völlig klar.

Gagarins Kosmosflug: Bei uns sagt man gern, das amerikanische Raumfahrtprogramm stamme von Wernher von Braun, dem Schöpfer des V2-Projekts. Weniger gern spricht man darüber, dass von Brauns Assistent, Dr. Helmut Gröttrup, am Weltraumprogramm der UdSSR gearbeitet hat, im Forschungs- und Entwicklungsinstitut NII-88 auf der Insel Gorodomlja im Seligersee. Und dass die erste Rakete der UdSSR, die am 18. Oktober 1947 um 10 Uhr 47 Moskauer Zeit vom Testgelände Kapustin Jar startete, nichts anderes als diese V2 war. Auf deren Basis später die sowjetische R-1 entstand. Mit Gröttrup haben mehrere Hundert deutsche Wissenschaftler am sowjetischen Raumfahrtprogramm gearbeitet.

Verwandlung des Landes in eine führende Industrienation.

Die ganze Industrialisierung, und zwar von vorne bis hinten, war das Verdienst der Amerikaner und der Deutschen. General Electric und Siemens. Vorzeigeprojekt der Industrialisierung Wasserkraftwerk DneproGES: Leitender Ingenieur Hugh Cooper, die Ausrüstung stammte von Krupp, die Turbinen von General Electric. Das einzig Sowjetische daran war die Sklavenarbeit der Häftlinge. Und so bei allen Projekten. Bei allen. Magnitogorsk – Amerikaner. Traktorwerk Tscheljabinsk – Amerikaner. Autofabrik GAZ – Amerikaner. Automobilwerk AZLK – Ford. Das produzierte anfangs auch den Ford A. Flugzeugwerk Kazan – die Deutschen. Nowokuzneck – die Tschechen.

1925 gründete Junkers in Moskau die damals führende Flugzeugproduktion. Heute heißt das Junkers-Werk in Fili «Chrunitschew-Weltraumzentrum».

Die militärchemische Industrie – das sattsam bekannte Senfgas, mit dem die UdSSR bis zum Halskragen vollgestopft war und von dem man sogar im Moskauer Bezirk Kusminki Dosen gefunden hat – ist von den Deutschen in Schichany zusammen mit dem Fliegerzentrum in Lipezk (wo der Legende nach Hermann Göring ausgebildet wurde) und dem Panzerzentrum in Kazan aufgebaut worden.

Durch das Kurtschatow-Institut geistert bis heute die Legende, wie der Stalin-Preisträger Baron Manfred von Ardenne seine SS-Uniform anzog und über das Gelände des Atomforschungszentrums spazierte. Gemeinsam mit von Ardenne arbeiteten bis zu SIEBENTAUSEND deutsche Wissenschaftler am sowjetischen Nuklearprogramm mit. Darunter der Nobelpreisträger Gustav Hertz; der «Held der sozialistischen Arbeit» Nikolaus Riehl; und der Erfinder der Gaszentrifuge zur Uranisotopentrennung, Gernot Zippe.

Und was soll man sagen, selbst das Urgestein Uralmasch – auch die Deutschen! Das Einzige, was die UdSSR selbst gebaut hat, ohne die verfluchten Bourgeois, ist der Belomorkanal. Der überflüssig war wie ein Kropf und seit Langem nicht mehr genutzt wird.

Von der Kalaschnikow, die aus einer Schmeisser zu der Zeit und an dem Ort entstand, wo sich damals gerade Hugo Schmeisser befand, schweige ich lieber.

Davon, dass Stalin die Sowjetunion mit dem Pflug übernommen und «mit der Atombombe hinterlassen» hätte, wie Isaac Deutscher meinte, kann also nicht die Rede sein.

Aber dass der Genosse Stalin persönlich die Schätze der Ermitage verkauft hat, um Geld für die Industrialisierung des Landes zu haben – das stimmt, das ist eine wirkliche Ruhmestat. Verkauft wurden insgesamt 2880 Gemälde, neunundfünfzig davon Meisterwerke, unter anderem von Rubens, van Dyck, Velásquez, Rembrandt, Tizian und Botticelli. Insgesamt wurden aus der Ermitage gut fünftausend Exponate verkauft – Edelsteine, Gold, Zarendiademe, Fabergé-Eier ... Der Erlös belief sich auf einige zig Millionen Pfund Sterling. Bei einem Schätzwert der Kunstwerke, der schon damals bei über einer Milliarde lag. Das muss man erst mal schaffen.

Der russische Waffenruhm: Bei genauerem Hinsehen rufen viele zu Mythen gewordene Heldentaten Fragen hervor. Suworow hat bei der Alpenüberquerung seine Verwundeten einfach zurückgelassen. Die achtundzwanzig Panfilow-Helden hat es schlicht und einfach nicht gegeben. Der Kampf des Peresvet mit Tschelobej ist pure Erfindung. Die Schlacht von Borodino – ein ziemlich eigentümlicher Sieg, weil die Russen bei ihrer Verteidigung mehr Gefallene hatten als die angreifenden Franzosen; sie verließen das Feld, setzten den Rückzug fort und gaben am Ende sogar Moskau auf. Das Aufmarschgebiet an der Newa wurde bei der Schlacht um Leningrad sinnlos mit Leichen überhäuft. Die Verteidigung der Festung Brest – ein Mythos. Eine «Schlacht auf dem Peipussee» hat es nicht gegeben, es gab einen kleinen Kampf an irgendeiner Brücke über das Flüsschen, in dem sechsundzwanzig der Ritter teilnahmen, zwanzig fielen, sechs gerieten in Gefangenschaft. Den Kampf befehligt hat vermutlich Andrej, der Bruder Alexanders, sodass auch jener heldenhafte Alexander Newskij, so wie wir ihn aus den Mythen kennen, in der Realität aller Wahrscheinlichkeit nach nicht dabei war. Die Schlacht auf dem Kulikowo Pole verlief nicht wie dargestellt, nicht dort und drehte sich auch nicht darum. Peter der Große floh von Narwa, ließ seine Armee im Stich und betrank sich vor Angst mehrere Tage lang. Oleg hat nie ein Schild an das Tor von Zargrad genagelt – überhaupt hat es keinen Oleg gegeben. Swjatoslaw – den ja, die Chasaren hat er wirklich geschlagen. Mit einem «aber» nur – das Khanat der Chasaren war ein jüdischer Staat mit muslimischen Söldnern, die zur Armee gedungen wurden. Und nach Chasarien eroberte er auch Bulgarien, ließ sich dort in Preslaw nieder und betrachtete genau diese Stadt als «Zentrum meines Landes». Und so weiter, und so weiter, und so weiter.

Tatsächliche Heldentaten gab es in der russischen Geschichte in Hülle und Fülle – sie sind nur kaum bekannt, niemand spricht darüber und niemand ist stolz auf sie.

Kampf gegen das tatarisch-mongolische Joch.

Hier ist alles klar. Im Bürgerkrieg zwischen dem Chingissiden Toktamisch – dem legalen Khan der Weißen Horde (die bei uns aus unerfindlichen Gründen die «Goldene» genannt wird) – und dem Heerführer Mamaj, der die Macht zu ergreifen suchte – ergriff Dmitrij Partei von Toktamisch. Somit ist der Aufstand in der Horde mithilfe des russischen Fürsten niedergeschlagen worden; und der des litauischen Fürsten Jagiełło. Wo die Schlacht von Kulikowo Pole stattgefunden hat, wie viel Mann daran teilgenommen haben und sonstige Details – ist unbekannt. Gesichert ist einzig, dass das nicht auf dem Kulikowo Pole stattfand. Nach dem tatsächlichen Angriff der Tataren und Mongolen setzte sich Koselski zur Wehr, aber wer weiß heute etwas von seiner heldenhaften Verteidigung?

Der russische Freigeist, die Freiheitsliebe. Das bedarf keines Kommentars. Ich führe nur ein Zitat aus der «Nestorchronik» an: «Unser Land ist ausgezehrt von Kriegen und Verkäufen.» Wisst ihr, welche Verkäufe hier gemeint sind? Verkäufe von Menschen als Sklaven. Der Sklavenhandel mit der eigenen Bevölkerung war eine der Haupteinnahmequellen der russischen Fürsten, neben dem mit Honig und Pelzen. Er war so ausgeprägt, dass das Wort «Slawen» in dem englischen slavery – Sklaverei – weiterlebt.

Und so weiter und so überall und in allem. Tiefseeapparate «Mir», unser Stolz – finnisch. Der russische Tanker «Timofej Guzhenko», der größte Eisbrecher der Welt, wurde vollständig hergestellt in Südkorea von Samsung Heavy Industries. An dem russischen Passagierflugzeug Suchoj Superjet ist nur das Aluminium russischer Herkunft. Die weltweit einzige, «vorbildlose» arktische russische Erdölplattform «Prirazlomnaja» ist die norwegische Plattform Hutton TLP, erbaut 1984.

Das Forschungsschiff «Akademik Mstislav Keldysch», von

dem James Cameron die Unterwassergeräte «Mir» bei den Dreharbeiten für die «Titanic» zu Wasser ließ – finnisch. Die Bathyscaphes, mit denen Putin in der Nähe unseres (von den Griechen gegründeten) Chersones tauchte – holländisch.

Pelmeni – China, Wodka – Byzanz, Kartoffel – die Indianer, Alphabet – griechisch, Kefir – kaukasisch, die Zaren – Skandinavier, Erdöl – Dinosaurier (und ihr Futter).

Ein Land, das auf nichts stolz ist, was es tatsächlich gab. Dafür aber stolz auf alle ausgedachten Märchen über die eigene Größe.

In letzter Zeit begegne ich aus irgendeinem Grunde immer öfter dem Gedanken, dass der nationale Mythos gar nicht so übel ist. Wenn es keine Legende über dies und jenes gäbe, müsste man sie vermutlich erfinden. Nationale Mythen einigen die Nation.

Aber dieser Gedanke ist irrig. Mythen sind immer gefährlich. Der Mythos von Wladimir und dem heiligen Cherson hat zu Krim-Unser geführt. Wobei wir noch nicht einmal wissen, wie dieser Fürst richtig hieß. Wladimir – das ist kein Name, es ist ein Rang. «Mir» – die Welt –, das war für den Bauern damals nicht die ganze Welt, sondern ein Flecken, eine Siedlung, aus der er häufig nicht ein einziges Mal im Leben hinauskam. Herrscher über die ganze Welt – das hieß über die eigene Siedlung, nicht den Planeten. Wladimir – Herr des Städtchens. Im heutigen Kanzleirussisch – Gouverneur. Somit war der alte Fürst Wladimir in etwa vergleichbar mit dem heutigen Moskauer Bürgermeister oder Gouverneur. Aber nein. Er hat sich taufen lassen! Die Krim ist unser. Okkupation und Krieg.

Der Mythos von den Ariern und Untermenschen führte zu Auschwitz. Der Mythos von den vierzig Huris im islamischen Paradies zum IS. Der Mythos, dass George Bush *intelligence* besäße, führte zum Irakkrieg und am Ende zu Millionen Flüchtlingen. Der Mythos von den Cyborgs am Flughafen von Donezk führte dazu, dass die ukrainischen Soldaten nicht zwei Wochen früher abgezogen wurden und in Gefangenschaft gerieten oder unnötig starben.

Ungefährlich sind womöglich nur die Mythen, die wirklich totale Mythen sind, zum Beispiel, dass die Norweger von den Bergtrollen abstammen – so was gibt's –, aber wenn man sich ansieht, was so in der heutigen Welt vor sich geht, kann ich nicht dafür garantieren, dass nicht auch die Abstammung von den Trollen irgendwann für eine Nation Grund sein wird, in Bezug auf die eigene Größe durchzudrehen.

Also, Mythen sind immer gefährlich.

Wirklich groß werden nur die Länder, die in der Realität leben. Die alles über sich wissen – die hellen und dunklen Seiten ihrer Geschichte –, die ihre Vergangenheit bewältigen und Maßnahmen treffen, damit sie sich nicht wiederholt. Das große Deutschland ist erst groß geworden, nachdem es zwanzig Jahre lang zur Rückkehr in die Wirklichkeit gezwungen worden war.

Mit Russland wird das auch passieren. Kein Zweifel. Von geistigen Fesseln und gesteigerter Geistigkeit werden alle geheilt. Auch dieses Land. Auch Russland wird in die Realität zurückgeholt werden. Es wird gezwungen werden, die eigene Geschichte zu studieren. Nur wird diese Behandlung sehr schmerzhaft sein.

Und bis dahin – mythischer Größenwahn wegen eines überzähligen Chromosoms.

Moskowien

10. Januar 2022

Gestern stieß ich auf einen Artikel über die 131. Brigade von Maikop und … und las dann bis sechs Uhr morgens vom Neujahrssturm auf Grosny. Ich las, guckte mir Fotos an, studierte Karten und Satellitenaufnahmen, versuchte bekannte Orte zu finden, Namen, Gebäude.

Dann träumte ich die ganze Nacht vom Krieg. Nicht von meinem Krieg, irgendeinem ausgedachten.

Das ist mir schon lange nicht passiert. Ich träume überhaupt nicht vom Krieg. Von keinem. Nicht einmal von meiner Erschießung.

Ich fahre nicht mehr in kaltem Schweiß gebadet hoch, grabe nicht in der Erinnerung nach Namen, denke nicht an Tage zurück, an Daten. Es geht mir gut. Meine Albträume sind ganz anderer Natur.

Aber jetzt hatte es mich erwischt. Und zwei Dinge frappierten mich total. Durchbohrten mich, wie vom Hinterkopf zum Steißbein.

Das alles hatte ich doch gewusst. Und Jahre damit gelebt. Das war meine Arbeit, mein Umkreis, mein Leben. Meine Leute. Ich kannte fast jede Fotografie aus diesem Krieg, wer sie gemacht hatte, wann, unter welchen Umständen, wer darauf zu sehen war, wie das weitere Schicksal dieser Leute aussah. Ich hatte all das studiert. Jahrelang.

Und jetzt – Leere. Großes Nichts. Wie ausradiert aus dem Gehirn – einmal mit dem Gummi drüber, und nichts davon war in den Windungen des Gedächtnisses geblieben.

Ich las, und mir fiel erst beim Lesen ein, dass ich ja dort gewesen war. Ich war an dem Ort gewesen. Ich erinnere mich daran. Erinnere mich an dieses Depot, dies kreuzförmige Krankenhaus, an diese Kreuzung und die private Wohnsiedlung. Vor meinen Augen tauchten Momente auf, die offensichtlich immer noch in den Tiefen meiner Erinnerung stecken, in irgendwelchen verborgenen Schachteln, die ich schon so lange nicht hervorgeholt habe, dass ich sogar vergessen hatte, dass sie überhaupt existieren.

Hätte ich den Artikel nicht gelesen – das alles wäre nicht mehr in meinem Kopf. Nicht mehr in meinem Leben.

Ich las wie über ganz fremde Ereignisse.

Ich bin heute ein ganz anderer Mensch.

Dieser Krieg hat keinerlei Beziehung zu mir.

Ich las und wunderte mich – was hat das mit mir zu tun?

Warum kenne ich diese Orte?

Woher ...

Ich habe keine Überlegungen, keine Erinnerung, vergessen sind sogar solche Momente, die man eigentlich nie vergisst. Ich wanderte über die Google-Karte, schaute mir die Satellitenaufnahmen der Stadt an – und hatte alles vergessen. Erkannte nichts wieder.

In diesen zwanzig Jahren ist so viel passiert, hat dieses bescheuerte Land so viel Neues angerichtet, so viele neue Kriege begonnen und so viele Menschen getötet, dass eure Brigaden von Maikop, Regimenter von Samara, die Minutka-Plätze – dass alles das in ein dunkles, tiefes Loch gerutscht ist ...

Und noch etwas hat sich verändert. Die Seite, auf der ich mich selbst beim Lesen sah.

Schließlich bin ich Veteran dieses beschissenen imperialen Eroberungskrieges. Bin in eurer Armee, auf euren Panzern, mit eurem Maschinengewehr, dieser beknackten Kalaschnikow, in ein fremdes Land eingerückt, um es zu erobern, es «wieder gefügig zu machen», in den Heimathafen zurückzuholen, es wieder an die Leine des Imperiums zu nehmen, «die konstitutionelle Ordnung wiederherzustellen», wie ihr mir ins Dienstbuch geschrieben habt.

Stimmt, gefragt habt ihr mich nicht. Es war nicht mein Wunsch.

Dennoch bin ich dort gewesen.

Ich war euer Soldat. Aber ich war Sklave. Ich hatte keine Entscheidungsfreiheit. Ich konnte nicht entscheiden, auf welcher Seite ich sein wollte.

Zwanzig Jahre sind vergangen. Ich bin kein Sklave mehr. Und werde es nie wieder sein.

Ich habe jetzt die Freiheit der Wahl. Ich kann mich für eine Seite entscheiden. Und wenn ich jetzt über diesen Krieg lese, begreife ich, dass «meine» Leute heute ganz andere sind. Ich denke heute von einer ganz anderen Seite her.

«Mein Land ist schuld, aber es ist eigentlich gar nicht mein Land» – dieses Narrativ hat in meiner Weltanschauung keinen Platz mehr. Schluss.

Ihr seid nicht mein Land. Ich habe euch nicht gewählt. Mein Arsch ist einfach im selben Beet groß geworden wie eurer, aber ihr gehört nicht zu mir. Und habt es nie getan.

Ihr seid einfach nur schuld. Ihr seid ein Mörderland, ein Erobererland, eine Missgeburt.

Und ich stehe jetzt auf der anderen Seite. Auf der ich von Anfang an gestanden hätte, hätte ich schon damals die Wahlfreiheit gehabt und wäre nicht als Sklave in eurem bescheuerten Imperium geboren.

Und ihr, die ihr einmal zu mir «gehört» habt – ihr seid Eroberer. Ihr seid Aggressoren. Seid Okkupanten.

Ihr seid Feinde.

Und wenn ich von euren Heldentaten lese, von eurem Heroismus, von euren Leiden und Toden, verstehe ich nur eins, ertappe mich bei dem einen Gedanken – es reicht noch nicht.

Mehr.

Mehr davon.

Auf dem Forum in Vilnius hat Viktor Schenderowitsch gesagt, ich sei Wlassow. Er hat mich an das Schicksal des Verräters erinnert, sozusagen.

Nein, Jungs. Ihr habt nicht das Geringste kapiert. Ich bin nicht Wlassow.

Wlassow musste sich zwischen Hitler und Stalin entscheiden. Zwischen dem einen Bösen und dem anderen.

Der Stalin von heute ist Russland.

Und wer ist Hitler? Wer ist dieses zweite Böse, zwischen dem und dem anderen man wählen muss? Die Ukraine vielleicht? Die Krimtataren? Vielleicht Georgien, das ihr auch okkupiert habt? Europa? Die Europäische Union? Die NATO? Litauen? Das ihr okkupieren wollt?

WER???

Es gibt kein anderes Böses. Das seid allein ihr. Nur dieses eine beschissene Böse.

Alles andere – ist das Gute. Und ich stehe auf der Seite des Guten. Gegen das Böse.

Und ihr übt euch weiter in moralischer Zerrissenheit. Versucht weiter das zweite Böse zu finden, das euch selbst mit euren Kokoschniks, Birken und Sauberen Teichen rechtfertigen könnte.

Nein, Jungs. Klappt nicht.

Ihr seid das schiere Böse.

Das einzige.

Und Wlassow ist tatsächlich *euch* viel näher. Er kämpfte nicht gegen Russland. Er kämpfte ausschließlich gegen den Bolschewismus. Russland wollte er auferstehen lassen. Das Große Wunderbare Russland der Zukunft. Genau das, wovon ihr in euren infantilen Träumen blökt!

Er wollte genau die Sowjetunion, nur ohne Stalin und die «Wofür denn jetzt uns»-Erschießungen. Das heißt, Erschießungen schon, aber von anderen. Allen möglichen Bandera-Leuten, ukrainischen Nationalisten, litauischen Waldbrüdern, Kulaken und sonstigen schädlichen Elementen. Aber die alten russischen Weiblein sollen ihre Rente pünktlich kriegen, und Korruption, nein danke!

Wlassow heute, das wären eure ganzen Nawalny-Stäbe mit ihrem «klugen Wählen». Die die feindlich-bourgeoisen Kräfte und Mittel nutzen, um den Stalin von heute zu stürzen und das Wunderbare Russische Russland der Zukunft zu restaurieren. Mit Die-Krim-ist-kein-Butterbrot, wie Nawalny meint, und dem Geld, das nicht für Villen am Comer See ausgegeben wird, sondern für die Starke Wunderbare Demokratische Imperiale Armee der Zukunft.

Euch ist der ganze Irrsinn dieser Konstruktion nicht klar. Ihr erkennt ihn nicht. Den ganzen Irrsinn eurer Fieberwünsche.

Ich will das nicht. Ich will auf keinen Fall das. Das Einzige, was ich von eurem Land will, ist – dass das bescheuerte Mordor aufhört zu existieren. Einfach aufhört. Zu existieren. Mehr nicht.

Ich brauche kein anderes Russland. Ich brauche überhaupt kein Russland. Denn Russland – ganz gleich in welcher Verkörperung, ob zaristisch, bolschewistisch oder wie heute – ist ein Imperium.

Was ich brauche, ist ein kleines und dann auch wirklich freies und demokratisches Moskowien. So wie Italien nach dem Römischen Imperium. So wie Deutschland nach dem Dritten Reich. Moskowien nach Mordor.

Und – ein freies Tatarstan. Ein freies Baschkirien und Burjatien. Einen freien Kaukasus. Eine Volksrepublik Primorje. Dort könnt ihr die Kontrollposten mit MG-bewaffneten Alkoholikern vollstopfen, so viel ihr lustig seid. Einen gesonderten Staat Sacha-Jakutien.

Eine Volksrepublik Pomorje. Ein unabhängiges Karelien. Adygeja, Kalmückien und Tscherkessien.

Mit einem Wort – im Uhrzeigersinn alles, was ihr euch zusammengeraubt, erobert, verdreckt, niedergebrannt habt und was ihr jetzt blauäugig für euer seit Urzeiten russisches Eigentum haltet, ohne zu begreifen, dass dem nicht so ist.

Also in dem Sinne nein, Kinder. Ich bin keineswegs Wlassow. Ich bin schlimmer.

Jedenfalls in euren Augen. Denn in den Augen des Bösen sieht das Gute immer böse aus. Also in dem Sinne, ja, bin ich für euch das Böse.

Weil das Böse ihr seid. Mordor.

Und ich will, dass Mordor nicht existiert. Genauso wie die vierzig Millionen Menschen in dem Land, das einmal am engsten mit euch liiert war. Noch vor zehn Jahren fast vollständig integriert. Und auch die neun Millionen in dem heute am engsten mit euch integrierten Land, sie werden allmählich wach. Und werden euch ebenfalls hassen. So wie Millionen und Abermillionen Menschen vom Baltikum bis nach Kasachstan.

So wie die vierzig Millionen Polen, die auch einmal von eurem Imperium erobert wurden. Heute jagt dort ein Wlassow den anderen.

Wie die neun Millionen Tschechen.

Die fünf Millionen Finnen.

Ihr habt's drauf, das muss man euch lassen.

Alles, was ihr wirklich perfekt könnt, ist: eure Nachbarn zu Feinden zu machen.

In dem Sinne, ja. Für euch sind wir das Böse. Und wir sind viele. Gaaanz viele.

Macht euch bereit. Viel Zeit bleibt euch nicht mehr.
Prosit Neujahr!

Zweiter Teil
Die Invasion

23. Februar 2022, 23.31 Uhr

Gute Nacht.

24. Februar 2022, 8.43 Uhr

Gestern ging ich mit dem Gedanken schlafen, am nächsten Morgen einen Post schreiben zu müssen, dass im Jahr 1939, vor dem Zweiten Weltkrieg, vermutlich alles genau so war. Ein Kaleidoskop blitzartig wechselnder Geschehnisse – die Liga der Nationen hat dies gesagt, Amerika jenes verkündet, Sanktionen gegen diese und andere verhängt, die Türkei meint, Bulgarien erklärt ... Mir scheint, es war alles ganz ähnlich. Bewahre Gott.

Genug über Biden gelacht?

Na dann ...

Zur Rettung der Verwundeten werden benötigt:

1. *Intraossäre Zugänge NIO, 20 Stück – 120 000 Hrywnja.*
2. *Aderpressen SAM, 4 Stück – 46 000 Hrywnja.*
3. *Israelische Bandagen, 100 Stück – 35 000 Hrywnja.*
4. *Brandwunden-Kompressen, 400 Stück – 32 000 Hrywnja.*
5. *Venenkatheter-Fixierungen, 500 Stück – 20 000 Hrywnja.*
6. *Untersuchungsliegen für Sanitätsstellen, 5 Stück – 20 000 Hrywnja.*
7. *Medizinische Utactic-Rucksäcke, 5 Stück – 18 000 Hrywnja.*
8. *Rahmenlose Tragen, 40 Stück – 16 000 Hrywnja.*

Die Liste wird ergänzt!

Zum ersten Mal in fünfzehn Jahren habe ich mir einen Auftritt des kleinen Pissers angesehen. In voller Länge. Jetzt ist der Alte komplett durchgeknallt. Er erklärt nicht der Ukraine den Krieg – er spricht von einer neuen Weltordnung. Amerika beanspruchte in seiner Ansprache mehr als zehnmal so viel Raum wie die Ukraine. Was hat er da nicht alles aufgezählt. Was nicht alles an den Haaren herbeigezogen. Den Zweiten Weltkrieg, den Zerfall der UdSSR, den Irak, Libyen, Belgrad. Er hat erklärt, dass wir (Russland) uns gegen die NATO verteidigen; dass wir keine Faschisten vor unseren Grenzen dulden, und hat praktisch unverhohlen damit gedroht, Atomwaffen einzusetzen, wenn jemand ihn an der Besetzung der Ukraine hindert, die er allerdings gar nicht vorhat. All das in ein und demselben Kopf.

Nun denn, Russen. Bereitet euch vor. Schnallt eure Soldatenmäntel um.

Der Blitzkrieg ist eindeutig gescheitert, dieser Anfang war lahm und unsicher, für Russland ist das ein Fehler, das ist BEREITS der Beginn seiner Niederlage, solche Dinge muss man mit höchstmöglicher Kräftekonzentration tun, überraschend und schnell, und das ist misslungen – deshalb wird dieser Spaß länger dauern. Haken für Haken, Schlinge für Schlinge, auf geht's. Ein Zermürbungskrieg ist nie ohne Mobilmachung. Glückwunsch, Russen. Wir haben euch gewarnt.

Ich wollte schon immer gern wissen, was jemand denkt, der im Panzer um fünf Uhr morgens die Grenze eines anderen Staates überquert, um ihn anzugreifen. Was geht denen im Kopf herum? Was für Gedanken? Was für ein Bild von der Welt? Von welcher Geistesart muss man überhaupt sein, um da, eine halbe Stunde vor der Invasion, im Graben zu sitzen, dort über den Fluss zu blicken, über das Feld, über die Grenze, um dann in einen Schützenpanzer zu steigen, loszufahren, einzudringen, bereit, bei lebendigem Leibe in dieser Blechbüchse zu verbrennen, um ... Ja, um was? Wie erklären die sich das? Irgendwie müssen sie das ja tun.

Aber scheiß drauf.

Ruhm der Ukraine!

24. Februar, 11.09 Uhr

Entscheidend werden die ersten hundert Stunden sein. Was sie in der Zeit besetzen können, das werden sie nicht wieder rausrücken. Was folgt, ist ein Krieg auf Augenhöhe. Wenn die Verteidigungsstrategie eingespielt ist, werden sie nur noch mit riesiger Anstrengung vorrücken können ... und damit praktisch gar nicht.

Aus den bisher vorliegenden Informationen lässt sich schließen, dass es bei ihnen zurzeit nicht gut läuft. Gar nicht gut. Alles hätte viel schlimmer kommen können. Das war eher ein beschissener Blitzkrieg. Anders gesagt, er ist misslungen. Wladi, du bist ein Pisser. Du verkackst alles. Sogar beim Angriff.

Um die ganze Ukraine scheint es überhaupt nicht zu gehen. Sie werden einen Korridor durchstoßen und Neu-Russland mit den östlichen Gebieten zu neuem Leben erwecken.

Aber wenn sie steckenbleiben, zum Stehen kommen – dann werden sie plattmachen. Die Wohnbezirke. Das ist so sicher wie das Amen. Das ist immer so bei ihnen.

Lasst euch von mir sagen – der Keller eines mehrstöckigen Hauses ist die beste aller leicht zugänglichen Deckungen. Ein Haus zum Einsturz zu bringen, ist sehr schwer. Dazu braucht man eine Rakete oder eine Fliegerbombe.

Wenn ihr nicht direkt an der Frontlinie seid – legt in den Kellern Notausgänge frei. Es sollten mindestens zwei sein und in unterschiedliche Richtungen führen. Wünschenswert ist sogar, noch ein paar mehr zu anderen Hausseiten zu graben. Und sämtlichen feuergefährlichen Müll ausmisten, der dort rumliegt.

24. Februar, 12.53 Uhr

Mannomann. Ein abgeschossener Hubschrauber, der bei Hostomel landen wollte. Hostomel, das liegt – für die Russen, die sich nicht auskennen – bei Kyiv, dort versuchten sie Luftlandetruppen abzusetzen, also eine Bilderbuch-Invasion mit Sturm auf die Hauptstadt des Nachbarlandes, dafür werdet ihr euch in Den Haag verantworten müssen, also, ein Hubschrauber direkt über dem Feld abgeschossen, der andere kam auf einem Hügel runter – und es handelte sich um das neueste, «absolut vorbildlose», wie Putin zu sagen pflegt, Modell Ka-52 «Alligator». Also eines, das gar nicht abzuschießen ist, das alles auf der Welt trifft, der Stolz der russischen Luftstreitkräfte.

Das schrieb ich vor etwa drei Wochen:

«Was ist ein ‹Stinger›? Warum erzählen sie dauernd, er wäre für tieffliegende Ziele gedacht? Blödsinn. Bekämpfungshöhe: bis zu 3800 Meter. Bekämpfungsreichweite: bis zu viereinhalb Kilometer. Den gefahrlosen Einsatz von Kampfhubschraubern kann man also garantiert vergessen, und die Luftwaffe wird ihre Ziele nur aus mindestens fünf Kilometer Höhe bearbeiten können.»

Litauen, Lettland, Estland!
Danke!
Ein riesiges Dankeschön, Brüder!
Und Estland feiert heute zudem Unabhängigkeitstag!
Eesti riigi vapipäeva!
Auf die Unabhängigkeit der Republik Estland!
Thank you!
Дякуємо!
Aitäh!

24. Februar, 13.39 Uhr

Charkiw. Zerstörte russische Militärtechnik.

Die Umgehungsstraße haben sie zurückerobert, heißt es.

24. Februar, 14.13 Uhr

Was ist da überhaupt los, kann mir das jemand erklären? Dreckige, verlauste Rekruten auf Raupenlastern an den Stadtrand schicken, damit sie dort verbrennen wie vor dreißig Jahren in Grosny – Scheiße, das soll es jetzt sein? Auf die Weise wolltest du ein Land von vierzig Millionen erobern? Das ist alles, wozu der Pisser in der Lage ist? Das ist sein ganzer Blitzkrieg? Oder wie?

Seit dem Beginn der Invasion ist schon fast ein halber Tag vergangen. Na Mist auch, da sollte dein Gauleiter in Charkiw längst die ausfindig gemachten Feinde in den Kellern erschießen!

Wo ist sie abgeblieben, die große, mächtige, vorbildlose Hyperschall- und unbesiegbare Wunderwaffe?

Oder will er bloß die Aufmerksamkeit ablenken? Ich begreife es nicht.

Pisser – der verkackt einfach alles.

24. Februar, 15.26 Uhr

Im Gebiet Gluchow setzten die Militärs «Javelins» ein, Panzerabwehr-Lenkwaffen, und machten eine russische Militärkolonne unschädlich. Fünfzehn T-72-Panzer – so ein Mitarbeiter des Kommandos der Landstreitkräfte.

24. Februar, 16.14 Uhr

Also, erstens. Wenn ihr euch entschlossen habt, das Land zu verlassen – den richtigen Zeitpunkt dafür habt ihr verpasst. Denn jetzt fällt den Menschen plötzlich ein, dass sie unbedingt ihren Wandteppich aus der usbekischen Textilfabrik Taschkent von 1978, Wert 16 Rubel 18 Kopeken, retten müssen, dazu die

Steppdecke und den Grundig-Fernseher von 1997, prima Qualität, funktioniert einwandfrei, so was wirft man ja nicht weg – und verstopfen Ausfallstraßen und Autobahnkreuze. Falls ihr in einen solchen Stau geratet und Militärtechnik seht oder hört – steigt aus dem Auto aus und entfernt euch von der Straße.

Handelt es sich um feindliche Technik, ist denen alles wurscht, sie haben Befehl und rollen mit den Panzerraupen über eure Autos hinweg.

Handelt es sich dagegen um eigene Technik – so wird der Feind jede Gelegenheit nutzen, die Marschkolonne anzugreifen. Ob da Menschen in der Nähe sind, ist ihnen scheißegal.

Wenn Sie in einer Großstadt leben, so ist das, wie paradox es auch klingen mag, zum gegenwärtigen Zeitpunkt der sicherste – oder besser, am wenigsten unsichere – Aufenthaltsort.

Denn ich kann mir überhaupt nicht vorstellen, wie sie zum Beispiel Charkiw einnehmen wollen. Der Sturm auf Grosny dauerte anderthalb Monate und kostete sie mindestens anderthalbtausend Tote und mehrere Hundert Einheiten an Militärtechnik. Allein in Charkiw leben so viele Menschen wie 1995 in ganz Tschetschenien.

Offensichtlich hatte man damit gerechnet, dass die ukrainische Verteidigung nach den ersten Schlägen zusammenbricht und sie gleich zur Parade einmarschieren können. Ist sie aber nicht. Der Blitzkrieg ist eindeutig gescheitert. Jetzt werden sie tiefer ins Land vorstoßen, Städte einkesseln und sie durch Blockade nehmen wollen, aber das ist noch die alte Taktik.

Denn eine Stadt einzukreisen und in sie einzudringen – das sind zwei völlig unterschiedliche Dinge. Das kann man überhaupt nicht miteinander vergleichen.

Aber wenn sie steckenbleiben, werden sie mit dem Plattmachen anfangen. Einschließlich der Wohnviertel. Deshalb noch einmal – wenn eine U-Bahn in der Nähe ist, dann ab in die

U-Bahn. Das ist die sicherste Deckung. Wenn ein Bunker da ist – sofort rein. Falls es nichts gibt – dann in den Keller eines Hochhauses. Das kriegt man nur mit einer Rakete zum Einsturz – und auch hier zeigt der Einschlag einer Kalibr in einen Hof bei Tschugujew, dass der Treffer direkt erfolgen muss, oder eine Fliegerbombe – so eine ordentliche mit fünfhundert Kilo, nicht weniger. Weder Artilleriegeschütze noch Raketenwerfer vermögen ein mehrstöckiges Haus zum Einsturz zu bringen.

Zweitens. Wenn in eurer Stadt Straßenkämpfe beginnen, werden als Erstes Wasser, Strom und Heizung ausgehen. Kümmert euch schon jetzt um Wasser. Sammelt, so viel es geht. Kann gar nicht genug sein. Bei Minusgraden kann man es einfrieren. Eis hält sich gut und ist vor allem leichter aufzutauen als Schnee. Mit Schnee quält man sich rum, er ist porös, enthält viel Luft und ergibt nur ein Zehntel Wasser seines ursprünglichen Volumens.

Ladet alle Akkus auf, die ihr habt.

Kleinholz. Legt euch, wenn ihr könnt, Kleinholz zurecht.

Dieser Spaß wird allem Anschein nach noch eine Weile dauern.

Drittens. Nehmen wir ein fünfstöckiges Haus mit fünf Treppenaufgängen und vier Wohnungen in jedem Stockwerk. Insgesamt also hundert. Rechnen wir nur eine Person je Wohnung – sind das hundert Menschen. Selbst wenn die Hälfte geflohen ist – bleiben immer noch fünfzig.

Fünfzig Menschen scheißen im Laufe eines Tages fünfzig Haufen zusammen.

Kanalisation wird es keine geben. Das Gebüsch hinter den Garagen, den Hof, den Heizungskeller habt ihr im Nu vollgeschissen, innerhalb einer Woche.

Der Frühling naht. All das versickert – und zwar ins nächstgelegene Wasserreservoir. Die Hitze kommt, der Staub, ein leichtes Windchen – die akute Bakterien-Ruhr bricht dort, wo viele Menschen gedrängt unter schlechten sanitären Verhältnissen leben, blitzartig aus.

Ein Säugling stirbt an der Ruhr innerhalb von zwei Tagen – der kleine Körper hat einfach nicht genug Wasser, um die Antibiotika wirken zu lassen. Ein fünfjähriges Kind stirbt nach einer Woche. Bei einem Erwachsenen kann es zwei Wochen dauern.

Ich habe diesen verfluchten Durchfall gehabt. Da kannst du dich ganze Tage lang nicht aufrichten und scheißt im blutigen Strahl drei Meter weit, bis an die Decke.

Deshalb überlegt euch vorher, wo ihr scheißen werdet. Das ist genauso wichtig wie Essen und Wasser.

So viel fürs Erste.

Und trotzdem, wenn ihr nicht direkt in der Hilfe, der Territorialverteidigung, als Freiwillige, beim Netzeflechten eingebunden seid, sucht nach einer Möglichkeit, aus der Stadt zu kommen. Jetzt ist das nicht mehr so einfach wie gestern, aber es ist noch immer besser. Einfach deshalb, weil ihr nicht im Weg stehen werdet. Das Wasser wird in einer Woche alle sein, das Essen in zwei, die Armee wird Fahrzeuge abstellen müssen, um euch Wasser zu bringen, Begleitschutz, das zieht Ressourcen ab, Mannkraft, es entsteht überflüssiges Gewimmel, unnötige Erregung von Aufmerksamkeit, Menschengedränge sind ein dankbares Angriffsziel. Ihr werdet krank werden, die Hospitäler verstopfen, den Verwundeten die Betten wegnehmen, werdet den Einsatz von Waffen behindern – wenn in eurem Haus ein MG-Nest sitzt, und ihr hockt im Keller und schwenkt weiße Fahnen, dann hat die ukrainische Armee es schwerer, die Schützen zu liquidieren, und überhaupt – ihr stört.

Jeder bringt nur dort maximalen Nutzen, wo er am richtigen Platz ist.

Also, überlegt euch eure Strategie im Voraus.

Die Kinder müssen rausgebracht werden. Da gibt es keine Diskussion.

Und Hauptsache – keine Panik. Wie es auf See heißt – nicht das Wasser, die Panik ist der Tod. Lasst euch keine unüberlegten Entscheidungen von der Angst diktieren.

So viel in aller Kürze. Ich habe einen großen Post zu diesem Thema, Punkt für Punkt, aber den werde ich jetzt nicht abschicken, um keine Panik anzuheizen. Er steht auf der Seite «Site.ua», Titel «Thesen zum Überleben».

PS: Auf keinen Fall aufs Land fahren! Erstens ist ein Fünfstöcker schwer zum Einsturz zu bringen, für ein Bauernhaus reicht eine Mine, und ihr seid verschüttet. Zweitens – wenn sie die Städte nicht einnehmen können, werden sie das Land nehmen.

Wenn überhaupt irgendwohin, dann in die Stadt, und zwar eine große.

24. Februar, 18.01 Uhr

Und ich begreife es trotzdem nicht. Wo bleibt die Zielstrebigkeit? Wo der Biss? Oder sind die Landetruppen in Hostomel nur dazu ins Jenseits befördert worden, um den Krimkanal mit Wasser zu füllen? Als Ablenkungsmanöver?

Aber Christo Grozev schreibt, dass seinen Quellen in der ukrainischen Regierung zufolge zehn Il-76-Flugzeuge von Pskow in Richtung Kyiv gestartet waren. Einen halben Tag nach Beginn? Als längst alle und alles in Alarmbereitschaft war?

Oder leben die wirklich so ganz in ihrer eigenen Welt, dass sie glaubten, in Charkiw mit Blumen begrüßt zu werden?

Oder ist das ein Ablenkungsmanöver, und wir müssen auf eine andere Schweinerei gefasst sein?

Aber schon ein halber Tag, Karl.

24. Februar, 22.37 Uhr

Hostomel ist wirklich die Wende. Wenn es gehalten werden kann – und es ein zweites Mal zu nehmen, wird um ein Vielfaches schwerer sein, außerdem ist kostbare Zeit vergangen –, dann kann man diesen Blitzkrieg endgültig abhaken.

Erstaunlich, wie aktuell für sie selbst plötzlich ihr eigener imperial-chauvinistischer Slang vom Anfang der 2000er-Jahre geworden ist, aber –

Auf nach Bobrujsk, Tiere©.

Denn dorthin sind angeblich die achtzehn Il-76-Flugzeuge der Pskower Division umgeleitet worden, die für die Eroberung Kyivs gedacht waren.

25. Februar, 10.36 Uhr

Und es ist doch so. Es ist so. Ich kann es nicht begreifen. Wie es aussieht, haben sie keinen weiteren fiesen Trick im Ärmel. Wie es aussieht, haben sie wirklich drei Viertel dessen, was sie im Augenblick besitzen, ins Gefecht geworfen. Okay, gut. Ihr setzt in zwanzig Kilometer Entfernung von der Hauptstadt eines Vierzig-Millionen-Landes zweihundert Mann ab – nach den Fotos der Gefangenen zu urteilen, eher Bumsköppe als Spezialeinheiten –, und dann? Habt ihr wirklich geglaubt, zweihundert Fressen könnten einen strategischen Flughafen halten? Oder auch vierhundert, meinetwegen.

Wollten sie Tschechoslowakei spielen? Aber da lief alles ganz zielgerichtet ab. Um zwei Uhr landete das erste Flugzeug, um halb fünf war das ZK-Gebäude umstellt, um fünf begannen die Hauptstreitkräfte zu landen.

Was hatten sie hier vor? Mit einer Kompanie Alkoholiker den Flughafen einen halben Tag lang halten?

Das Atomkraftwerk Tschernobyl haben sie eingenommen. Na großartig. Um was damit zu tun? Um mit der radioaktiven Wolke weitere zehntausend Menschen in der Ukraine umzubringen – aber erst in zwanzig Jahren? Was soll das bei der Eroberung Kyivs helfen?

Sie kamen mit zwei Kamaz aus Obolon an. Um was? Um Selenskyj zu ermorden? Wie stellt ihr euch das vor?

Sie versuchen Kyiv einzukesseln. Als ob diese Taktik in Tschetschenien so erfolgreich gewesen wäre. In Tschetschenien gibt es drei Städte – Grosny, Argun und Gudermes. Der Rest sind Dörfer. Dörfer einkesseln und säubern – ja, okay.

In ganz Tschetschenien leben anderthalb Millionen. Dafür hat man fünfzehn Jahre gebraucht. Allein in Kyiv leben viereinhalb Millionen, die Vororte eingerechnet. Wie kann man eine Stadt säubern, in der allein dreimal so viel Menschen wohnen wie in ganz Tschetschenien? Die Territorialverteidigung mit ihren Javelins wird dabeistehen und zugucken?

Wollen sie es monatelang mit Kalibras beschießen? Ein zweites Aleppo veranstalten? Wird nicht gelingen.

Gut. Langsam, wobei ihre Fetzen in alle Richtungen fliegen, rücken die Russen auf Kyiv vor.

Gut. Sie sind drin. Haben die Bankowa-Straße erreicht. Haben festgenommen, abgesetzt, ins Gefängnis gesteckt.

Und weiter?

Bei ihnen heißt die Parole: «Nein zu Putin, nein zu Russland!» Und dort hieße es: Sie haben Selenskyj abgesetzt, geändert hat sich dadurch nichts. Absolut nichts. Der Gauleiter unterschreibt die Kapitulation. Okay. Werden die ukrainischen Streitkräfte, die Territorialverteidigung und die Partisanen wissen, dass sie kapituliert haben?

Russisches Schiff, verpiss dich, russisches Schiff.

Wenn sie schon, nur um ein Fleckchen Granit im Meer zu erobern, einen großen Raketenkreuzer brauchten, wie wollen sie dann das ganze Land kontrollieren?

Sie haben Putin in seinen Akten eine völlig andere, eine Parallelwelt vorgelegt, seine eigene Welt. Er aber lebt darin.

Sie haben echt geglaubt, dass sie in Charkiw mit Blumen begrüßt werden.

So blöd können die doch gar nicht sein. Oder doch?

Die nächsten zwei Tage werden entscheidend sein. Und sie werden, hoffe ich, den Durchbruch bedeuten.

Gut, mehr habe ich erst mal nicht zu sagen.

Ich schalte in den Lese-Modus.

Werde nicht das Netz vollmüllen.

Ruhm der Ukraine!

25. Februar, 12.26 Uhr

Zwanzig Jahre. Zwanzig Jahre haben sie die Armee umgerüstet. Haben da unglaubliche Kohle reingesteckt. Zwanzig Milliarden, wie man sagt. Haben aus jedem Ofenrohr von den epochemachenden Hyperschall- und hypermodernen Waffen getönt. Haben Bulawas abgeschossen. Sind im Loscharik untergegangen, so ein U-Boot kann nun mal sinken. Sind mit Armata-Panzern über den Roten Platz geholpert. Haben sagenhafte «Tiger» gebaut, das Panzerbegleitfahrzeug «Terminator», und mit was für Wunderwaffen Kiseljow, Popow und Skabejew noch alles im Fernsehen geprahlt haben.

Aber bei einer Invasion kann es keine «Kampfaufklärung» geben. Ganz im Gegenteil – man wirft das Beste, Kampffähigste, die Spitzenwaffen in den Angriff, um den Überraschungsfaktor bestmöglich zu nutzen und möglichst weit ins Landesinnere vorzustoßen. Die Überraschung ist alles.

WO???

Wo, verdammte Scheiße?

Wo ist das alles, womit sie da im Fernsehen als Super-Puper geprahlt haben?

Ich sehe mir die Fotos und Videos an – die gleichen alten BTR-80, zwar das neuere Modell A, und Raupenlaster.

Raupenlaster, Scheiße!

RAUPENLASTER!!!

Und irgendwelche verschreckten Soldaten auf diesen Raupenlastern, im Vergleich zu denen ein Kämpfer der ukrainischen Territorialverteidigung wie der Terminator aussieht.

Verflucht, ich habe gerade das totale Déjà-vu. Der Raupenlaster, der sich auf den Höfen von Obolon im Todeskampf verteidigt, brennende Minenräumfahrzeuge am Stadtrand und Leichen in russischer Tarnuniform im Schnee rings herum. Schreiben wir das Jahr 1994 oder wie?

Und dazu – auf dem Weg nach Grosny gab es keinen einzigen Verlust. Sie marschierten ein wie auf der Parade und nahmen Stellung auf dem Platz. Bis die Nacht kam ...

Hier wurden sie schon auf dem Hinweg so zerrupft, dass die Fetzen flogen.

In zwei Tagen hatten sie so viele Verluste wie in einem ganzen Jahr in Grosny. Dabei ist die Nacht noch nicht einmal angebrochen.

Finnland-Krieg. Dies ist ein Finnland-Krieg reinsten Wassers. Als die Armee der UdSSR, die damals in der Welt den Ruf eines unbesiegbaren Monstrums hatte, Finnland innerhalb weniger Stunden wie eine Nuss knacken – ja, wie eine Nuss oder einen Sonnenblumenkern – und nicht einmal eine Erinnerung von ihm übrig lassen sollte. Den Finnen wurden nur einige wenige Tage gegeben. Wie das endete, ist bekannt. Einhundertfünfzigtausend Leichen und siebzig eroberte Kilometer. Zweitausend pro Kilometer.

Heute passiert exakt das Gleiche. Nur dass das Land nach Fläche und Ausdehnung zweimal so groß ist, die Bevölkerung zehnfach, und das Ganze gespickt mit modernen Waffen.

Finnland wurde ganz primitiv mit Menschenfleisch zugeschüttet. Mit der Ukraine versucht man das. Die Friedhöfe bei Rostow platzen aus allen Nähten.

Die New York Times schrieb gestern, dass Kyiv nach Ansicht des Pentagons in sechsundneunzig Stunden erobert sein wird. Weiß der Teufel, wie sie mit diesem Alteisen eine mit Territorialverteidigung gespickte Vier-Millionen-Stadt in vier Tagen erobern wollen – auf zwei eroberten Kamaz haben sie das ja schon versucht, aber die Sache ist folgende:

Die Sache ist, dass der Westen einen raschen Fall der Ukraine erwartet hat. So wie damals. Wie im Jahr 1940. Vor achtzig Jahren.

Der Westen hielt es für unvernünftig, sich einzumischen und zu helfen. Er winkte ab. Wollte nicht verwickelt werden. Wozu einem Land Waffen geben, wenn es so gut wie verloren ist? Sinnlos. Zumal diese Waffen dann sowieso in die Hand des Feindes geraten. Logisch.

Jetzt liegen sie auf der Lauer und beobachten. Und wenn die Ukraine noch diese paar Tage standhält – der Blitzkrieg hat sich unbestreitbar schon festgerannt –, wenn sie Widerstand leisten, den Feind vernichten und die Fotos wie von den vereisten sowjetischen Soldaten am finnischen Straßenrand wieder um die Welt gehen – dann wird der Westen sich wieder einschalten. Ihm bleibt gar nichts anderes übrig. Dann wird die Ukraine wieder Hilfe bekommen, werden Waffen geliefert werden. Und zwar auf neuem Niveau.

Die finnische Armee ist nach diesem Krieg eine der besten der Welt geworden. Die ukrainische wird besser. Und die Ukraine wird standhalten.

Ruhm der Ukraine!

25. Februar, 16.20 Uhr

Und Putin bekommt in seinen Rapporten vorgelegt, dass alles bestens läuft – Stalingrad gefallen, morgen wartet der Sieg ...

25. Februar, 21.35 Uhr

Aus Polen ist eine Kolonne mit Waffen abgefahren. Beschluss, der Ukraine Luftabwehrsysteme zu liefern.

25. Februar, 23.15 Uhr

Der heutige und der morgige Tag sind entscheidend.

Sie bringen die Wende.

Das werden sie.

Ruhm der Ukraine!

26. Februar, 8.14 Uhr

Und wie Putin vorgestern gehaucht hat – ich glaube an meine Armee, an meine Offiziere, all so was.

Wo steckt eigentlich Prochanow? Hat er seinen Traum wahrgemacht? Ist er schon in einem Panzer auf dem Kreschtschatik verbrannt?

Arschköppe, verfluchte.

Ich hasse sie.

26. Februar, 13.02 Uhr

Man liest, dass dies alles jetzt Richtung Ukraine unterwegs ist: Russische 2S4-Mörser «Tjulpan», 2S7M-Artilleriestellungen «Malka» sowie Mehrfachraketenwerfersysteme BM27 «Uragan» bewegen sich im Gebiet Belgorod auf die Ukraine zu.

Offensichtlich hat der Pisser jetzt doch beschlossen, alles plattzumachen.

Na wennschon. Ich hab schon immer mal sehen wollen, wie ein «Tjulpan» nach der Begegnung mit einer Javelin aussieht.

26. Februar, 14.19 Uhr

Schon sind Panzerabwehrwaffen, Luftabwehrsysteme, Munition für alle Waffentypen und die Artillerie, Fahrzeuge, Kugelschutzwesten, Treibstoff, Dutzende Positionen von Waffen und Munition eingetroffen. Es wird noch mehr werden. Hauptsache, wir bleiben stark und halten Kyiv.

US-Präsident Biden hat erneut mit Präsident Selenskyj gesprochen und eine Soforthilfe von 600 Millionen US-$ zugesagt: 250 für allgemeine Hilfe, 350 für das Militär. Das Weiße Haus hat im Kongress die Zustimmung für 6,4 Milliarden US-$ zur Unterstützung der Ukraine beantragt – davon 3,5 Milliarden US-$ (!) für die Verteidigung – Dmitro Kuleba.

Wie wir gestern festgestellt haben: Der Westen sieht genau hin. Und wenn die Ukraine beweist, dass sie Widerstand leisten kann, dann werden die Javelins im Vergleich zu der kommenden Militärhilfe wie ein Kinderlallen aussehen.

Die Ukraine hat es bewiesen. Die Schlacht um Kyiv war der Wendepunkt. Sie war die strategische Wende.

Ruhm der Ukraine!

26. Februar, 20.46 Uhr

Zwei Tage. Nur zwei Tage. Und schon mehr als in den zwanzig Jahren davor.

Eine Nation ist im Werden. Ein Land entsteht. Und wird endgültig zu Granit.

Dies sind historische Tage. Dies ist einer der wichtigsten Tage in unserer Geschichte, in unserem Leben.

Wir werden siegen.

Ruhm der Ukraine.

26. Februar, 23.12 Uhr

Deutschland wird der Ukraine Panzerabwehrwaffen und Stinger liefern. Sogar Deutschland. Sogar das mit Haut und Haar gekaufte, Putin-freundliche Deutschland mit Schröder bei Gazprom und Steinmeiers Formel. Jetzt sogar die.

Deutschland hilft dabei, Kyiv gegen die russischen Faschisten zu verteidigen. Die um vier Uhr morgens bombardiert haben.

Lasst euch diese Sätze auf der Zunge zergehen.

Wladi. Du hast nicht nur den Blitzkrieg verkackt, die Invasion, Kyiv und die UdSSR 2.0.

Du hast alles, buchstäblich alles verkackt.

27. Februar, 9.14 Uhr

Die Verluste der russischen Armee im Ersten Tschetschenienkrieg, vom 1. Januar 1995 bis zum 31. August 1996, betrugen 3860 Mann.

Die Verluste in zehn Jahren Afghanistankrieg beliefen sich auf fünfzehntausend Mann.

Das nur, um einmal die Maßstäbe dessen, was gerade passiert, zu veranschaulichen.

Die Ukraine hat in zwei Tagen so viel niedergemäht WIE GANZ TSCHETSCHENIEN IN ANDERTHALB JAHREN. Oder ganz Afghanistan in zwei Jahren Krieg.

Wenn die bekannt gewordenen Verluste von hundert Panzern, fünfhundert Schützenpanzern und 3500 Gefallenen real sind – und offenbar liegen die Zahlen irgendwo in diesem Bereich –, dann sind sie einfach irre hoch.

Es sind fantastische Zahlen. Derartige Tagesverluste haben seit dem Zweiten Weltkrieg weder die UdSSR noch Russland erlitten.

Aber darum geht es nicht. Es geht heute weniger um die Hunderte in Schrott verwandelten Waffen und Militärfahrzeuge.

Am wichtigsten ist die Zerstörung des Mythos über die Macht und Unbesiegbarkeit der russischen Armee.

Über all diese vorbildlose Scheiße.

Über die angeblich dritte Armee in der Welt.

Über das Mächtige Reich, das zu allem in der Lage ist.

Über die unverbrüchliche Diktatur.

Über Heiligkeit und Allmacht des Vaters der Nation.

Über ...

Die Realität erwies sich als grauenhaft. Grauenhaft für sie.

Putin wurden unglaubliche Errungenschaften gemeldet – während sie selbst korrupt waren und absahnten. Absahnten und zugriffen. Sie stellten Mittel für die Aufrüstung zur Verfügung – und stopften sich die Taschen voll. Sie stellten zur Verfügung und steckten ein. Auf der Parade demonstrierten sie die Armata, gegen Kyiv schickten sie Raupenlaster meines eigenen Jahrgangs.

Was kämpft ihr, russische Liberale, da noch gegen die Korruption im Reich? Hört doch auf damit, ihr Idioten!

Jeder, der für ein Reich ohne Korruption kämpft, ist mein persönlicher Feind.

Denn das heißt ja, dass er will, dass keine Rostwannen, sondern neueste Technik gegen Kyiv ziehen.

Dass die Kalibras nicht für zwei Tage, sondern für zwei Jahre reichen. Dass die 20 Milliarden Dollar, die dieser Krieg jeden Tag kostet, nicht nur eine Woche lang zur Verfügung stehen, sondern vier Jahre.

Und das heißt, du bist entweder ein Vollidiot oder ein Mittäter beim Mord.

Man hat es euch ja gesagt. Euer alter Mann.

Womöglich habt ihr das noch nicht verstanden, aber Russland hat verloren. Es hat SCHON JETZT verloren. Schluss. Finita la commedia.

Selbst wenn sie Charkiw einnehmen sollten – das werden sie nicht tun – oder sogar Kyiv – das noch weniger –, wird das keinerlei Bedeutung mehr haben. Überhaupt keine.

Und ihnen ist das auch schon klar. Die Russen irren über Felder und Wege und wissen nicht, wohin. Ihre fortgesetzten Angriffsversuche sind inzwischen völlig sinnlos. Sie dienen nur dazu, um Putin melden zu können: Hurra, wir stoßen vor, das Dorf Lopyrewka in der Provinz Lugansk des Gouvernements Noworossijsk ist eingenommen. Großer Sieg, Ruhm den russischen Waffen.

Taktisch zerfallen sie in wenigen Tagen, psychologisch sind sie es jetzt schon.

Sie reißen schon die Ärmchen hoch und trotten von allein in Gefangenschaft.

Putin lebte tatsächlich in seiner ganz eigenen Welt und glaubte wirklich, er hätte eine große und unbesiegbare Armee, keine Herde von demotivierten Rentieren auf fahrbarem Eisenschrott. Ihm die Wahrheit zu sagen, hatten sie Angst, oder sie wollten ihm jetzt den Arsch so richtig lecken. Die Realität hatte keine Chance mehr durchzudringen.

Aber darum geht es gar nicht mehr. Es geht nicht einmal mehr um den verlorenen Krieg. Es geht darum, dass einem Diktator im Prinzip alles gestattet ist. Er darf die Menschen in Konzentrationslagern verrotten lassen. Darf sie aushungern und gekochtes Gras fressen lassen. Ihre Kinder schlagen und umbringen. Darf sie sogar im Panzer mit Javelins verbrennen, auf fremder ukrainischer Erde.

Nur eines darf er nicht. Auf dieser fremden Erde verlieren. Zumal dann, wenn sie dich sowieso schon ganz unverhohlen mit der Nase darauf stoßen.

Sklaven würden einem Herrn egal wie viele Tote verzeihen. Zehntausende. Hunderttausende. Auch ein paar Millionen. Natürlich würden sie ein bisschen murren, rumfluchen – aber damit hätte es sich auch schon. Für ihn wäre das keine Gefahr.

Unter einer Bedingung – Kyiv wird genommen. Und nicht einfach nur genommen, sondern siegreich, mit einem Machtwechsel, der roten Flagge auf dem Parlament, einer Siegesparade auf dem Kreschtschatik und jubelnden befreiten Massen.

Genauso wie auf der Krim.

Aber eine SOLCHE Niederlage! Für das Putin-Regime läuft der Countdown.

Aber darum geht es gar nicht mehr! Es geht gar nicht mehr um Putins Regime. Morgen, am Montag, öffnen die Börsen, und wir erfahren, wie der Rubel steht, wie die Anleihenmärkte – mir schwant, ein russischer Anleihenmarkt existiert nicht mehr – durch die Abschaltung vom SWIFT, durch die Umstellung auf Öl- und Gaslieferungen aus den USA – gefolgt von einer ganzen Sammlung sonstiger netter Überraschungen.

Zerfallen wird nicht nur das Putin-Regime. Zerfallen wird Russland.

Wie gesagt – sich jahrelang den Arsch mit der Prawda abwischen und Klopapier nur als Wurstzutat kennen –, die Folge ist ein neuer Aufstand, sinnlos und erbarmungslos, auf den Straßen von Moskau.

Für die Freiheit wären sie nie in die Polizeiknüppel gelaufen. Für die Wurst – ja.

Die dritte Staffel der Serie «Zusammenbruch des Imperiums» geht in den Verleih. Markteinführung jetzt und heute auf den Straßen der Ukraine.

Bereitet euch auch schon mal vor, Russen – ein Dritter Tschetschenienkrieg wird unabdingbare Episode dieser Staffel.

Und dort kommen die Tataren, die Baschkiren vor, oder was euch sonst beliebt. Dazu Bushs Hühnchen und Abrams-Panzer auf dem Platz.

Dortselbst auch euer alter Mann.

Aber! Ihr werdet lachen, das ist noch nicht alles. Russland wird jetzt nicht einfach zerfallen. Ich weiß nicht wann, vielleicht dauert das noch eine Weile – aber unvermeidlich ist es. Ein Reich, dessen Größe als Mythos für alle sichtbar demontiert worden ist, sichtbar vor allem für die Bürger dieses Reiches, ein solches Reich kann nicht bestehen. Russisches Schiff, verpiss dich.

Aber die Natur duldet keine Leere. Wo etwas verschwindet, muss etwas entstehen. Wo der alte regionale Führer verschwindet, ersteht ein neuer.

Wir alle leben in einer historischen Epoche. Über diese Tage werden Lehrbücher geschrieben werden. Ein Zeitenwechsel geschieht, die Ablösung einer dreihundertjährigen historischen Formation. Im Grunde genommen keine Ablösung – eher die Wiederherstellung des Status quo.

Wir sehen den Niedergang Moskowiens.

Und den Aufstieg der Ukraine.

Und das ist euer Verdienst, meine Freunde.

Das Verdienst jedes einzelnen Ukrainers.

Innerhalb von zwei Tagen.

Ruhm der Ukraine!

27. Februar, 14.19 Uhr

Wenn ich Videos mit Kriegsgefangenen sehe, ertappe ich mich bei einem Gedanken – da ist kein Hass. Ich empfinde keinen Hass auf sie. Auf die Rekruten – denn sie sind betrogene, stimmlose, minderjährige, sklavengeborene Arschköppe, es hat keinen Sinn, sie zu hassen.

Was die Offiziere und sonstige Sondereinsatztruppen angeht – ich höre mir an, wie der Oberst erzählt, dass er die «Eroberung des Gebietes der Ukraine» zur Aufgabe bekommen hat, nehme das zur Kenntnis, dreh mich um und gehe. Was mit ihm passiert – ob er erschossen wird, mit Benzin übergossen und angezündet, von Panzern zerrissen, ins Lukjaniwska-Gefängnis gesteckt, lebenslang –, das ist mir wurscht. Wie Jurij Birjukow treffend formuliert hat: Ihr hasst doch die Küchenschabe nicht, die ihr mit dem Pantoffel zertretet. Da liegt ein zusammengekrümmter Leichnam auf dem Asphalt in Irpin – zum Teufel mit dem.

Wenn sie einmal alles endgültig verstanden haben und psychisch zusammenbrechen – dann muss man sie auch irgendwohin stecken. Mindestens entwaffnen und auf einem umzäunten Platz unterbringen. Wenigstens mit Signalbändern umgeben. Rein technisch gesehen nennt sich so etwas Konzentrationslager, übrigens.

Würde mich nicht wundern, wenn die Deutschen das mitfinanzieren. Schaut nur einmal auf die Schönheit eines solchen Moments – Deutschland hilft der Ukraine beim Bau von Konzentrationslagern für die russischen Faschisten.

Haha, Geschichte, was tust du nur, halt ein.

Die Russen kämpfen nur unter zwei Voraussetzungen gut – a) sie verteidigen ihr eigenes Land, und b) sie haben Sperrtrupps im Rücken.

Fremdes Land erobern, das können sie nicht. Es mit Leichen pflastern, das ja, aber dazu braucht es einen schwachen Gegner, einen zahlenmäßig unterlegenen, der schon physisch nicht in der Lage ist, den ganzen Schrott, mit dem er überschüttet wird, zu neutralisieren.

So war es in Tschetschenien, so auch in Georgien. So war es in Afghanistan. Wo der Gegner, apropos, ungeheuer schwach, aber auch wieder nicht so wenig zahlreich war – und trotzdem hat es zehn Jahre und eine Million getöteter Afghanen gebraucht. Und dann haben sie trotzdem verloren.

Überall wo sie auf Widerstand stoßen, machen sie schlapp.

Sie verstehen nicht, wozu sie dort sind, was zum Teufel sie da sollen. Und «Pflicht», «Eid», «Ehre», das waren in dieser Armee schon immer nur hohle Phrasen. Soll in Zabaikalje ein Leutnant nur mal allen Ernstes versuchen, von der Offiziersehre zu predigen – der wird angeschissen und ausgelacht.

Wie sieht's übrigens im russischen TV aus – macht sich die Skabejewa immer noch über die Territorialverteidigung mit ihren Sperrholz-MGs lustig?

Aber: Warum haben die russischen Soldaten in Tschetschenien so erbittert gekämpft, haben Standhaftigkeit bewiesen, von der wir in der Ukraine keine Spur sehen? Weil sie wussten, dass ihnen in tschetschenischer Gefangenschaft der Kopf abgeschnitten wird. In der Ukraine nicht.

Sie nehmen ein Video auf, zeigen es auf Facebook und später irgendwann ihrer Mama.

Kriegsgefangene nicht zu töten, ist reine Berechnung. Je weniger Feinde du umbringst, desto weniger deiner Leute kommen um. Das ist das Geschäft, nichts Persönliches. Jetzt begreifen sie das endgültig – und heben noch bereitwilliger die Pfötchen.

Aber dafür braucht man Lager, und die werden von Deutschland finanziert ...

Teufel, wie mich diese Idee amüsiert, unfassbar.

Aber um den Faden nicht zu verlieren. Die russische Armee ergibt sich vollzählig in Gefangenschaft, die Ukraine garantiert ihnen im Austausch gegen Donbass und Krim einen Abzugskorridor, nimmt ihnen Panzer und Schützentransporter ab, die Russen ziehen ab und vergessen die Ukraine, lecken ihre blutige Fresse und drehen wieder an der Ölpreisschraube.

Das wäre das schlechte Szenario.

Dreieinhalbtausend Tote in zwei Tagen – das ist viel. Verdammt viel.

Aber es reicht noch längst nicht.

Sie kapieren es nicht! Das tut ihnen noch nicht weh! Zu wenig! Viel zu wenig!

Es muss ihnen wehtun. Damit sie es ein für alle Mal kapieren.

So wie Deutschland. Für wenigstens hundert Jahre, sagen wir.

Ich hege keinen Hass gegen sie im Einzelnen, aber sie alle zusammen – ihr verfickter gescheiterter Staat, ihre Armee, ihre Kriegsmaschinerie, ihre ganze Zone dort –, das alles hasse ich wahnsinnig.

Deshalb sind es noch zu wenig, das weiß ich.

Für Verhandlungen ist es noch zu früh. Die Lektion ist noch nicht gelernt. Sie müssen aufheulen.

So wie in der Ukraine 2014, so muss ein Wehklagen Russland im Jahre 2022 durchziehen. Schwärzeste Verzweiflung muss das Land erfüllen, monatelang, kein Aufatmen darf sein, und wenn du morgens die Augen aufmachst, sollst du bereuen, dass du noch nicht im Paradies bist und diese Hölle auf Erden weitergeht.

So wie bei uns. Das sollen sie am eigenen Leibe erfahren. Mit ihrem eigenen Rüssel sollen sie sich da durchwühlen.

Ihre Mamas sollen die Schlachtfelder abgehen, so wie in Tschetschenien. Sollen die Überreste mit eigener Hand ausgraben. Hundertfünfzigtausend sollen einmarschieren – und hundertdreißigtausend sollen nicht zurückkommen. Selbst das reicht noch nicht. In ganz Europa soll es nicht genug Laster geben, um sie nach Hause zu karren.

Sonst kapieren sie es nicht. Sie kapieren es nie.

Nur wenn sie selbst, mit ihren eigenen Händen, in ihrer eigenen Erde, ihrem Blut, und in jedem Hof, und dann im Fernsehen, in Armut – nur dann vielleicht, eventuell.

Bislang mit Sicherheit nicht.

Bis sie es kapieren.

Ist nicht persönlich gemeint.

Reine Mathematik.

Reine Strategie.

27. Februar, 16.21 Uhr

So. In dieser Woche haben wir gemeinsam anderthalb Millionen Hrywnja für die Ärzte gesammelt.

Und neunzig Prozent der Aufträge erledigt. Das heißt, die Ärzte mit fast allem versorgt, was sie zu dem Zeitpunkt brauchten. Ein fantastisches Resultat.

Das Schema, falls jemand es nicht weiß, funktioniert so: Die Oberärzte der Brigaden schicken ihre Bestellung an Anna Dombrowskaja: Wir brauchen das und das, konkrete Liste, Punkt für Punkt.

Anna kauft ein. Bringt es auf den Weg. Sie kauft nur, was erbeten wurde. Oder es wird repariert. Dann kommen neue Bestellungen ...

In letzter Zeit ist die Logistik zusammengebrochen, die Sendungen kommen nicht an, daher wurde das Schema etwas geändert – die Brigaden kaufen in den Apotheken selbst, was sie finden können, und ihnen wird das Geld dafür aufs Konto überwiesen. Aber die Apotheken haben nicht alles, das kann also nur ein vorläufiges Provisorium sein, sobald die Logistik wieder funktioniert, kehren wir zum alten zurück.

Apropos. Russen. Braucht nicht zu schreiben, dass ihr euch schämt. Wir scheißen auf eure Scham. Wedelt nicht mit Luftballons. Wir scheißen darauf, dass ihr im Kessel was mit dem Gummiknüppel abbekommen habt.

Schickt Geld für die ukrainische Armee.

Und die Überweisungsquittung hütet wie euren Augapfel. Die

könnt ihr später vor Gericht vorweisen. Dann werdet ihr laufengelassen.

Verflucht, zum ersten Mal seit drei Tagen scheine ich wieder, wenn auch nicht zu Witzen, doch zur Ironie fähig zu sein.

Übrigens, ungefähr ein Drittel aller Überweisungen kam aus Russland. Dieses Mal waren es dreihundertvierzigtausend. Und es wurden sogar Überweisungen abgelehnt, noch einmal über etwa eine Million. Das Limit war überschritten. Danke an alle, die überwiesen haben. Das ist eine wirkliche Hilfe.

Jetzt ist damit Schluss – Überweisungen aus Russland sind endgültig verboten worden. Wer kann, beschäftige sich mit Kryptovaluta. Und überweise darin. Das kommt real an.

Neun Zehntel des Benötigten haben wir gesammelt und gekauft.

Die Medizin im Krieg ist immer ein bodenloses Fass.

Wir machen weiter.

Gern weiterleiten: Unterstützt die Ärzte an der Front, überweist mit dem Hinweis «für die Ärzte».

27. Februar, 17.27 Uhr

Russland hat den Krieg verloren. Schon jetzt.

27. Februar, 19.07 Uhr

Wladi. Du hast ja keine Ahnung, wo du da reingeraten bist. Du verstehst überhaupt nicht, was die Ukraine ist.

Wassilij – inzwischen bestimmt schon Wasilj – Lomatschenko – ist der Territorialverteidigung des Gebiets Bilgorod-Dnistrowskij-Odessa beigetreten.

Und dazu der Bürgermeister aus der OPZZh, der Oppositionsplattform «für das Leben».

Wladi. Du hast keinen Schimmer, wo du da reingeraten bist.

27. Februar, 21.27 Uhr

Die EU wird der Ukraine Kampfflugzeuge liefern. Borell.

Oha. Russisches Flugzeug, verpiss dich, russisches Flugzeug.

Fantastische Nachrichten, eine nach der anderen.

Ruhm der Ukraine!

28. Februar, 0.04

Die EU schließt ihren Luftraum vollständig für Passagier- und Privatflüge aus Russland.

Die FIFA hat Russland untersagt, seine Flagge, die Hymne und den Namen bei Spielen zu benutzen.

Die Türkei schließt den Bosporus für russische Kriegsschiffe.

Die EU liefert der Ukraine letale Waffen für 450 Millionen Euro.

Die FIDE hat beschlossen, dass bei internationalen Schachmeisterschaften die Flaggen von Russland und Belarus nicht gezeigt und ihre Hymnen nicht gespielt werden dürfen.

Mehr als ein Nachrichtenticker – ein Freudenfest!

28. Februar, 8.26 Uhr

Der ukrainische Matrose Taras Ostaptschuk hat die Luxusjacht des russischen Oligarchen Aleksandr Michejew, Direktor des Konzerns Rostec, im Wert von sieben Millionen Euro geflutet. Der Festgenommene arbeitete seit etwa zehn Jahren auf der Jacht «Lady Andalusia».

Als der Ukrainer im Fernsehen den Einschlag eines russischen Marschflugkörpers in ein Wohnhaus sah, wurde ihm bewusst, dass der Marschflugkörper von der Firma seines Bosses produziert worden war, und er rastete aus. Taras befahl den drei Besatzungsmitgliedern, das Schiff zu verlassen. Sie schrien, er habe den Verstand verloren.

Taras erinnerte sie daran, dass sie auch Ukrainer seien und

ihr Land angegriffen werde. Er übernehme die volle Verantwortung. Dann öffnete er das Hauptventil im Maschinenraum und ein zweites im Mannschaftsraum. Anschließend schloss er die Treibstoffhähne und schaltete den Strom aus, damit nichts auslief.

Als die Polizei eintraf, sagte der Matrose zu ihnen: «Der Besitzer dieses Schiffs ist ein Verbrecher, der an dem Handel mit Waffen verdient, mit denen Ukrainer getötet werden.»

Am Sonntag kam der Verhaftete vor ein spanisches Gericht. Nachdem der Richter die Aufnahmen mit dem Einschlag der russischen Rakete in ein Wohnhaus in Kyiv gesehen hatte, ließ er den Ukrainer laufen und die Anklage fallen.

28. Februar, 10.10 Uhr

Sei gegrüßt. Ich kenne dein spezielles Verhältnis zu Panzern, deshalb muss ich es dir einfach erzählen: In Butscha, ganz in meiner Nähe, haben die russischen Arschköppe einen Panzer beschossen.

Problem, dass das ein Denkmal war.

Ein Denkmal für Afghanistankämpfer.

In Form eines Panzers.

28. Februar, 18.56 Uhr

Die Medizin ist schon an der Front. Der größte Teil in Wolnowacha. Wo jetzt sehr schwere Kämpfe stattfinden. Bald wird ein Kleinbus aus Polen mit intraossären Zugängen und Okklusionsaufklebern abgehen. Der Auftrag ist bereits erteilt, noch fehlt ein Drittel zur Bezahlung. Wir machen weiter.

Freunde, riesigen Dank an alle, die helfen!

Ruhm der Ukraine!

Unterstützt die Ärzte an der Front!

Überweist mit dem Vermerk «für die Ärzte».

28. Februar, 22.20 Uhr

Um euch klarzumachen, welche Unterstützung die Ukraine in der Welt genießt. Robert De Niro, Stephen King, Viggo Mortensen, Michael Douglas.

Und in der Ukraine gibt es jetzt Elon Musks Starlink.

Ruhm der Ukraine!

1. März, 8.49 Uhr

Auch Luxemburg hat beschlossen, der ukrainischen Armee zehn Panzerabwehrgeschütze, Granaten dazu, 20 000 Patronen, Jeeps und Zelte zu schicken.

Die luxemburgische Armee hat 414 Berufssoldaten mit einem Gesamthaushalt von 389 Millionen Dollar, d.h. 0,57 Prozent des Bruttoinlandsprodukts von 2021.

1. März, 10.30 Uhr

Bei Kyiv sind zwei Hubschrauber der Okkupanten abgeschossen worden.

1. März, 12.23 Uhr

In das Gebiet Tschernigow sind belarussische Truppen eingedrungen. Das hat der Sprecher der Regionalverwaltung der Territorialverteidigung «Nord», Vitalij Kirillov, laut Suspilne mitgeteilt. Ich zitiere mich selbst:

«Belarussen. Bei euch ist jetzt eine nationale Befreiungsbewegung entstanden, von solcher Stärke, dass niemand es erwartet hätte. Überhaupt niemand. Nicht einmal ihr. Aber ihr selbst lauft vor dieser Bewegung weg und wiederholt in einem fort das Mantra ‹Das ist bei uns ein friedlicher Protest, wir sind nicht gegen Russland, das ist hier kein Maidan, wir sind doch Brüder, wir wollen nur Lukaschenko ablösen.› Und begreift immer noch nicht, dass Lukaschenko nichts anderes ist als Russland.

Ich schreibe nicht deshalb so viel über Belarus, weil ich meine Nase in fremde Angelegenheiten stecken möchte, andere über ihr Leben belehren oder Scheiße in den Ventilator schmeißen möchte.

Ich schreibe so viel, weil sich heute bei euch nicht nur *euer* Schicksal entscheidet. Bei euch entscheidet sich das Schicksal der ganzen Region.

Die Proteste in Minsk betreffen nicht nur euch. Sie betreffen zum Beispiel auch meine Tochter.

Wenn ihr verliert, wird die Ukraine von eurem neuen Unionsstaat von drei Seiten umgeben sein. Das verschlechtert die Lage gewaltig. Nicht nur unsere. Auch eure. Wenn ihr verliert, wird Belarus verschlungen werden.

Wenn Belarus verschlungen wird, wird es Teil des Unionsstaates werden.

Wenn es Teil des neuen Imperiums wird, dann werdet ihr in seiner Armee dienen.

Wenn ihr in seiner Armee dient, werden wir gegen euch kämpfen müssen. Das versteht ihr doch?

Erkennt das Wichtigste. Die Frage ist nicht ‹friedlicher Protest› oder ‹gewaltsamer Protest›. Die Frage lautet: Entweder werdet ihr in Minsk kämpfen, gegen Lukaschenko, jetzt. Oder eure Kinder werden in Syrien, Libyen, Tschetschenien, der Ukraine kämpfen. Und das schon in allernächster Zukunft. Glaubt mir.

Ich sammle jetzt für Wärmebildkameras und Wetterstationen, um auf den Moment vorbereitet zu sein, in dem die Kinder derer, denen wir mit Luftballons gewunken und mit denen wir über friedlichen Protest diskutiert haben, mit Panzern durch den Kontrollpunkt Tschongar in Richtung Kanal rollen.

Und in der neuen Unionsarmee werdet auch ihr zu Okkupanten. Und wir werden auf der anderen Seite der Barrikade stehen.

Wir werden auf euch schießen müssen. Ist euch das klar?»

Das habe ich vor einem Jahr geschrieben. Vor nur einem Jahr.

Ihr wart gewarnt.

Scheiße noch mal, ihr wart gewarnt.

Euer alter Mann.

1. März, 13.13 Uhr

Schaut einmal. Durch die News geistert jetzt der Post eines Psychologen, der behauptet, in Ausnahmesituationen seien der fünfte, neunzehnte und einundzwanzigste Tag entscheidend für die psychologische Verfassung. An diesen Tagen kommt es zu psychischen Krisen. Und die Psyche gelangt auf eine neue Ebene der Situationswahrnehmung.

Das stimmt absolut. Bei mir war dieser Umschwung gestern.

Die ersten drei Tage waren die reinste Hölle. Völlige Zermürbung des Nervensystems, Erschöpfung des Gehirns, Abstumpfung, Verlangsamung aller Tätigkeiten, Dämpfung der Funktionen des Organismus, vollständige Apathie und null Lust auf irgendwas. Ich weiß nicht, ob wir in diesen drei Tagen überhaupt etwas gegessen haben. Einen Löffel Salat schiebst du rein, schon wird dir übel. Meine Frau hat in diesen drei Tagen fünf Kilo abgenommen. Bei mir war es nicht ganz so schlimm, trotzdem haben diese drei Tage mich zehn Jahre meines Lebens gekostet.

Aber dann kommt die Wende.

Bei mir war das gestern. Ich erwachte ausgehungert und begann zu fressen. Mein Organismus hatte sich an die neuen Verhältnisse angepasst. Die Psyche sich umgestellt.

Es stimmt. Diese Tage sind für unsere Psyche entscheidend.

Ihr müsst eins begreifen: Niemandem ist damit geholfen, wenn ihr in totaler Depression dahockt und in einen infarktgefährdeten Zustand geratet. Und es schadet keinem, wenn ihr aktiv und munter seid.

Ja, Mitgefühl ist notwendig, aber das heißt nicht, dass man sich selbst damit in den Nervenzusammenbruch bugsieren muss. Ganz im Gegenteil.

Inzwischen ist klar, dass dieser Spaß noch eine Weile dauern wird, Putin hat beschlossen, um jeden Preis alles plattzumachen und zu erobern, wir müssen gesammelt, aktiv und gesund sein, körperlich und mental.

Das heißt erstens, auf sich zu achten. Das ist die erste Verteidigungslinie der mentalen Gesundheit! Unbedingt Zähne putzen, waschen, Hygiene, Unterwäsche sauber halten. Ihr sollt es angenehm haben. Und bequem. Sollt euch zu Hause fühlen. Wenn der Mensch aufhört, sich zu rasieren und die Zähne zu putzen, ist er schon fast im Grab. Er lässt sich gehen und verliert die Kontrolle über sich selbst. Der Mensch ist nicht mehr da. Stattdessen eine dünnflüssige Substanz, zu nichts fähig. Man kann ihn mit einer Kombizange zwacken – er wird nur winseln und weinen, statt Widerstand zu leisten.

Jeden Tag – Zähne putzen, Unterwäsche wechseln, rasieren (falls zutreffend)!

Das ist Gesetz!

Weiter.

Es gibt nur zwei Zustände: Ich kann die Situation beeinflussen, oder ich kann sie nicht beeinflussen.

Die, die sie beeinflussen können, haben jetzt genug zu tun und sind beschäftigt. Dieser Post ist nicht für sie gedacht.

Aber wer das nicht kann: Sucht euch eine Beschäftigung! Egal was, auch wenn sie ganz unwichtig scheint. Kommt raus aus dem toten Loch des ständigen Blicks auf den Newsfeed, DEN IHR SOWIESO NICHT BEEINFLUSSEN KÖNNT, und widmet den Tag der physischen Welt, die euch unmittelbar umgibt.

Noch einmal – dadurch, dass ihr fast bis zum Infarkt kommt, helft ihr niemandem.

Draußen ist Frühling. Der 1. März. Sonne. Steht auf, schaltet für ein paar Stunden alle Nachrichten aus – und räumt einfach mal die Wohnung auf. Oder den Keller. Oder den Schutzbunker. Einfach da, wo ihr gerade seid. Bewegt euch ein bisschen. Kocht was zum Futtern. Aufräumen und Wäsche. Geschirr abwaschen. Ich weiß nicht, egal was.

Verabredet euch mit den Nachbarn und füllt eure Badewannen mit Wasser – bei euch ist dann Vorrat für zwei Wohnungen, bei den anderen kann man sich waschen. Umwickelt aber den Stöpsel fest mit einem Lappen, sonst läuft das Wasser in zwei Tagen raus.

Wenn es die Situation erlaubt, geht raus auf die Straße und guckt einfach mal in die Sonne.

Trefft einen endgültigen Entschluss: Ich bleibe hier, egal was kommt, oder ich evakuiere meine Familie. Jetzt entscheidet jeder selbst und nur er – aber eine Entscheidung muss getroffen werden.

Und ihr werdet sehen, wie sich der Knoten in euch sofort auflöst. Von Unbestimmtheit nährt sich die Angst.

Das Letzte, was ihr brauchen könnt, ist, zu einem zerrütteten, von Nachrichten abhängigen, völlig geplätteten Wesen zu werden. Schluss mit dem Handy, dem Geseufze und literweise Baldrian.

Beruhigungsmittel übrigens – ja. Für die Nacht. Wir brauchen einen gesunden Schlaf. Reinigung und Neustart des Gehirns. Alles andere führt direkt zum Nervenzusammenbruch und zum Tod.

Und wenn ihr dann noch Freizeit habt, schaltet meinetwegen National Geographic ein und guckt einen Dokumentarfilm über Schmetterlinge auf Madagaskar.

Wenn die ununterbrochene Beobachtung der Internet-Nachrichten nicht direkt überlebenswichtig für euch und euer Umfeld ist, ist es nicht tragisch, wenn ihr über die Situation nicht sofort vom Newsfeed, sondern erst ein paar Stunden später erfahrt.

Die Militärkolonnen werden so oder so abgefackelt, ob ihr das nun gleich lest oder erst drei Stunden später, die Hubschrauber werden abgeschlossen, es gibt Artilleriebeschuss, der Krieg geht weiter.

Aber ihr kommt raus aus diesem depressiven, bedrückten und nervlich ausgemergelten Zustand. Und ihr werdet spüren, wie der Feuerstein in eurem Innern immer härter und unzerbrechlicher wird.

Und ihr – stärker.

Ruhm der Ukraine!

1. März, 15.34 Uhr

Die estnischen Geschäfte nehmen russische und belarussische Waren aus ihrem Angebot. Sie kommen zunächst ins Magazin, gehen später als Spende an Benachteiligte und ärmere Schichten der Bevölkerung. «Von der Verteilung von Wodka an bedürftige Familien kann nicht die Rede sein», sagte die Leiterin von Coop Tartu, Madis Suiste.

Spirituosenabteilung. Das Regal mit Wjatskij Kwas – Wjatskij Kwas, verpiss dich, Wjatskij Kwas. Fischabteilung. Wo früher rauschendes Fest, ist es jetzt wie nach der Pest. Kein einziges Stück Fisch, nichts. Nur Konserven. Die Watniks dürften im siebten Himmel sein – zieht eure Steppjacken an, alles wieder wie in der Sowjetunion!

Esten, wie war das bei euch, kam der ganze Fisch aus Belarus, oder wie?

Ihr habt doch ein Meer vor der Tür?

1. März 16.26 Uhr

Maersk, der größte Seespediteur, stellt den Frachttransport nach Russland ein. Eine humanitäre Ausnahme wird nur für Lebensmittel und Medikamente gemacht. Auch eine der größten Reedereien, die Mediterranean Shipping Company (MSC), nimmt ab 1. März keine Transportaufträge in Richtung Russland mehr an.

Die Seehandelsblockade Russlands wird real.

Wir warten auf das Programm «Gas für Lebensmittel und Medikamente».

Gute Reise, Arschköppe!

Euer alter Mann.

1. März, 18.23 Uhr

Tag des mentalen Umschwungs.

1. März, 21.22 Uhr

Erinnerst du dich, Wolodja, da gab es mal so eine Anna. Nachname Politkowskaja. Sie hat dir an die zehn Jahre lang immer wieder geschrieben, dass deine Armee ein Scheißhaufen ist, ein zusammengewürfelter Haufen von unausgebildeten Jungs mit Maschinengewehren, oder? Du hast sie ermordet.

Weißt du noch, da war so ein Boris? Nemzow? Der sagte dir, mit einem Regiment in zwei Stunden ... Schnapsidee! Du hast ihn ermordet.

Und weißt du noch, dieser Keinbutterbrot? Der sagte, im Reich dürfe nicht bei der Armee gestohlen werden? Das Reich müsse stark sein. Du hast ihn vergiftet und ins Lager gesteckt.

Arkaschka war auch so einer. Der hat sich überhaupt den Mund fusslig geredet. Du hast versucht, ihn zu töten.

Dann haben sich die Leute, die dir die Lageberichte zur äußeren Welt in Aktendeckeln zutrugen, angesichts dieser Situation gedacht, was soll's, und haben aufgehört, dir schlechte Nachrichten zuzutragen. Haben nur noch gute gebracht. Und du bist völlig abgedriftet, in deine eigene Welt.

Hättest Babtschenko lesen sollen, Arschkopp.

Aber was sage ich. Eben nicht.

Danke, dass du ihn nicht gelesen hast!

Mein besonderes Dankeschön gilt dem Föderalen Sicherheitsdienst (FSB) der Russischen Föderation.

Für zwanzig Jahre unermüdliche Arbeit. Zwanzig Jahre.

Zwanzig Jahre lang habt ihr Physiker, Ingenieure, Entwickler von Dual-Use-Technologien, alle möglichen Professoren, Intellektuellen eingelocht, zwanzig Jahre lang den Raketenbau, Panzerbau, die Kriegsmarine, die Weltraumfahrt und alle übrigen Branchen zerhackstückt. Und zwar mit Erfolg!

Meinen Glückwunsch.

Es war mal ein Aleksander Dolmatow – ich glaube, so hieß er –, Nationalbolschewik, ich habe ihn auf allen möglichen Demonstrationen und Protestaktionen erlebt. Der war Ingenieur in eurem «Lutsch»-Konstruktionsbüro in Koroljow, er machte dort genau die Raketen, mit denen ihr jetzt Charkiw beschießt. Ihr habt ihm ein Strafverfahren angehängt. Er ist nach Holland geflohen – und hat sich dort erhängt. Weil er sein Vaterland nicht verraten wollte.

Danke!

Hierfür überhaupt ein besonderes Dankeschön für diesen Doppelschlag, denn dieser Nationalbolschewik brauchte dann nicht in den Waldsiedlungen des Donbass entsorgt zu werden, wie andere.

Einen Physiker namens Danilow gab es. Hat auch irgendwas mit Dual-Use-Weltraumtechnologie gemacht.

Wladimir Golubjow – Sprengstofftechniker, hat irgend so einen Sprengstoff für euch entwickelt.

Bobyschew und Afanasjew – Professoren der Staatlichen Baltischen Technischen Universität «Wojenmech».

Wladislaw Nikolskij. Ehemals wissenschaftlicher Mitarbeiter des Ersten Zentralen Wissenschafts- und Forschungsinstituts des Verteidigungsministeriums, Kapitän ersten Ranges im Ruhestand.

Und so weiter. Ich weiß nicht, wie viele das insgesamt sind – Dutzende, Hunderte, hab den Überblick verloren.

Aber egal, Jungs, vielen Dank. Dafür, dass ihr in unermüdlicher Arbeit zwei Jahrzehnte lang das ganze militär-wissenschaftliche Potenzial geschrottet habt, so gut ihr konntet.

Und eure Scheiße kommt jetzt hier in der Ukraine an in rostigen Konservendosen, Haltbarkeitsdatum Siebzigerjahre.

Andernfalls hätten wir wirklich Probleme.

Dank euch, Unterstützer Banderas!

Ruhm der Ukraine!

Brenne-brenne hell. Das allerneuste, wie heißt es immer, *vorbildlose* «Panzir S-1».

Ab sofort auch in der Ukraine.

2. März, 6.49 Uhr

Mir fällt gerade auf, genau am 24. Februar, am Tag der Invasion, vor genau fünf Jahren, bin ich auf Krücken und mit zwei Köfferchen aus dem verfickten Mordor abgehauen.

Auch ein Jubiläum.

Ich bin kein Russe mehr. Mein Gott, welch eine Freude!

2. März, 9.37 Uhr

«Arkadi, hallo. Weißt du, dass dich ein russisches Sondereinsatzkommando vor einer halben Stunde bei Kyiv festgenommen hat? Diese Falschnachricht versuchte man mir gerade aus Russland zu verkaufen, damit ich sie publiziere.»

Was, hat man mich wieder mal umgebracht? Na, okay.

Guten Morgen.

2. März, 11.03 Uhr

Also, der Angriff ist ins Stocken gekommen. Das ist jetzt völlig klar. Das Militär kommt nicht mehr voran. Noch zucken sie im Osten, versuchen Wolnowacha einzunehmen, aber im Großen und Ganzen ist der Angriff vollständig zum Stillstand gekommen, an einzelnen Abschnitten werden die Orks auch zurückgeworfen.

Was nun?

Erstens werden sie jetzt versuchen plattzumachen. Sind schon dabei. Das machen sie immer. Wenn der erste Sturm steckenbleibt – beharken sie die Quadrate. Alles, was ins Visier gerät. Objekte der Infrastruktur, Wohnviertel, Privathäuser. Denen ist das scheißegal.

Und plattmachen, egal mit was: Artillerie, «Piony», «Tjulpany», «Solncepeki», Raketen, Sprengbomben, Mehrfachraketenwerfer – alles, was zur Hand ist.

An einer Kreuzung in Grosny lag ein riesiger Blindgänger – ich weiß nicht, was das war, eine Fünftonnenbombe oder eine Druckluftbombe –, aber wenn die hochgegangen wäre, wäre von dem Viertel nicht viel übrig geblieben. Aber sie ist nicht explodiert. Trotzdem hatte sie einen Trichter von zehn Meter Durchmesser und drei Meter Tiefe gerissen. In der Mitte steckte dieses runde Schwein. Im Zentrum der bewohnten Stadt.

Grosny haben sie vollständig dem Erdboden gleichgemacht.

Darauf verstehen sie sich, das muss man zugeben. Und im Schutz dieser Bombardements fressen sie sich langsam ins Territorium hinein.

Das Problem für sie nur, dass die Ukraine nicht Syrien ist.

Und Charkiw – nicht Aleppo. Schon vom Maßstab her.

In Syrien, wo sie nach Lust und Laune und wie auf dem Schießstand agieren konnten, gingen ihnen die Raketen nach zwei Monaten aus.

Sie mussten die Produktion steigern, im Hauruckverfahren.

Aber. Das Problem ist ein anderes.

Das Problem ist, dass die Ukraine noch Luftabwehrwaffen hat. Bei den Raketen funktionieren sie einigermaßen, bei Flugzeugen grandios. Und es werden, so Gott will, mehr. Die Konvois sind unterwegs. Lend-lease hat begonnen. Einen freien Himmel, von dem aus man vierundzwanzig Stunden lang wie am Schießstand rumknallen kann, haben sie nicht mehr. Dank den bulgarischen MiGs, dank den «Stingers», dank der ukrainischen Luftwaffe, dank der Luftabwehr von Poroschenko und der Raketenabwehr, ich weiß nicht von wem, aber sie wird geliefert.

Und vielleicht ringen sich NATO, EU und Amerika überhaupt dazu durch, den Luftraum zu schließen. Bei den Sanktionen und den Aktionen, die jetzt unternommen werden, die vor drei Tagen noch undenkbar schienen – scheint das nicht mehr ganz unmöglich.

Dann wird damit Schluss sein. Der Krieg wird in dem Fall gar nicht lange dauern. Bombardieren werden sie, aber aus Charkiw ein Grosny zu machen, wird schon sehr viel problematischer.

Sehr, sehr, sehr viel.

Für den weiteren Verlauf gibt es zwei Varianten.

In der Regel bleibt nach Ende des Angriffs das, was der Okkupant erobert hat, auch bei ihm. Im vorliegenden Fall ist das Problem des Okkupanten, dass er praktisch noch nichts erobert hat. Sie sind praktisch nicht in die Städte vorgedrungen. Der Großteil ihres Eisenzeugs steht irgendwo auf freiem Feld.

Auf freiem Feld stehen und mit der Artillerie arbeiten – das war eine Taktik, die in Tschetschenien ganz gut funktioniert hat. Allerdings damals und unter zwei Voraussetzungen. Erstens hatten die Tschetschenen fast nichts außer Gewehren. Zweitens waren es einfach nicht viele.

Hier sieht es nun ganz anders aus. Die Ukraine hat praktisch alles, und demnächst wird sie noch mehr bekommen. Javelins, Stugnas, Artillerie, Mehrfachraketenwerfer, Luftwaffe, Raketen und überhaupt das ganze Sortiment.

Vor solch einem Arsenal gibt es kein Versteck auf freiem Feld!

Deshalb wird man jetzt beginnen, die Russen ganz gründlich zu bearbeiten.

Oder die werden von sich aus dorthin gehen, wo sie Deckung finden.

Andere Varianten sehe ich nicht.

Artilleriebatterien bekämpfen – ja, geht.

Luftabwehr und Raketen zerstören – geht auch.

Aber jeden Strauch zu beharken, in dem sich eine NLAW verstecken könnte, die locker einen Panzer wegknallt – das ist unmöglich.

In eingenommenen bewohnten Ortschaften könnten sie sich verteidigen, ja. Denn die Ukraine wird keine Wohnsiedlungen beschießen. Das meinte ich übrigens, als ich schrieb: *Fahrt weg*. Wenn die Stadt leer steht und dort nur der Feind ist, kann man sie ganz mechanisch mit Artillerie bearbeiten. Aber wenn es dort zivile Bewohner gibt, ist der Einsatz schwerer Waffen unmöglich, dann bleibt nur die Säuberung im Straßenkampf. Das bedeutet immer hohe Verluste.

Wo sie sich festgesetzt haben, können sie sich noch verteidigen. Eine Zeitlang. Falls die Burschen vor Ort, die sie jetzt mit bloßer Hand abwehren, sie nicht mit Molotowcocktails abfackeln.

Auf freiem Feld, vor allem auf den Straßen, werden sie liquidiert werden.

Unmöglich, im Feld zu sitzen, wenn dich aus jedem beliebigen Busch in fünf Kilometer Entfernung eine Stugna erwischt und von oben aus acht Kilometer Höhe eine Bayraktar, die die hochgerühmten Panzirs nicht mal wahrnehmen können, wenn dich auch noch zwanzig Kilometer entfernte Artillerie wegputzt.

Absolut unmöglich.

Im Ergebnis werden wir einige Enklaven haben, in denen die russischen Streitkräfte zusammengepfercht auf sich selbst gestellt sind, von jeglicher Logistik abgeschnitten.

Die Städte wolltet ihr blockieren? Euer Wunsch sei Befehl.

Bitte, bedient euch. Da habt ihr's.

Nur genau im umgekehrten Sinn.

Und dann das nächste Problem. Putin ist unfähig zum Rückzug. Er ist einfach nicht in der Lage, eine Niederlage einzugestehen. Gut, vielleicht trifft das *hier* mal nicht zu. Gebe Gott. Denn das, was jetzt in der Welt geschieht, ist dermaßen präzedenzlos, dass es vielleicht sogar diesen Halbirren in sein Loch zurücktreiben könnte, sodass er sich da nicht mehr herauswagt.

Allerdings kann ich eine Mobilmachung nicht ausschließen.

Dreihunderttausend, eine halbe Million, eine Million. Was ihr wollt.

Angeblich hat Schoigu Putin um die dreifache Erhöhung des Kontingents für die Ukraine gebeten – und seine Bitte wurde bewilligt.

Angeblich hat Putin Befehl gegeben, Charkiw und Kyiv um jeden Preis einzunehmen – und Schoigu hat den Befehl angenommen.

Weiß der Teufel, das sind Gerüchte. Insider-Informationen. Aber ich rechne mit allem.

Ja, in diesem Fall wird ihr zahlenmäßiges Übergewicht nicht mehr so entscheidend sein wie vorher. Schickt man statt einhunderttausend eben dreihunderttausend ins Feld – die Hälfte wird schon auf dem Weg dorthin aufgerieben werden. Und wieder folgen Demoralisierung, Aufgabe des Geräts und übereilter Rückzug, im Galopp.

Aber trotzdem, ihren Blutzoll werden sie erheben. Mit Raketenschlägen, mit Bombardierungen, mit der Mobilisierung.

Und wenn Putin sich trotz allem zu einem langen Zermürbungs- oder gar Vernichtungskrieg entscheidet, dann kann sich das alles leicht zum Dritten Weltkrieg auswachsen. Weltkrieg in dem Sinne, dass die ganze Welt einen einzigen Bären in seine Höhle zurückprügeln muss. Aber immerhin.

Und für diese Variante spricht ein einziger, aber sehr wichtiger Faktor – er kann keinen Rückzug. Möglicherweise hat der Dritte Weltkrieg schon begonnen. Und wir haben es nur noch nicht begriffen.

Sollte man ihn, im Gegenteil, dazu zwingen können, zurück in seine Höhle zu kriechen – dann endet alles schnell. Ganz schnell. Wir können uns gar nicht vorstellen, wie schnell.

Hier ergibt sich noch ein weiteres Problem. Selbst wenn es jetzt der ganzen Welt gelingen sollte, ihn mit Sanktionen, Druck, SWIFT, Artillerie, Bayraktars und Schredderung seines Metallzeugs aus der Ukraine zu vertreiben – er weiß trotzdem nicht, wie Rückzug geht. Für ihn wird das nicht das Ende sein. Nur eine Atempause. Zeit für Neuaufstellung und Strategiewechsel.

Und er wird sich neu aufstellen. Wird die Strategie ändern. Und versuchen, erneut zuzuschlagen. Seine Fehler zu korrigieren.

So wie das im Zweiten Tschetschenienkrieg war.

Es gibt noch eine weitere Variante. Die Tabakdose. Ich habe immer gesagt, dass eine Palastrevolution in Russland unmöglich ist. Er hat sein ganzes Umfeld in der eisernen Zange. Erst jetzt, als ich die Gesichter von Schoigu und Gerassimow in dem

Augenblick gesehen habe, als Putin ihnen aus sieben Meter Entfernung, vom anderen Tischende her, den Befehl gab, die Abschreckungskräfte in Alarmbereitschaft zu versetzen – erst da kam mir dieser Gedanke zum ersten Mal.

Ich habe den Eindruck, dieser Befehl gefiel ihnen überhaupt nicht. Ich spürte geradezu, dass sie überhaupt keine Lust haben, zu radioaktiver Asche zu verbrennen.

Also vielleicht doch? Man hat schon Pferde kotzen sehen. Dann ein Aufstand, sinnlos und grausam. Und Ruhe für mindestens dreißig Jahre, diese Bedrohung wäre beseitigt.

Und wenn die Amerikaner dann nicht zum sechsten Mal auf ihre eigene Harke treten und es diesmal keine Bush-Hühnerkeulen gibt, sondern ein Programm «Erdöl für Lebensmittel», dann hoffe ich sehr, dass dieses Problem ein für alle Mal gelöst sein könnte.

Um aber aus den Wolken zurück auf unsere Erde zu kommen, in Wirklichkeit halte ich die Syrisierung des Krieges für die wahrscheinlichste Variante.

Beharken, plattmachen, mobilisieren, mit Kanonenfutter zuschütten und sich still und heimlich weiter vorankämpfen, ohne Rücksicht auf die Verluste.

Ich glaube, das alles wird doch sehr lange dauern.

Diesmal würde ich mich gern irren.

2. März, 13.41 Uhr

Für diejenigen in Europa, die fragen, wie sie helfen können. Zum Beispiel:

«Arkadi, guten Abend. Verband der Ukrainer in Estland, wir sammeln Mittel für die ukrainischen Streitkräfte.

Überweisung bitte auf das Konto des Verbandes der Ukrainischen Organisationen in Estland, https://www.ukraine.ee, bitte als Verwendungszweck unbedingt angeben: ab SAB UA.

Dringend werden benötigt:

- *Taktische Nachtsichtgeräte - 20 Stück;*
- *Kevlar-Helme für Sturmabteilungen - 20 Stück;*
- *Kugelsichere Westen für Sturmabteilungen - 20 Stück;*
- *Taktische Spezialkleidung - 20 Stück;*
- *Taktische Erste-Hilfe-Taschen - 20 Stück.*

Wir sammeln für je 20 Stück, die nach dem Kauf der notwendigen Ausrüstung übrigen Mittel werden vom Verband der Ukrainischen Organisationen in Estland für die Unterstützung von Flüchtlingen aus der Ukraine verwendet sowie für humanitäre Hilfe für Ukrainer, die unter Russlands Aggression gegen die Ukraine gelitten haben.»

UKRAINA ORGANISATSIOONIDE ASSOTSIATSIOON EESTIS
Per.Nr. 80127690
SWEDBANK
SWIFT kood/BIC: NABAEE2X
IBAN: EE122200221036504621. selgitusse kirjuta: abi SAB UA

Auf jeden Fall mit dem Vermerk: abi SAB UA, um die Mittel richtig zu verteilen. Oder einfach SAB UA

Weiterleitung durch Leser in Europa wird begrüßt.

2. März, 15.29 Uhr

«Lieber Arkadi. Ich habe Sie entfreundet, weil ich diesen Erguss von Boshaftigkeit und Hass, den Sie als Journalismus bezeichnen, nicht lesen konnte. Mir fällt es auch jetzt schwer, das zu lesen. Sie haben recht behalten – Putin ist tatsächlich wahnsinnig und hat den Krieg auf die ganze Ukraine ausgeweitet. Sie hatten recht, als Sie zur Flucht und zur Aushebung eines Kro-

kodilgrabens rieten. Es ist ein unermessliches Übel, das Russland seinen Nachbarn bringt. Es ist bitter für mich, dass ich einen Pass dieses Staates besitze.

Ich glaube, alles wird mit dem Zusammenbruch Russlands als Staat enden. Ich glaube, es hat keinen Sinn, sich erneut zu befreunden. Ich wünsche der Ukraine den Sieg und allen Ukrainern Glück. Möglicherweise werden sie Facebook bei uns bald abschalten, deshalb jetzt schon mal Tschüs.

Ich werde aus der ersten Reihe zuschauen. Wenn es gelingt, werden diejenigen, die von uns überleben, sich ihr Leben neu einrichten müssen.

Viel Erfolg.»

«Arkascha, du kennst mich persönlich. Du redest nicht mit mir, seit Langem, obwohl ich dich in Schutz genommen habe, gegenüber gemeinsamen Freunden. Auch gegen den Schwall von Hass aus dem engeren Kreis von Pawel Nikolajewitsch. Aber als wir ein paarmal zusammen getrunken haben, warst du plötzlich sauer auf mich, dass ich die Ukraine und die Ukrainer nicht verstehe. Wir haben mehrmals auf Messenger geplaudert (inzwischen weißt du wohl schon, wer ich bin), nachdem du gerade nach Kyiv gezogen warst. Aber dann war ich sauer auf dich, dass du Gerüchte über mich verbreitest und Ajder unseren gemeinsamen Freunden schreiben ließest, dass ich Handlanger eines sehr schlechten Menschen sei. Du hast mich damals auf allen Netzen mit Dreck beworfen.

Mit einem Wort, Arkascha, du hattest in allem recht, und ich hatte in allem unrecht. Bestimmt meinst du mich, wenn du über Leute schreibst, die ‹Rascha (Russia) im Kopf haben›, die Rascha nach Europa bringen, wenn sie dorthin ziehen, auch wenn sie schon lange dort leben. Aber gegen dich persönlich habe ich nichts. Lange hielt ich dich für einen Dogmatiker, jetzt sehe ich, dass du ein Prophet warst. Verzeih, Arkascha, ich hatte in allem unrecht. Und du warst die alte Baba Wanga. Falls was ist, schreib mal.»

«Bestellt dem alten Arkadi, dass ich unrecht hatte ... ich habe nicht geglaubt, dass Russland die Ukraine überfallen würde! Arkadi hatte recht. Alles ist sehr traurig. Ich bin eine Flasche.»

«Du hattest in allem recht. Jetzt ist deine Zeit. Babtschenkos Zeit.»

Solche Nachrichten habe ich jetzt ganze Waggonladungen voll. Allmählich dämmert es einigen. Natürlich längst nicht allen, klar.

Das Interessante dabei ist, dass sich sogar in solchen «Reue»-Briefen eine Art imperiales Denken äußert. Man geht davon aus, dass ich *ihn* meine, wenn ich von den Russen mit «Raschka» im Kopf schreibe – dabei kann ich mich nicht nur nicht an sein Gesicht erinnern, ich habe überhaupt nicht die geringste Ahnung, um wen es sich handeln könnte.

So scheißegal mir das inzwischen ...

Bei denen dort ist die Babtschenko-Zeit angebrochen. Sehr gute Formulierung. Gefällt mir. Oi, wir waren gewarnt.©

Was soll's.

Gute Reise.

2. März, 17.02 Uhr

Der Angriff ist ins Stocken gekommen. Was weiter?

2. März, 17.46 Uhr

Gestern war Weltkatzentag. Und an diesem Tag hat der Weltverband der Felinologen den russischen Katzen die Teilnahme an Ausstellungen verboten, russische Stammbäume disqualifiziert, mit einem Wort, er hat die russische Felinologie total isoliert.

Viele Posts mit Kätzchen wünsche ich.

2. März, 22.27 Uhr

Deutschland hat die Jacht des russischen Milliardärs Alischer Usmanow – eines der Hauptfinanziers von Wladimir Putin – beschlagnahmt.

3. März, 13.58 Uhr

«Russia bombs Ukrainian cities.» Ich finde, dieses Video sollte man maximal verbreiten. Vor allem im Westen. Wenn jemand die russischen durch englische Untertitel ersetzen könnte, wäre das klasse. Es geht um Kriegsverbrechen. Vor einer halben Stunde ein Schlag gegen Tschernigow. Heftiger Angriff. Direkt auf Wohngebiete.

Charkiwer, mir wurde gesagt, dass der Stadt die Medikamente und Lebensmittel ausgehen. Der Versorgungskorridor ist eng und wird beschossen.

Inwieweit entspricht das der Wirklichkeit?

Schreibt mal, wie die Situation aussieht.

3. März, 14.48 Uhr

Die Heimat lässt dich im Stich, mein Sohn. Immer.

Und ihr wart gewarnt, Arschköppe.

Euer alter Mann.

3. März, 17.02 Uhr

Warum? Ja, warum denn? Wieder diese verfluchte Unbestimmtheit.

Um Ilja Jaschin nicht als kommunalen Abgeordneten der Oberen Scheißkammer zuzulassen, natürlich.

Arschköppe, verdammte.

3. März, 20.26 Uhr

Vilnius benennt die Straße um, an der sich die russische Botschaft befindet. Das teilt Bürgermeister Remigijus Šimašius am Donnerstag mit.

Sie wird jetzt Straße der Helden der Ukraine heißen.

4. März, 8.49 Uhr

«**Mich** bitten viele um einen Kommentar zu den Sanktionen. Um es kurz zu sagen, meine wissenschaftliche Meinung als Professor der Finanzwissenschaften und Doktor der Universität Chicago – es ist total verheerend. Und doppelt verheerend, weil die Einwohner Russlands, nicht einmal die gebildeten, überhaupt nicht kapieren, was sie erwartet.

Ich will's mal kurz erklären.

Die Russen werden es schon sehr bald mit einem Defizit an Basisprodukten zu tun haben. Ich meine jetzt keine iPhones, deren Import schon verboten ist, sondern Essen, Kleidung, Autos, Haushaltstechnik usw.

Russland ist sehr eng in den Welthandel integriert. Schon haben die größten Spediteure es abgelehnt, Container nach Russland zu schicken. Aber selbst wenn ein Wunder geschieht und Russland jemanden findet, der bereit ist, für das Dreifache Container nach Russland zu schicken – wer soll das bezahlen?

Die Exporteinnahmen schrumpfen, weil alle Abnehmer versuchen, unabhängig von russischen Lieferungen zu werden. Wir sehen, dass sogar nicht sanktionierte Ölgesellschaften keine Käufer mehr für ihren Rohstoff finden. Gazprom, der Haupt-Gasexporteur, unterliegt schon Sanktionen, sodass er schwerlich noch Einnahmen in Valuta generieren kann. Die russische Zentralbank hat einen gewaltigen Topf von 650 Milliarden Dollar angesammelt.

Nur sind über die Hälfte dieser Reserven bereits beschlagnahmt, und was man mit dem Gold anfangen soll, weiß auch niemand. Kaum eine Bank in der Welt ist bereit, es bei der russischen Zentralbank zu kaufen – damit sie nicht selbst unter Sanktionen fallen oder riesige Strafen bekommen.

Viele glauben, Russland habe in den vergangenen Jahren einen Haufen Betriebe aufgebaut. Nur sind all diese Betriebe – Auto- und Flugzeugbau, Haushaltstechnik usw. – von Importzulieferungen abhängig. In den nächsten Monaten erwartet uns also der Stillstand ganzer Branchen mit all seinen Folgen – Warendefizite, Massenarbeitslosigkeit, sinkende Steuereinnahmen und in der Folge Probleme bei der Gehaltsauszahlung an die Staatsangestellten.

Sogar innerhalb Russlands werden bald weniger Flugzeuge fliegen. Es sind ja alles Importmaschinen, und der Westen hat die Lieferung von Ersatzteilen verboten. Wir werden daher sehen, wie massenhaft Flugzeuge außer Betrieb genommen werden.

Das Internet, so wie wir es kannten, wird eingeschränkt. Eine Menge von Infoseiten sind schon blockiert, dieser Tage wird es Wikipedia treffen. Twitter, Facebook sind schon verlangsamt. YouTube soll abgeschaltet werden.

Nun zur Landwirtschaft. Seid ihr euch bewusst, dass der Anteil von Importsaatgut in Russland fast vierzig Prozent beträgt? Und bei der Kartoffel sogar neunzig Prozent? Natürlich wird sich die Landwirtschaft mit der Zeit etwas ausdenken, zumindest kurzfristig aber sind Defizite bei den Basisprodukten der Landwirtschaft und ein starker Preisaufschwung zu erwarten. Und auch das ist noch nicht alles.

Alle, die aus dem Land abhauen können, werden das tun. Der Prozess ist schon im Gange. Die Regierung versteht das und strengt deshalb Maßnahmen an, um die IT-Fachleute zu halten. Sie greifen nur nicht. Deshalb werden wohl sehr bald Ausreisevisa für bestimmte Berufsgruppen eingeführt, oder die Grenze wird ganz dichtgemacht werden.

Der einzige Vorteil dieser Geschichte ist, dass alle, die der Sowjetnostalgie frönten, jetzt die Vorzüge der UdSSR am eigenen Leibe erleben dürfen. Und zwar nicht der relativ vegetarischen UdSSR vom Typ Chruschtschow-Breschnew-Gorbatschow, sondern einer UdSSR, an deren Spitze ein wahnsinniger Diktator steht.

Professor der Finanzwissenschaften, Doktor der Universität Chicago, Maxim Mironow.»

PS: Ich habe mir diesen Text zweimal durchgelesen. Ein Ohrenschmaus.

Danke, Professor!

4. März, 10.47 Uhr

«Aus einem Reaktor eine Atombombe bauen, ist unmöglich. Wie denn das. Ganz unmöglich, sogar theoretisch.

Selbst wenn man sich sehr bemühen würde – Ventile abstellen und Fukushima nachmachen … als Ergebnis wird sich nach einer Woche Rumbasteln allerhöchstens der nukleare Brennstoff verflüssigen und in ein spezielles Auffangbecken unter dem Reaktor auslaufen. Mehr nicht.

Das ist eine gute und sehr zuverlässige Technologie. Wir haben uns viel Mühe gegeben, damit dieser Reaktor so sicher wie möglich ist.

‹Okay, aber die Artillerie und all das andere?›

Schauen Sie – der Thermohülle kann die Artillerie nichts anhaben. Um sie zu zerstören, muss man schon sehr lange direkt daraufhalten. Und dann das Gerüst der ersten Hülle durchbrechen. Aus Stahl. Unmöglich. Einfach unmöglich.

Zufallstreffer registriert die Thermohülle nicht einmal. Ähnlich wie Bomben und ähnliche Beschädigungen.

Sie können den Turbinensaal treffen und damit die Turbinen zum Stillstand bringen. Das ja. Aber dort ist keine Radioaktivität. Der Block bleibt stehen, das ist alles.

Die Turbine arbeitet zudem im Niedrigtemperaturbereich – allzu viele Einzelteile werden dort daher nicht herumfliegen.

Sie können den Kühlturm treffen – das ist ein gewaltiges Betonteil, sehr, sehr hoch. Den kann man kaum verfehlen. Er ist zudem aus dünnem Beton, das gibt ein großes Loch. Verflucht gute Bilder für die Propaganda. Aber wozu die Scheiße. Wozu.

Der Kühlturm ist nur deshalb so hoch gebaut, damit der Zug für die Kühlung des aus dem Kondensator kommenden Wassers verstärkt wird. Im allgemeinen technischen Prozess spielt er keine große Rolle. Das Schlimmste, was man durch die Zerstörung des Kühlturms erreichen kann, ist, dass das Wasser im Kondensator wärmer wird. Und es gibt mehr als einen Kühlturm.

Ich weiß ehrlich nicht, ob nicht schon Mechanismen für ein funktionierendes Atomkraftwerk mit beschädigtem Kühlturm entwickelt wurden, aber möglich ist es durchaus. Es sollte überhaupt möglich sein, Wasser einfach aus der nächstbesten Quelle zu entnehmen und, statt es in einen geschlossenen Kreislauf einzuspeisen, anschließend wieder zurückzuführen. Dieses Wasser wird danach nicht im Geringsten radioaktiv sein, also wozu die Aufregung.

Zur Lagerung verbrauchten Nuklearbrennstoffs: Solche Lagerbecken gibt es in jedem Kraftwerk. Bei manchen in der Thermohülle, bei anderen auf dem Gelände. Ich will nicht lügen – abgesehen vom Kraftwerk Chmelnyzkyj fallen mir keine frei stehenden Lagerbecken ein. Auf jeden Fall sind sie alle sehr gut geschützt. Und für den verbrauchten Nuklearbrennstoff gilt dasselbe, was ich im Abschnitt über die Kraftwerke geschrieben habe – damit kann man schwer etwas anfangen.

Zusammengefasst – selbst wenn die Orks endgültig ausrasten und uns damit einschüchtern wollen, dass sie ein Kraftwerk bombardieren ... Diese Hunde spinnen einfach nur. Wie Drogenabhängige im Hauseingang. Sie sind total vertiert.

Und unsere Atomkraftwerke sind für die Ewigkeit konzipiert. Und wir werden standhalten, egal was kommt. Denn das ist unser Land. Und wir werden es an niemanden abtreten.

Ruhm der Ukraine!»

Der Autor ist mir unbekannt, die Quelle ist: @Galina Šelichova.

4. März, 12.10 Uhr

Russland verliert. Da gibt es kein Vertun. Garantiert. Wofür wir übrigens auch der Dresdener Filiale des KGB der UdSSR dankbar sein müssen.

Warum? Der Reihe nach.

Alles, was Putin heute tut, hätte er 2014 tun sollen. Hätte er damals keine Waffen an Penner und Drogenabhängige verteilt, die dann in den Kellern ihre kleine Hölle inszenierten, sondern wäre mit einer «Befreiungsarmee» in der Ukraine einmarschiert, so wie er es diesmal wollte, wie zu einer Siegesparade, mit Säulen und Blumen – dann hätte er damals die Chance gehabt, Mariupol, Nikolajew, Cherson, Odessa, Charkiw und den Dnjepr und den Korridor von Rostow bis nach Transnistrien zu bekommen, und Neurussland mit Pauken und Trompeten.

Dafür hätte er gewiss schwächere Sanktionen einstecken müssen als heute.

Und äußerst, äußerst extreme Besorgnis.

Doch der Krieg ist auch extrem pragmatisch. Für ihn zählt das Resultat. Ist im Resultat das halbe Land erobert – dann bleibt es erobert. Und der Westen wird – abgesehen von seiner Besorgnis – nicht lange zappeln. Niemand wird dabei helfen, das Gebiet zurückzuholen. Atomkrieg, bitte nein, da habt ihr eure Sanktionen, so geht es aber nicht, eins auf die Finger, und schon sind sie wieder weg.

Er hätte die Armee einmarschieren lassen, die höflich grüne Männchen gespielt und mit strenger Miene Plündern, Raub und Repressionen verboten hätten, den okkupierten Gebieten die Meistbegünstigungsklausel versprochen und jedem hundert Dollar geschenkt hätten – es wäre kein großes Aufhebens gewesen.

Und eigene Gauleiter einsetzen. Die etwa ein Drittel, manchmal auch die Hälfte der Bevölkerung hinter sich gehabt hätten. Welche, insgesamt, zu dem Zeitpunkt Russland zwar vielleicht nicht unterstützt, sich aber ihm gegenüber doch ziemlich indifferent verhalten hat.

Stimmt, fünf- bis zehntausend waffenlose Patrioten hätten in jeder Stadt Widerstand geleistet, so wie das in Donezk war, aber die hätte man mithilfe der Kollaborateure niederschlagen können, ohne die Armee heranzuziehen. Und das Lied vom Bürgerkrieg singen, für die ganze Welt. Die Welt hätte es geschluckt.

Denn, ich wiederhole, der Krieg ist extrem pragmatisch. Das Wichtigste in diesem Schema, das Grundlegende, der elementare Punkt, ohne den alles Weitere unmöglich wäre – ist die Unterstützung der Kollaborateure. Der Teil der Bevölkerung, auf den man sich stützen kann. Der zumindest keinen Widerstand leistet.

Die Verbindungen zwischen der Ukraine und Russland waren damals so stark, dass die beiden Länder praktisch ineinanderwuchsen, das Fernsehen sendete landesweit, fast jeder Zweite im Osten hielt Putin für einen starken Führer, einen echten Pfundskerl – alle Pluspunkte auf deiner Seite.

Aber die Rechnung war ohne den KGB-Oberst gemacht. Die hohe Schule hat gewirkt. Heimlich muss man vorgehen, raffiniert und tückisch, so tun, als ob man nichts damit zu tun hätte: Waffen an alle möglichen Asozialen verteilen, alle in die Keller stecken, unsere und die anderen, damit auch der letzte Ukrainer kapiert, was das ist – die russische Welt. Damit es auch den verstocktesten Watnik erreicht.

Acht Jahre. Acht Jahre lang die Banderowzen großziehen. Vierzig Millionen davon. Sie mit Javelins und Stingers sättigen.

Und dann losziehen, um sie zu befreien. Von sich selbst.

Was für verdammtes Genie, dieser Kerl!

Sie glaubten vermutlich tatsächlich, das würde eine Befreiungsoperation werden – und bereiteten sich genau darauf vor. Wo es doch eine Eroberung hätte sein müssen. Leider ist Putin ein Arschkopp, zweifellos, aber ein lernfähiger Arschkopp. Er kann Schlüsse ziehen. Und seine Strategie ändern.

Jetzt schnallen sie endlich, dass es keine Befreiung geben wird. Und schalten auf Eroberung um.

Aber.

Doch, wenn ich schon mal aufgestanden bin. Es heißt, dass er tatsächlich am 9. Mai eine Kolonne von kriegsgefangenen Banderowzen über den Roten Platz führen wollte. Das heißt, der Kerl ist endgültig übergeschnappt.

Es heißt außerdem, Baba Wanga – nicht der Alte, sondern diese blinde, irgendwie bekiffte, Geliebte Russlands – habe von einem «Tag der fünf Zweien» gesprochen. In einer Prophezeiung, die Wangas Gevatter Sergej Kostornoj, der ihre Aufzeichnungen aufbewahrt und studiert, schon 2020 im Ersten Fernsehkanal verlautbart hat, heißt es, «am Tag der fünf Zweien wird schwarze Asche den Himmel verdüstern». Manche Deuter bringen die schreckliche Erscheinung mit dem Einschlag eines großen Asteroiden auf der Erde in Verbindung, andere mit dem Beginn eines neuen Weltkriegs, in dem Atomwaffen zur Anwendung kommen. Wanga sagte voraus, dass die Menschen noch sechs Monate nach der Katastrophe die Sonne nicht sehen würden. Aber es wird auch gute Momente geben. Weissagerin Wanga sprach davon, dass im neuen Jahr die Führer zweier Staaten sich die Hand geben und einige slawische Staaten in den Bestand Russlands zurückkehren würden.

Was diese «slawischen Staaten» angeht – daran erinnere sogar ich mich. Das Gebrabbel ist sogar zu mir gedrungen. Sodass ich mich überhaupt nicht wundern würde, wenn wir nach der Öffnung der Archive durch die zukünftige amerikanische Besatzungsmacht erfahren, dass Putin, als er den Krieg begann, sich ausschließlich von den Worten einer halb irren Närrin hat leiten lassen.

Nun ja. Jetzt schnallen sie, dass es keine gute Idee war, einen Krieg nach den Prophezeiungen einer blinden Alten zu beginnen. Und gehen zu Eroberungshandlungen über.

Und wenn sie dort eine halbe Millionen Watniks reinwerfen und sie auf hunderttausend Panzer setzen, dann erreichen sie vielleicht sogar etwas.

Also, mal angenommen.

Und was weiter? Okay. Gut. Sie haben Cherson eingenommen.

Und? Was habt ihr weiter vor, Jungs? Eure Verwaltung dort einsetzen? Okay. Ihr findet vielleicht hundert Leute. Und dann?

Als ihre Vorhut in Cherson einmarschiert war, blieben sie

dämlich beim Theater stehen und wussten partout nicht weiter. Denn weiter gibt es wirklich nichts zu tun. Denn das Drehbuch lautete ja: Jetzt kommen aus der Gebietsverwaltung glücklich Befreite mit Blumen angelaufen und werden einfach dastehen und zugucken, wie man ihr Leben umgestaltet. Aber herausgelaufen kamen welche, die überhaupt nicht glücklich waren. Und ganz ohne Blumen. Sodass sie statt der Flagge Sprengfallen an der Gebietsverwaltung montieren mussten.

Ihr werdet die Stadt nicht kontrollieren können. Eure Gesetze werden sabotiert werden. Niemand wird eure Macht anerkennen.

Bestenfalls.

In der Realität werdet ihr es mit einer Partisanenbewegung zu tun bekommen. Überall.

In jeder Stadt. Im ganzen Land. Nachts. Bewaffnet mit Berdan-Gewehren und Molotowcocktails. Das nur für den Anfang, später kommen Javelins hinzu – die Jungs werden euch die Verwaltungsgebäude abfackeln. Eure Kolonnen. Eure Eisenbahnen. Überhaupt alles.

Es werden viele sein. Sehr viele. Mehr als ihr. Das ist die Realität, die die Okkupanten in den eingenommenen Gebieten erwartet, egal wo.

Ganz gleich, was ihr an euch reißt.

Ihr werdet dort verbrannt werden.

Denn gewinnen kann man den Partisanenkrieg in einem Land, in dem du nicht nur die Machthaber, sondern die ganze Nation gegen dich hast und in dem jetzt vierzig Millionen Banderowzen leben – nicht. Einfach unmöglich.

Das ist noch niemandem gelungen. Weder Hitler in Russland. Noch den Amerikanern in Vietnam. Noch den Russen in Afghanistan. Auch den Amerikanern nicht, in Afghanistan – obwohl sie in den beiden letztgenannten Fällen eine Kollaborationsregierung, das Zarandoj – das Innenministerium – und eine unvergleichliche militärische Überlegenheit hatten.

Bei der Ukraine kommen noch deren Streitkräfte hinzu.

Na, okay, angenommen – einfach mal angenommen –, sie hätten Cherson, Mariupol, Charkiw und Saporischschja erobert. Allein, um die Städte einfach nur zu kontrollieren, brauchen sie Zehntausende Militärs. Denn sobald die Armee abzieht, fängt alles wieder von vorn an.

Dazu müssen sie diese Städte gegen die ukrainische Armee verteidigen. Das heißt, sie brauchen eine Frontlinie. Eine richtige, ordentliche Frontlinie – und das über Hunderte Kilometer.

Dazu kommt dann eine Partisanenbewegung, von der sich kein Urwald von Białowieża träumen lassen würde.

Dazu die Unterstützung der ganzen Welt. Waffen, Geld und was sonst nötig ist. Dazu höllische Sanktionen und kurzfristig auch die Einführung von Lebensmittelkarten für Kartoffeln und Kohl.

Dazu de facto ein Öl- und Gas-Embargo.

Totale Verarmung, Absturz der Wirtschaft, Kriegsrecht, Teilmobilmachung – anders geht es nicht –, eine ununterbrochene Karawane von Särgen, wachsende Spannung ...

Die Aussichten sind, glaube ich, ziemlich eindeutig. Fragt mal die Ayatollahs. Chomeini hätt's gewusst.

4. März, 15.40 Uhr

Die NATO wird keine Flugverbotszone über der Ukraine einführen. So sieht es aus ... Mir ist klar, dass jetzt gute Nachrichten ersehnt werden – dass die ganze Welt sich zusammengeschlossen hat, um dem Bären eins auf die Nase zu geben, ihn in seine Höhle zurückzutreiben. Doch der Krieg ist extrem pragmatisch.

Der einzige Weg des Westens, eine Flugverbotszone über der Ukraine einzurichten, ist – die eigene Luftwaffe dorthin zu schicken. Die Entsendung der Luftwaffe bedeutet direkte Konfrontation zwischen Orks und NATO.

Das heißt – Krieg.

«Wir haben als NATO-Verbündete die Verantwortung, eine Eskalation dieses Krieges über die Ukraine hinaus zu verhindern. Wir haben beschlossen, nicht in den ukrainischen Luftraum und nicht ins Gebiet der Ukraine zu gehen. Die NATO wird nicht Teil dieses Konflikts sein. Unsere Hauptaufgabe ist es, die Milliarden Menschen zu schützen, die in den dreißig Mitgliedsländern der NATO leben», sagte NATO-Generalsekretär Jens Stoltenberg.

Dem Westen kommt ein Krieg auf dem Gebiet der Ukraine zupass. Genauer gesagt – wenn dieser Krieg nun einmal ausgebrochen ist, kommt es dem Westen zupass, dass er auf dem Gebiet der Ukraine stattfindet. Und er will, dass Russland selbst tief in diesen Krieg hineingezogen wird. Dass es Geld, Technik, Truppen und Ressourcen verliert. Dass seine Wirtschaft zusammenbricht. Dass es geschwächt, dass die Gesellschaft demoralisiert wird. Dass seine Armee von der Ukraine aufgerieben wird. Auf dem Gebiet der Ukraine.

Dass Russland dort versumpft wie in Afghanistan – möglichst mit dem gleichen Ergebnis wie damals für die UdSSR.

Sie sehen, dass Putin durchgedreht ist – jetzt endlich sehen sie es –, und begreifen, dass ihm Einhalt geboten werden muss – jetzt endlich begreifen sie das – und es besser ist, das mit den Kräften der Ukraine und in der Ukraine zu tun, mit den Städten der Ukraine und ukrainischen Leben dafür zu bezahlen.

Ja, sie werden liefern, was möglich ist. Waffen. Geld. Technologie. Aufklärungsdaten. Sie werden Russland wirtschaftlich zu Boden ringen. Sanktionen verhängen, die sich vor drei Tagen noch niemand vorstellen konnte. Eigentum konfiszieren. Alles, was möglich ist.

Nur eins nicht – kämpfen.

Boris Johnson ist ein guter Mann. Aber man kann ihn ins Gesicht fragen, sooft man will, wann schließt ihr den Himmel über der Ukraine?, und ihm sagen, dass Ukrainer sterben – er hat siebzig Millionen Briten. Und sie sind ihm wichtiger. Sie waren immer wichtiger und werden es immer sein.

So ist die Welt.

Deshalb, Unterstützung ja, wahrscheinlich. So wie bisher und auch in Zukunft. Ihr könnt euch gar nicht vorstellen, wie sehr man heute in aller Welt die Ukraine unterstützt. Alle. Einfach alle. In dem Bierkeller, in dem ich gestern war, trug die Barfrau ein ukrainisches Bändchen im Haar. Keine Ahnung, woher sie das hatte, aber sie hatte es in den Zopf geflochten. Textilgeschäft – das Schaufenster in ukrainischen Farben dekoriert. Man stelle sich vor. Ein Stoffladen. Bei McDonald's – ukrainische Flagge auf der Wange. Vor der Botschaft von Orkland – eine ganze Plakatwand mit «Russisches Schiff, verpiss dich!». Humanitäre Hilfe wird waggonweise verschickt. Waggonweise.

Aber es wird weder Truppen noch Luftwaffe geben. Dazu wird sich niemand durchringen.

Die NATO wurde nicht gegründet, um zu kämpfen, sondern um NICHT zu kämpfen. Nie wieder. Jedenfalls nicht hier auf diesem Territorium, wo eine Milliarde Menschen leben.

Und ohne Flugverbotszone werden die Orks, auch wenn sie in ihrer blutigen Jauche schwimmen und gurgeln wie noch niemals seit dem Zweiten Weltkrieg, weitermachen. Blut saufen können sie. Land mit Leichen überhäufen, den eigenen und denen der anderen – das können sie. Eigentlich das Einzige, was sie können.

Ich vermute, jetzt gibt es eine Art Pause, dann stellen sie sich neu auf und kommen wieder an. Deshalb nehme ich an, dieser Spaß wird länger dauern als ein oder zwei Wochen. Die heiße

Phase mehrere Monate, glaube ich. Danach – Abkühlung mit immer erneutem Aufflackern.

Jedenfalls würde ich bei der strategischen Planung meines weiteren Lebens davon ausgehen.

Allerdings, die endgültige Niederlage Russlands in diesem Krieg steht überhaupt nicht zur Debatte. Sie ist sonnenklar. Garantiert.

Danach der Beginn des Zerfalls.

Jetzt ist das nur noch eine Frage der Zeit.

Und der Kosten.

4. März, 19.07 Uhr

Greta Thunberg hat vor der russischen Botschaft in Stockholm demonstriert. Doch nicht übel, die Frau.

Danke!

4. März, 21.58 Uhr

Hat er es doch geschafft, der Kater, Ehrenwort. Schlummert nicht nur in der Badewanne, sondern fläzt sich auch noch frech darin rum. Murrt was von wegen, haut ab hier, wozu wollt ihr duschen, ihr viehischen Zweibeiner.

Katzen in den Newsfeed, mit einem Wort.

Eine Minute Psychotherapie.

Braucht man zwischendurch auch mal.

5. März, 0.06 Uhr

In Russland sind Facebook und Twitter vollständig blockiert. Die Medienaufsicht Roskomnadzor hat den Zugang zu den sozialen Netzen in Russland gesperrt. Als Grund wurde «Diskriminierung der russischen Medien» genannt.

Kann nicht behaupten, dass das eine gute Nachricht wäre, passt uns gar nicht, aber ...

Sollen sich doch verpissen, mit einem Wort.

Gute Nacht.

5. März, 9.39 Uhr

Die Redaktion der Novaya Gazeta hat beschlossen, alle Informationen über die Spezialoperation in der Ukraine zu unterlassen und künftig nicht mehr über dieses Thema zu schreiben. Grund sei das Risiko einer Strafe für Fake News, heißt es in der Mitteilung des Verlages.

«Ja, wir können sagen, dass der Weg zu einem freien Journalismus durch Baracken und Stacheldraht führt. Das klingt sehr schön, ist aber nur blödsinniges Gefasel.

Deshalb werden wir bis zum Letzten ausharren. Wir gehen nicht in die Untersuchungshaft, nicht in die Straflager. Wir emigrieren nicht nach Europa oder Georgien. Wir bleiben in Russland, das ist unser Land.

Sobald die Gesetze über Militärzensur in Kraft treten (nur Wladimir Putins Unterschrift fehlt noch), werden wir leider auf die Veröffentlichung von Frontberichten verzichten müssen. Wir werden nicht mehr wahrheitsgemäß über die Kämpfe in der Ukraine berichten und beide Parteien zu Wort kommen lassen können. Wir werden eine Zeitlang den Beschuss von Städten unseres Bruderlandes vergessen müssen. Werden – auch das zeitweise – das Schicksal unserer Soldaten, unserer Altersgenossen, vergessen müssen, die zum Teil gegen ihren Willen in die Kampfzonen geraten sind.

Worüber können wir noch berichten? Welche Fakten prüfen? Über die Schließung eines weiteren Einkaufszentrums? Den Abzug von Auslandsfirmen aus unserem komfortablen Leben? Das ist lächerlich.

Wir haben nicht das Recht, die Freiheit unserer Gefährten zu riskieren. Deshalb werden wir die Informationen und Neuigkeiten zu dieser Thematik von unserer Website und aus den sozialen Netzen entfernen.»

Wow-wow. Aber hört mal. Wo bleibt die journalistische Ethik? Einfach auf den Hocker steigen und stolz für die Wahrheit sterben? Wie jetzt, «Arkascha ist unser Freund, aber die Wahrheit ist teurer?» Wie jetzt, «der Weg führt nicht durch die Baracken»?

Ich mag Friedensnobelpreisträger. Hab ich immer gemocht.

Sie lassen immer beide Seiten zu Wort kommen.

Über das Schicksal der Soldaten von denen.

Mamas Friedenssoldaten.

Guten Morgen.

5. März, 11.25 Uhr

Eine Karte der Invasion von Jurij Butusov. Die medizinischen Güter, für die wir mit euch gesammelt haben, sind schon verteilt und geliefert. Im Gebiet Wolnowacha schwere Kämpfe. Hauptsächlich gehen sie dorthin.

Und wir machen weiter.

Die dringend notwendigen Medikamente sind schon an der Front.

Freunde, ein riesiges Dankeschön für die Hilfe! Ihr seid die Besten. Wir machen weiter!

Überweisen Sie mit dem Vermerk «für die Ärzte».

5. März, 13.24 Uhr

Bei Charkiw sind Truppen der ukrainischen Streitkräfte zum Gegenangriff übergegangen. Möglich wurde das durch die Standhaftigkeit des ukrainischen Volkes, das Fehlen ausgebildeter Reservisten der Russen, die Demoralisierung der Okkupationskräfte und nicht zuletzt durch den Rückzug von Einheiten der sogenannten LDNR.

Die Kämpfer verließen die Einheiten der russischen Armee

und kehrten nach Hause zurück. So sieht bei denen die Konsolidierung aus. Russland beginnt den selbstzerstörerischen Krieg wegen eines angeblichen «Genozids» der russischsprachigen Bevölkerung, und die rettet sich vor ihren «Befreiern» hin zu unserem gerechten Zorn.

Die Moskalen haben vergessen, dass Verräter immer Verräter bleiben.

Der Sieg ist unser. Ruhm der Ukraine.

5. März, 14.36 Uhr

Am frühen Freitagmorgen ist am Flughafen Tallinn ungewöhnlich viel los. Sehr viele Menschen. Die meisten Passagiere, die zur Sicherheitskontrolle strömen, halten Reisepässe der Russischen Föderation in den Händen. Wir haben mit einigen von ihnen gesprochen.

«Ich komme aus Russland, fliege über Tallinn nach Mailand. In Russland sind alle Konten eingefroren, in Italien werde ich leichter arbeiten können», erzählt einer.

«Wir sind aus Russland gekommen, jetzt fliegen wir nach Europa. Man weiß ja nicht, was wird. Ich will meine Kinder nicht in Gefahr bringen», kommentiert eine Frau mit drei Kindern ihre Ausreise.

«Ich habe Angst. Große Angst. Die Welt bricht zusammen», weint eine andere Frau.

Sie alle, wie Hunderte anderer, sind russische Staatsangehörige. Sie alle sind irgendwie nach Estland gelangt, um über Tallinn in unterschiedliche europäische Städte zu fliegen.

Wie ein Journalist des Delfi feststellt, arbeiten heute im Kontrollbereich des Flughafens Tallinn vor allem russischsprachige Mitarbeiter, die den Russen bei der Orientierung helfen.

Verfluchte Scheiße, Esten, wozu lasst ihr sie durch? Ihr habt doch dort schon einen Graben, einen Zaun, die Narwa, Fluss und Festung – jagt die Brücke in die Luft und setzt da Krokodile rein! Acht Jahre hast du Vieh bei Krimunser gelebt – was suchst du jetzt in Mailand, du Aas? In Feodossija? Und dazu noch russischsprachige Bedienung ...

Nehmt euch ein Beispiel an den Italienern. Italien hat Wladimir Solowjows Villa am Comer See und Alischer Usmanows Villa in Sardinien konfisziert, wie Reuters mit Hinweis auf eigene Quellen mitteilt.

Gestern sind die Jachten von Mordaschow und Timtschenko beschlagnahmt worden.

5. März, 16.37 Uhr

Zum gegenwärtigen Zeitpunkt gibt es zwei wahrscheinliche Szenarien. Das erste: Die russische Armee bricht jetzt gleich zusammen. In zwei, drei Tagen. Moralisch-psychologisch, meine ich. Völlige Demoralisierung, totaler Orientierungsverlust, absoluter moralischer Zusammenbruch und Desorganisation – dann kann man sie mit bloßen Händen erledigen. Oder besser, sie lassen ihre Waffen liegen und gehen nach Hause.

Das zweite Szenario: Die ersten unglaublichen Siege sind dadurch bedingt, dass die Orks einen strategischen Fehler begangen haben in dem Glauben, sie würden hier mit offenen Armen und Blumen empfangen, und wie zur Parade eingeritten sind, mit Janukowitsch im Koffer. Stattdessen wurden sie ohrenbetäubend zerschlagen. Das hatten sie nicht erwartet.

Aber, wie wir schon sagten, Putin ist zwar ein Arschkopp – aber lernfähig.

Sie haben verstanden, dass das kein Spaziergang wird, und sind zu einer anderen Taktik gewechselt. Plattmachen. Sie selbst graben sich einstweilen ein und bauen ihre Verteidigung aus. Wie ich bereits schrieb.

Deshalb ist die Periode der leichten und unglaublichen Siege zu Ende. Und jetzt beginnt die Hauptsache. Ich glaube, jetzt kommt eine kleine Pause, und dann ... Die folgenden Wochen werden schwerer als diese ersten zehn Tage. Die Armee der Ukraine geht zum Gegenangriff über. Angriff ist immer schwerer. Jetzt gilt es, sie nicht spielend im Marsch abzufackeln, sondern sie dort herauszuholen, wo sie sich verschanzt haben. Das dauert länger, ist mühseliger und fordert höhere Verluste.

Zudem sind die Orks, wenn auch schlichte Gemüter, dennoch zum Hass fähig. Und wenn sie nicht völlig untergehen, dann wird der Racheimpuls bei ihnen einsetzen. Sie brauchen dann keine Motivation mehr – überhaupt gar keine –, dergleichen bleibt zurück, dort, in der Vergangenheit, jetzt gibt es nur noch eines – Krieg. Töte sie, oder sie töten dich. Genau wie es in Tschetschenien war.

Und wenn sie dann nicht jetzt komplett zusammenklappen, dann werden sie schon eine Motivation finden. Oder sie wird ihnen gefunden. In Tschetschenien war das «Tschetschenien ist russisches Land». Logik egal, diese sich selbst widersprechende Behauptung setzte sich tief in den Köpfen fest. Hier wird es genauso sein. «Charkiw ist russisches Land.» Sie halten doch Charkiw für die zweite, oder gar erste, weiß jetzt nicht mehr, Hauptstadt der Ukraine. Und jetzt sind für dieses russische Land auch noch Lecha/Wanka/Sanka gefallen. Und die Hälfte des Zuges. Also – Tod den Bandera-Leuten. Das setzt sich alles sehr gut in einem Kopf fest, glaube mir.

Die Russen mit der Wahrheit zu konfrontieren, ist zwecklos. Sie kennen sie ohnehin sehr genau. Und sie unterstützen sie in ihrer Mehrheit auch. Denkt ihr, beim Beginn der Invasion wären dort alle geschockt gewesen und hätten sich die Haare gerauft? Keine Spur.

Sie freuten sich!

Frohlockten!

Genau wie bei der Annexion der Krim. Putins Zustimmungswerte stiegen schlagartig um elf Prozent, von sechzig auf zweiundsiebzig Prozent. Sein Vorgehen wird von sechsundsechzig Prozent der Russen unterstützt. Zwei Dritteln. Deshalb braucht man dort niemandem etwas zu erklären oder zu beweisen – sie wissen und WOLLEN das.

Als Kanonenfutter haben sie sich schon immer sehr gut geeignet. Jetzt haben sie begriffen, dass der Krieg nicht in zwei Tagen zu haben ist, und schalten im Kopf vom «Blitzkrieg» auf «Langer Krieg» um. Das ist bei ihnen so ein Nationalsport. Sie suchen dort alle nach einer nationalen Idee – und da hätten wir sie.

Ein fremdes Land mit den eigenen Leichen übersäen, die später von den ukrainischen Bauern untergepflügt werden, während die Übriggebliebenen auf einem Rollbrett in der Metro Klagelieder darüber singen. «In Afghanistan, im Schwarzen Tjulipan». Oder dieses da, «nach Mozdok fahre ich so schnell nicht wieder hin».

Deswegen wird Putin kein Problem mit der Mobilmachung haben. Sie ziehen von selbst in den Krieg. In Massen.

Eine andere Sache ist, dass Russland in der Ukraine nicht diese Ressourcen-Übermacht hat wie damals in Tschetschenien, in Syrien oder eben in Afghanistan. Überhaupt nicht. Sie können diesen Krieg nicht jahrelang fortsetzen. Er wird sich innerhalb von Monaten entscheiden.

Deshalb müssen sie diese Zeit mit voller Kraft nutzen. Ihnen ist klar, wenn sie erst aus der Ukraine rausgeschmissen sind, wird ihnen auch keine Mobilmachung mehr helfen, ein zweites Mal gelingt das Ganze nur nach Jahren, bei vielfacher Überlegenheit, funktionierender Wirtschaft und unter Stillschweigen des Westens.

Will sagen – nie.

Wenn es gelingt, sie aus der Ukraine hinauszuwerfen, schaffen sie es nicht mehr zurück. Selbst wenn sie es versuchen. Deshalb müssen sie sich jetzt festbeißen. Und frische Kräfte aus der Mobilmachung abwarten. Das braucht Zeit.

Das wird nicht morgen sein, nicht übermorgen, nicht in einer Woche und auch nicht in zwei.

Dementsprechend muss die Hauptaufgabe der Ukraine sein, diese Zeit optimal zu nutzen. Die Eindringlinge so weit wie möglich hinauszudrängen. Damit sie keine Aufmarschgebiete für ihr Kanonenfutter mehr haben.

Das heißt, der eigentliche Krieg beginnt erst jetzt. Er wird länger dauern als die erste Phase, und schwerer werden.

Genau nach dieser zweiten Phase wird die russische Armee endgültig zerfallen. Sie wird einfach aufhören zu existieren. Und nach ihr wird auch Orkland zu bröckeln anfangen. Am Sieg der Ukraine zweifle ich keine Sekunde. Er wird die Mühle sein, die auch Mordor zermahlt.

Aber leicht wird es nicht.

Blut werden sie trinken. Darin sind sie gut. Möglich sogar, dass es manchmal so aussehen wird, als sei alles vorbei. Darauf muss man vorbereitet sein. Damit die Euphorie nicht von Depression, Verrat, Allesvorbei und Panik abgelöst wird.

Ich persönlich halte die zweite Variante für wahrscheinlicher. Heiße Phase in den nächsten paar Monaten. Aber ich hoffe wie nie zuvor auf die erste. Dass sie zerfallen werden.

So wie heute ihre Hubschrauber und Flugzeuge reihenweise runterkommen. Die neuesten «vorbildlosen» SU-34. Runtergeholt von Infanterie-Hauptmännern, die von der UkrPost mobilisiert worden sind, noch mit sowjetischen «Nadeln».

Neun Stück am Tag.

Ruhm der Ukraine!

5. März, 19.50 Uhr

«Grüß dich, Arkascha. Ich hab hier ein paar Jungs aus der NATO, die deine Kontaktdaten haben wollen. Darf ich sie weitergeben? Wie erreicht man dich am besten?»

Jungs, ich kann noch keinen Abrams lenken, aber ich lerne schnell, auch Panzer. Ruft an.

5. März, 23.36 Uhr

In Kyiv hat eine Frau eine russische Drohne runtergeholt, in dem sie vom Balkon ein Glas Gurken danach geworfen hat.

Ohne Kommentar, oder?

Ruhm der Ukraine!

6. März, 10.35 Uhr

In den zehn Kriegstagen sind eine Million und zweihunderttausend Menschen aus der Ukraine in die Länder der EU geflohen. Über die Hälfte nach Polen. Dieser Krieg hat übrigens noch einen Mythos zerstört – den von der polnisch-ukrainischen Feindschaft. Hier sehen wir die tatsächlichen Brudervölker.

Aber was ich sagen wollte. Wenn ihr euch zur Evakuierung entschlossen habt und gerade überlegt, wohin – zu den Verwandten auf dem Land, ins Flüchtlingszentrum nach Lemberg oder ins Nirgendwo –, fahrt in die EU.

Erstens hat die Europäische Union beschlossen: Ukrainische Flüchtlinge dürfen drei Jahre bleiben, *mit Arbeitserlaubnis*. Ein einmaliger Beschluss. Ich selbst habe das Aufenthaltsrecht mit Arbeitserlaubnis erst nach zwei Jahren Gerichtsverfahren und fünf gewonnenen Prozessen bekommen. Und eine uneingeschränkte Arbeitserlaubnis habe ich bis heute nicht. Ihr könnt also Geld verdienen und es der Armee schicken. Wolt-Fahrer, Wolt-Kuriere werden immer gesucht. Alles braucht Zeit, ich weiß, aber das ist, ich wiederhole, ein einmaliger Schritt.

Zweitens werdet ihr die ökonomischen, logistischen und sozialen Belastungen für die Ukraine erleichtern. Das Land hat heute wichtigere Aufgaben zu lösen. Der Krieg ist immer pragmatisch, das ist kein Zuckerschlecken.

Und drittens, das Wichtigste.

Nichts schätzt der Westen so sehr wie die eigene Stabilität. Putin hat dieses Wort beschmutzt, aber Stabilität und Ruhe sind die zwei Hauptsäulen, geradezu basalten, der europäischen Gesellschaft. Was sie gar nicht mag, sind Erschütterungen.

Und Flüchtlinge bedeuten Erschütterung. Sie bedeuten neuen Druck, neue Probleme, neue Unbequemlichkeiten und in der Kneipe nach der Arbeit Gesprächsstoff für ein halbes Jahr. Fotos in den Zeitungen. Artikel in der Boulevardpresse. Da muss man was tun, Geld bereitstellen, Menschen unterbringen, nein, natürlich unterstützen wir die Ukraine, aber sie nehmen uns die Arbeitsplätze weg, gefährden die Löhne, ja, natürlich, den Flüchtlingen muss man helfen, aber leben sollen sie doch woanders, nicht hier. So ist das immer. Und wird es sein. In allen Ländern. Das lässt sich nicht ändern. Der Krieg ist pragmatisch. Ins Gesicht wird dir das niemand sagen, außer ein paar extreme Radikale, aber unter sich beim Bier werden sie genau so reden.

Das heißt, es gibt ein Problem. Und das gilt es zu lösen.

Wie löst man das Flüchtlingsproblem? Indem man ihren Zustrom stoppt. Woher kommt der Zustrom? Aus den zerbombten Städten. Wie stoppt man den Zustrom? Man muss Putin die Möglichkeit nehmen, die ukrainischen Städte zu zerbomben.

Bingo.

Sodass die Diskussion über «Was geht uns dieser Krieg an?» sich ändern wird zu «Schließt den Himmel über der Ukraine». Das garantiere ich. Genau so wird es kommen.

Boris Johnson wird keine Flugverbotszone schaffen, wenn die Engländer mehrheitlich dagegen sind: Denn das könnte Großbritannien in den Krieg hineinziehen, unsere Aufgabe ist, unser Leben zu schützen usw. Und er wird absolut recht haben.

Aber derselbe Johnson wird als Erster das Thema Flugverbotszone aufs Tapet bringen, wenn die Umfragen zeigen, dass die Mehrheit der britischen Gesellschaft genug von den Flüchtlingen hat und genau das fordert.

Resümee.

Ziehst du in die EU, bist du den ganzen Ballast der Ukraine los und kannst der Armee helfen, kannst überdies die Flugverbotszone befördern.

Der Krieg ist pragmatisch.

Jeder Faktor muss genutzt werden.

Der Flüchtlingsfaktor ist ein sehr starker.

6. März, 13.09 Uhr

Du liest die Kommentare und flippst echt aus ... Erstens, in der Union zwingt ÜBERHAUPT NIEMAND DIE FLÜCHTLINGE ZUM ARBEITEN, klar? Wenn du nicht willst, dann arbeite nicht! Lieg meinetwegen den ganzen Tag auf dem Sofa. Mehr noch – du kriegst ein Bett im Aufnahmelager, eine minimale Unterstützung, auch für dein Kind, medizinische Versorgung. Falls nötig, kann das Kind zur Schule gehen. Sitz da, tu nichts, gräm dich, wie schlecht alles ist, kein Problem.

Aber du hast DIE MÖGLICHKEIT zu arbeiten.

DIE MÖGLICHKEIT, verdammte Scheiße!

Nutze sie, wenn du willst.

Wenn nicht, lass die Chancen ungenutzt. Wo ist das Problem?

Arbeit in einem anderen Land bietet immer ein ganzes Spektrum neuer Möglichkeiten. Erstens lernst du einen Mindestwortschatz, ob du willst oder nicht. Zweitens knüpfst du neue Kontakte. Drittens, wenn alles vorüber ist, hast du eine ungefähre

Vorstellung – aha, dort kann man also hinfahren und für die und die Stellen brauchen sie wen.

Aber niemand zwingt dich. Bitte schön. Es gibt Hubs in Lemberg und Schytomir. Sitzt da und wartet, während Tausende Menschen Geld auftreiben, Waren dafür kaufen, sie verladen, transportieren, entladen, über die Grenze bringen, verladen, transportieren, entladen, verteilen. Das alles geschieht. Kein Problem. Die Unterstützung ist unglaublich. Die humanitäre Hilfe trifft in endlosen Zügen ein.

Aber bedenkt ein «Aber».

Der freiwillige Helfer löst NIEMALS DIE PROBLEME DER ANDEREN.

Er löst immer seine eigenen.

«Ein blutsaugender Dämon hat die Ukraine überfallen und bombardiert sie – ich will mich nicht den Bomben aussetzen, will überhaupt nichts an meinem Leben ändern –, aber hier habe ich eine alte Jacke und fünfzig Euro, die spende ich – verflucht, was bin ich für ein Held, meine Pflicht ist getan! – Läuft alles wieder rund, jetzt geht's zurück ins gewöhnliche Leben.»

Regelmäßig weiter Hilfe leisten werden nur wenige Prozent, Bruchteile von einem Prozent.

Die Euphorie der Hilfsbereitschaft wird rasch versiegen, jeder hat eigene Probleme, der Anspruch «Gebt mir einen persönlichen freiwilligen Helfer» wird noch rascher enden. Deshalb: «Biden macht uns nur Angst, bei den Maifeiern treffen wir uns zum Schaschlik.»

Da waren sie dann.

Die Ukraine hat jetzt ihr nationales Spiel wieder begonnen: «Erschaffe dir einen Nationalhelden aus dem Nichts» – doch dieses Spiel endet immer gleich. Die Fähigkeit dieser Truppe, das GESAMTE SPEKTRUM der Probleme operativ zu lösen, sehe ich nicht sehr optimistisch. Der Künstler lebt immer vom Beifall, und den größten Beifall bringt heute der Krieg. Die Flüchtlinge werden garantiert nicht an erster Stelle der Tagesordnung stehen. Ich bin kein Politiker, ich pfeife darauf, ob das, was ich schreibe, Zustimmung findet, ich sehe nur bestimmte Tatsachen und kann daraus eigene Annahmen entwickeln. Wer will, kann sie akzeptieren, wer nicht will, muss nicht.

Richtig, es gibt eine starke Zivilgesellschaft, aber niemand wird ewig helfen wollen. Jeder hat seine eigenen Probleme. Jeder.

Die Schlussfolgerung ist extrem simpel – wenn ihr keine Verwandten habt, nirgendwo unterkommen könnt, keine Arbeit und keine Chance, eine zu finden, wenn ihr nur die Wahl habt, im Flüchtlingszentrum in Lemberg abzuwarten oder im Flüchtlingszentrum in der EU: Dann würde ich mich für das Flüchtlingszentrum in der EU entscheiden.

Die Gründe habe ich schon angeführt. Minderung des ökonomischen und sozialen Drucks auf die Ukraine, die Möglichkeit legaler Arbeit und Unterstützung der Armee, Verlagerung des politischen Drucks von der Ukraine auf die Länder der EU.

Das Leben hat sich geändert. Ganz sicher. Der Blutsauger hat ganze Städte von der Versorgung abgeschnitten, hat Wohngebäude zerbombt, die gut funktionierende Vergangenheit zerstört. So, wie es war, wird es nicht mehr sein. Wie lange das dauern wird? Weiß der Teufel. Vielleicht zwei Wochen. Vielleicht zwei Monate. Ein halbes Jahr. Oder ein Jahr.

Man kann rumsitzen und auf einen Punkt starren, in Depressionen verfallen, moralisch endgültig zu Boden gehen und zerbrechen. Oder man versucht, die Situation zu nutzen. Einfach mal hinfahren und gucken – wie leben die da so?

Kommentare vom Typ «Es sind Frauen mit Kindern, die da hinfahren, was redest du von Wolt, Blödmann?» habe ich jetzt fünfmal wieder gelesen und immer noch nicht verstanden. Es geht nicht nur um die Arbeit. Es geht um die zivilisatorischen und weltanschaulichen Unterschiede. Und es gibt Wolt-Fahrerinnen – vielleicht nicht jede dritte, aber doch genug, dass ich den Einwand nicht verstehe. Wenn ihr mit dem Auto über die Grenze fahrt, HABT IHR DIE ARBEIT SCHON IN DER TASCHE!

UND IHR MÜSST NICHT MAL DIE SPRACHE KÖNNEN!

Die Bestellung kommt online, gezahlt wird mit Karte, der Navigator zeigt die Strecke, du trittst einfach nur in die Pedale – und fertig.

Keiner von den syrischen und afghanischen Taxifahrern hier kann die Sprache. Verständigung geschieht in Pidgin-Englisch. Das reicht.

An der Kasse in unserem Laden sitzt ein schokoladenschwarzes Mädchen mit Modelfigur – sie könnte für «Victorias Secret» modeln oder auf einem Vogue-Cover sein, aber nun verkauft sie eben Kartoffeln. Die Sprache kann sie nicht. Wir kommunizieren in Pidgin. Auf Englisch Kartoffeln kaufen, das kriegt ihr wohl noch hin?

Bei den Kurieren sind mehr als die Hälfte Frauen.

Und die Kinder – ihr werdet euch doch mit zwei, drei Familien abstimmen können? Die eine arbeitet, die andere bleibt bei den Kindern. Schulkinder sind noch besser – die gehen zur Schule. Niemand muss auf der Straße rumlungern. Legal darf man ein Jahr bleiben – rechnet mal nach, ein Jahr kostenloser Fremdsprachenunterricht für euer Kind, *total immerse*. Nach einem Jahr besteht es die A-2-Prüfung. Kinder lernen Sprachen schnell.

Putin hat meine Stadt überfallen und mein Haus zerstört?

Soll er sich doch mal ... das kahlköpfige Scheusal, aber mein Kind lernt Schwedisch. Die ganze Welt lebt so. Aber wenn ihr mit goldenen Lippen auf den Popo geküsst sein wollt, ja, dann geht arbeiten natürlich nicht. Dann muss man sitzen und abwarten, bis euer Problem gelöst ist. Und ihr kommt erst ganz zuletzt an die Reihe, egal auf welcher Seite der Grenze.

Schreiben wir vielleicht das vierzehnte Jahrhundert? Weibliche Taxifahrerin, was rede ich mir hier den Mund fusslig ...

Noch einmal. Jeder entscheidet für sich. Niemand nimmt einem das ab. Niemand drängt irgendjemanden zu einer Entscheidung. Ich sage nur, dass sich in der Europäischen Union ein Chancenfenster geöffnet hat.

Man kann rumsitzen, an die Decke starren und warten.

Oder man kann das Fenster nutzen.

Wenigstens als Psychotherapie.

Jeder entscheidet selbst, ob er das will oder nicht.

Aber falls ihr einen Stupser brauchtet – dies war er.

6. März, 16.07 Uhr

Lieber Mark.

Ich verstehe ja, dass du am liebsten in einer Welt von Hündchen, Kätzchen und Panda-Babys leben würdest – aber die Welt ist nun mal so: Ein halbirrer Führer hat den Krieg angefangen. Und im Krieg wird gestorben. Und den Krieg ohne Tode zu zeigen – das geht nicht. Natürlich kann man verbieten, den Krieg überhaupt zu zeigen, wie die russische Bloggerplattform LiveJournal es schon getan hat – ich kriege dort keinen einzigen Post mehr durch, alles wird blockiert –, irgendwie begreife ich daher nicht, wodurch du, Mark, dich in dieser Frage von dem russischen Oligarchen Mamut unterscheidest, dem das kyrillische LiveJournal gehört.

Für ein Video aus Hostomel habe ich übrigens einen weiteren Monat Shadowban bekommen, alles zurück auf Start – drei Monate Einschränkung der Reichweite meiner Posts.

Danke für die Unterstützung, Facebook!

Falls mich jemand sieht, bitte ein Like in den Kommentaren setzen. Das wäre meine Bitte.

Das erhöht meine Reichweite und mindert den Schaden durch den Shadowban.

6. März, 20.08 Uhr

Schönen Fastensonntag auch, ihr Ärsche.

Buße werdet ihr dann in Den Haag tun.

Auf den Knien.

Vergeben tue ich niemandem.

Niemandem.

7. März, 09.54 Uhr

Die ukrainischen Streitkräfte haben dreißig feindliche Hubschrauber auf dem Flugplatz Tschornobajiwka bei Cherson zerstört.

Wie die Führung der Marineinfanterie mitteilt, haben die ukrainischen Kräfte den Flugplatz nachts beschossen. Die Okkupanten parkten dort einen Teil ihrer Luftwaffe. Zerstört wurden dreißig Helikopter des Feindes, dazu Soldaten und Technik.

Gestern sind vor Mykolajiw außerdem drei feindliche Kolonnen zerstört worden, wie es heißt. Die ukrainischen Verteidiger machten reichlich Beute, Kampftechnik, Fahrzeuge und sieben D-20-Haubitzen.

7. März, 13.33 Uhr

Russen. Es heißt, euch werden sie morgen oder übermorgen das Internet abschalten. Deshalb möchte ich gern, dass der letzte Post von mir, den ihr lest, dieser hier ist. Dass ihr den in eurem Nordkorea dann auf Flugblättern druckt und als Samisdat von Hand zu Hand reicht, lest und nachdenkt. Lest, nachdenkt. Lest, schon für das Lesen zwanzig Jahre Straflager bekommt und Zeit zum Nachdenken habt. Sonst wird es nie zu euch durchdringen. Ist es auch bisher nie.

Denn wenn ich Kommentare im Gagarin-Stil lese, «ich habe Sie geliebt», «Arkadi, ich habe Sie gelesen, wie können Sie es wagen, von der Bombardierung Moskaus zu schreiben – ich habe Freunde dort, sie sind gegen den Krieg und für den Frieden!» – dann staune ich jedes Mal von Neuem wie ein Klosterfräulein.

Erstens, begreift doch. Die Welt hat sich so sehr und so schnell geändert, dass die Formulierung «Wir sind für den Frieden» heute genauso viel Übelkeit erregt wie vor einem Monat noch die Formulierung «Brudervölker».

Und wenn ihr für Frieden und Völkerfreundschaft seid – dann verpisst euch, wie das russische Schiff.

Denn wir sind jetzt für den Krieg.

Wir sind jetzt für den Krieg, verdammt noch mal. Wie für das verbrannte und vom Erdboden getilgte Berlin 45. Wir sind für Flächenbombardierungen. Für die Lieferung von amerikanischen Kampfflugzeugen. Für Patriots und Javelins. Für den Flugzeugträger Harry Truman im Ägäischen Meer. Für im Hafen von Odessa brennende russische Schiffe. Für diesen ganzen mit Menschengedärmen vermengten Metallschrott Baujahr 75, mit dem die Ukraine heute kniehoch zugeschüttet ist. Und für Abrams, die jetzt vielleicht nicht mehr nur als Begleitschutz von humanitären Transporten, sondern im direkten Sinne des Wortes eingesetzt werden.

Denn die ukrainische Armee gibt Russland jetzt was in die Fresse, so hart und in so rascher Folge, dass sich der Welt die reale Chance eröffnet, mit dieser Missgeburt von einem Staat ein für alle Mal aufzuräumen.

Wir wollen die Lösung dieses Problems nicht länger unseren Kindern überlassen. Wir wollen es jetzt selbst lösen.

Zusammen mit der ganzen Welt.

Jetzt.

Und das heißt, ja – zerstörte russische Städte. Ja, Bombardierung Moskaus. Ja, Wirtschaftskollaps und Erdöl für Nahrungsmittel. Ja, gebratenes Hundefleisch von brennenden Fässern auf der Twerskaja und bewaffnete Alkoholiker an den Kontrollposten an der Mochowaja. Ja, Bürger, die in Kellern verschwinden. Einfache Schlosser und Busfahrer. Ja, ein schrecklicher Irrtum. Ja, Banden von Straßenkindern, «Republik der Strolche», und «die Katze hat vier Beine».

Der ganze beschissene Horror, den ihr jahrelang der Ukraine angetan habt – und überhaupt allen ringsum – und in den vergangenen zehn Tagen noch einmal auf einem neuen Niveau –, dieser Horror soll jetzt zu euch kommen. Wie Ilowajsk. Wie der Beschuss der Zivilisten-Fluchtkorridore aus Mariupol. Wie die Bombardierung von Charkiw. Die humanitäre Katastrophe in Wolnowacha. Die vielen evakuierten Kinder im Gedränge auf den Bahnhöfen. Die beim Luftalarm in der Metro geborenen Babys.

Das alles soll euch heimsuchen in euren Städten.

Euren Häusern. Euren Wohnungen. In euren Kellern und in den Ruinen eurer Häuser und Wohnungen.

Ihr. Müsst. Das alles. Am eigenen Leib. Erfahren.

Damit ihr mit glühendem Eisen jedes Jahr zu 2/22 ein «Nie wieder» in eure Fenster hängt.

Es auf eure Stirn brennt. Ihr selbst.

Anders geht es nicht. Sonst kapiert ihr es nicht.

’tschuldigung, das musste mal raus.

Aber wenn du – wobei ich überhaupt nicht weiß, woher du kommst und wer du bist – in Moskau Freunde hast, die dort acht Jahre satt gefuttert, lecker getrunken haben und im Jean Jacques gefeiert haben, dann ändert das natürlich grundsätzlich alles.

Pardon dafür. Wie konnte ich nur. Was für ein Ekel ich bin.

Auf die Idee, eure Freunde aus Moskau nach Irpin zu evakuieren, seid ihr bestimmt noch nicht gekommen?

Was jetzt?

Jahrelang habe ich euch geschrieben, dass die Kollektivschuld keine spinnerte Idee von mir ist. Sie ist Tatsache. Unbestreitbar. Immer. Was hat denn euer Andrej Loschak, dem jetzt die Augen aufgegangen sind, zur Antwort geschrieben?

Na, Nate. Bleibt wacker. Küss die Hände.

Guten Morgen.

Euer alter Mann.

8. März, 14.03 Uhr

Bescheuerte Bürokraten gibt es überall. Unabhängig vom Land. Die EU hat endlich eine Direktive zum vereinfachten Aufenthaltsrecht für Kriegsflüchtlinge aus der Ukraine erlassen.

Aber da gibt es eine Zeile:

«Diejenigen, die am 24. Februar in der Ukraine gelebt haben.»

Gerade ist einer Krimtatarin, die mit vier Kindern geflohen ist, der vereinfachte Schutz in Schweden verweigert worden, weil sie wenige Tage vor Kriegsausbruch ausgereist ist.

Scheiße, totale.

Sie konnten sich vorher in Sicherheit bringen? Haben den Vorhersagen des amerikanischen Geheimdienstes geglaubt? Dann schert euch zum Teufel.

Fahr mit deinen vier Kindern zurück in den Artilleriehagel.

Geh wieder über die Grenze. Dann reden wir noch mal.

Wobei man sich in dem Fall dem gewöhnlichen, nicht vereinfachten Verfahren unterwerfen kann. Nur darf man dann nicht arbeiten.

Frappierende Logik.

Das Gleiche mit einer anderen Bekannten von mir, die nicht nach Israel gelassen wurde. Einen Tag vor dem Krieg ausgereist? Dann seid ihr keine Flüchtlinge.

Remarque, was tust du, hör auf.

Als Deportierte in Usbekistan geboren, auf die Krim zurückkehren, die Heimat wiederfinden, mit den Kindern aus der wiedergewonnenen Heimat fliehen, wieder unter Bombenhagel geraten, wieder mit den Kindern fliehen und zu hören bekommen, dass du wieder die Arschkarte gezogen hast, weil irgendein Debiler in Brüssel diese Zeile ins Gesetz geschrieben hat.

Nacht in Lissabon, verdammt. Schatten im Paradies.

Lasst doch die Leute einfach leben.

Mutter und Tochter in dem einen Land, die andere Tochter im anderen Land, aber früher ausgereist, das ist Mist, keine Niederlassungserlaubnis, wobei sich niemand von ihnen auf Dauer niederlassen will, alle wollen zurück, wollen einfach die Kriegshandlungen mit den Kindern in Sicherheit abwarten. Aber da sind die Flüchtlingsverfahren, für euch in dem einen, für dich im anderen Land, die nächsten zwei Jahre werden wir euch im Kopf kirre machen, arbeiten dürft ihr nicht, geht alles aufs Haus, in der Zeit werden eure Kinder die Sprache lernen, endgültig in der Schule ankommen, das Leben wird sich einspielen am neuen Ort, neue Freunde, neuer Bekanntenkreis. Die Kinder zum fünfzehnten Mal da herausreißen und wieder wegfahren ist einfach sinnlos.

Und? Was wollen sie dann machen, frage ich mich. Frauen und Kinder zurückschicken?

Okay, aber die, die vor dem Krieg mit einem Arbeitsvisum bei euch waren, zum Beispiel. Was ist mit denen? Auch zurück?

Die Leute arbeiten doch, auf solchen Stellen und für solche Löhne, für die die Einheimischen gar nicht arbeiten wollen; sie zahlen Steuern – schicken wir die halt in den Krieg zurück oder verbieten wir ihnen das Arbeiten, sollen sie uns lieber zur Last fallen, und wir zahlen Sozialhilfe.

Der ganze Planet ist überall gleich dick mit einer Schicht von Debilen bestrichen.

Es sei denn, ihr macht rüber nach Mordor, dort kommt es noch dicker.

Dort stehen sie haushoch.

8. März, 20.19 Uhr

In die Geschichte wollte Putin eingehen? Nun, das wird er jetzt ganz bestimmt. In die Kriegsgeschichte. Alle seine Wünsche sollen in Erfüllung gehen.© Man wird ihn jetzt in den Lehrbüchern studieren können. Eine derartig misslungene Operation bei solch guten Karten hat es nicht nur in der neueren Geschichte, die hat es seit den Zeiten Sunzis nicht gegeben.

Der Sturm auf Grosny war gar kein Vergleich.

Euer alter Mann.

9. März, 9.59 Uhr

Hört mal. Die Ukraine ist ein Land, in dem die Gesellschaft den Präsidenten prägt. In Russland dagegen formiert der Zar die Bevölkerung. Kommt ein Jelzin – gibt's Demokratie, Europa, Amerika sind unsere besten Freunde. Kommt ein Putin – nationale Größe, geistige Bande, Amerika verrecke.

In der Ukraine ist es genau umgekehrt.

Ein Künstler ist ganz abhängig vom Beifall. Was danach kommt – Honorar, Sintflut, Asteroid auf die Erde –, nicht so wichtig. Wichtig ist das Hier und Jetzt – Rampenlicht und die Ovationen des Saals. Verbeugungen und Blumen. Glück und Liebe des Publikums.

Das macht sein Leben aus.

Drei Jahre lang hatte Wolodymyr Oleksandrowytsch ein grausiges psychologisches Tief. Totale Depression. Wie das? Er glänzte auf der Bühne, spielt eine neue Rolle – da stellt sich heraus: Er ist nicht nur ein Niemand, ein Neuling, ein Laiendarsteller, sondern man stupst ihm die Schnauze auch noch in die Scheiße, drei Jahre lang, wie ein Kätzchen, das Publikum applaudiert nicht nur nicht, sondern bewirft ihn auch noch, und nicht mit Tomaten, sondern mit Hundefäkalien.

Dabei trachtete doch sein ganzer Sinn danach, die Liebe des Publikums zurückzugewinnen. Straßen bauen. Poroschenko ins Gefängnis bringen. Sich mit Putin einigen, den Krieg beenden.

Dann plötzlich die Glückssträhne. Und wie! Vom Aussätzigen wird er auf einen Schlag zum Nationalhelden! Dieses Rampenlicht, diese Ovationen, diese Presse! Titelseiten! New York Times, BBC und CNN! Mein Gott, das sind die glücklichsten Augenblicke seines Lebens!

Daher diese Videos und Deklarationen, *ich harre aus in der Bankowa-Straße und fliehe nirgendwohin.*

Ovationen, Ovationen, Ovationen.

Der Mann dreht gerade in diesem Augenblick durch – nach dem Krieg wird er tatsächlich denken, er ganz allein hätte dieses Land gerettet, in der zweiten Amtszeit werden die Konturen sich endgültig verfestigen, und er wird einen solchen Saustall anrichten wie in keinem der drei Jahre zuvor, denn der Weg von «Biden, mach uns keine Angst, im Mai fahren wir Schaschlik essen» zum Rambo innerhalb eines Monats ist sogar für eine gefestigte Psyche zu viel. Merkt euch diesen Tweet – aber das nur nebenbei.

Ein Schauspieler will immer noch mehr. Es reicht ihm nicht, den Faun zu spielen – es muss der Othello sein. Bald reicht der Othello nicht, und es muss der Hamlet sein.

Den Sieger im Krieg zu spielen, reicht nicht – es muss der Retter der Nation sein. Genau.

Ein guter Schauspieler ist nicht der, der seine Rolle wortwörtlich einstudiert. Sondern der, der ein Gespür für sein Publikum hat. Und sein Spiel abhängig von dessen Erwartungen ändern kann.

Wolodymyr Oleksandrowytsch ist kein schlechter Schauspieler. Und wie jeder nicht schlechte Schauspieler wirft er dem Saal ein Dacapo hin. Und wartet die Reaktion ab.

Kommt das Dacapo von der Beendigung des Krieges und Verhandlungen, ehrlichen und konkreten, im Interesse der Menschen, an – dann ändert sich auch die Rhetorik zu Verhandlungen im Interesse der Menschen.

Kommt es nicht an – wird er seinen Auftritt im bisherigen militärischen Stil fortsetzen.

Denn was Arachamija bei den Verhandlungen sagt, hängt nicht von Arachamija ab. Auch nicht von Jermak. Nicht einmal von Selenskyj.

Es wird von euch abhängen. Und nur von euch.

Von der Reaktion des Publikums im Saal.

Ja, du hast recht, man muss mit dem Beschuss aufhören – und schlagartig schlägt das Repertoire in Blauhelm-Repertoire um.

Was faselst du hier von Verhandlungen – sofort wird alles weitergehen.

Das Dacapo ist hingeworfen. Kamera.

Der Schauspieler wartet die Reaktion ab.

Darum geht es.

9. März, 16.13 Uhr

Audi, General Motors, Harley-Davidson, Honda, Jaguar, Land Rover, Scania, Skoda, Porsche, BMW Group, Ford, Hyundai, MAN, Mercedes-Benz, Renault, Volkswagen, Volvo Group, Daimler Truck und Fahrradhersteller – Colnago, Giant, Merida, Scott, Trek –, Airbus, Boeing, Adidas, Cartier, Chanel, H&M, IKEA, Zara, Massimo Dutti, Bershka, Oysho,

Pull & Bear, Stradivarius, Jysk, Gucci, Balenciaga, Yves Saint Laurent, Louis Vuitton, Moët Hennessy, Levi Strauss, Marks & Spencer, Prada, Prisma, Puma, eBay, Nike, Karl Lagerfeld, Lego, American Express, Apple Pay, MasterCard, SWIFT, Visa, Google Pay, Samsung Pay, PayPal, Adobe, Apple, Dell, Ericsson, Intel, Nokia, Samsung, Siemens, Hitachi, HomaGames, Microsoft, Panasonic, British Petroleum, Exxon Mobil, Shell, DHL, FedEx, UPS, Maersk, Mediterranean Shipping Company, Shipco, Yang Ming, Paramount, Sony Pictures, The Walt Disney Company, Universal Pictures, Warner Bros., BBC Studios, Netflix, Megogo, Nintendo, PlayStation Store, Steam, Google, Facebook, Instagram, Spotify, TikTok, Twitch, YouTube, Airbnb, Booking, Danone, Carlsberg, Johnnie Walker, Captain Morgan, Guinness, Fazer, Chivas Regal, Jameson, Staropramen, Budejovicky Budvar, Bernard, Heineken, Ninja Sushi, Coca-Cola: Getränke – Coca-Cola, Fanta, Sprite, Schweppes, Bonaqua, Powerade, FuzeTea, AdeZ; Fruchtsäfte: «Моя Семья», Rich, «Добрый», Innocent, Pulpy – PepsiCo: Pepsi, Mirinda, 7Up, Mountain Dew, Aqua Minerale, Adrenaline Rush, Drive, Lipton, Kwas «Русский дар», Mors «Чудо-Ягода»; Säfte – «Любимый», «Я», «Фруктовый сад», J7; Snacks – Lay's, Хрусteam, Cheetos, Doritos; ABC, BBC, Bloomberg, CBC, CBS, CNN, Mobile World Congress, Eurovision, das Cannes Festival, das Massachusetts Institute of Technology hat die Zusammenarbeit mit dem Institut Skolkowo für Wissenschaft und Technologie aufgekündigt, Weltverband für Softball, Welt-Ski-Föderation, Welt-Badminton-Föderation, Weltföderation für Basketball FIBA, Internationaler Volleyball-Verband, Internationaler Leichtathletik-Verband, Internationaler Rugby-Verband, Internationaler Rennreiter-Verband, Internationaler Hockey-Verband, Assoziation der europäischen Ligen, Internationales Paralympisches Komitee, Internationaler Gymnastik-Verband, Special Olympics, FIFA, UEFA, Welt-Schach-Olympiade, Grand Prix Formel 1, Volleyball-Welt-Championat der Herren, Profi-Tennisturnier-Verband, Champions League, Curling-Europa-Meisterschaften, Europameisterschaften im Pistolen- und Skeet-Schießen, NHL, Michelin, Moody's.

Willkommen, Nord-Iran. Start für das Programm «Erdöl gegen Lebensmittel».
Ihr wart gewarnt.
Die Babtschenko-Zeit.
Euer alter Mann.

9. März, 17.17 Uhr

Die Russen haben eine Geburtsklinik in Mariupol mit Raketen beschossen.

9. März, 18.16 Uhr

Die Russen kämpfen mit Leichen.

9. März, 20.51 Uhr

Die Russen verkauften bei AVITO die letzten Essen von McDonald's für dreißigtausend Rubel. Lasst euch das auf der Zunge zergehen.

Guten Appetit!

9. März, 22.45 Uhr

Der russischsprachige «Discovery Channel» geht bei mir im Fernsehen jetzt so: Statt Schatzsuchern werden Befragungen russischer Kriegsgefangener gezeigt.

Na, läuft doch!

10. März, 8.13 Uhr

Schlange am Bankomaten. Genau wie vor McDonald's in den Neunzigern.

Guten Appetit!

10. März, 22.36 Uhr

Na gut. Okay. Die verfluchten Türken haben diese super-pupermoderne Bayraktar aus super-puper-*sophisticated* Materialien und super-puper-Nanotechnologien gebaut, die euer Panzir S-1 nicht sehen kann.

Aber warum macht euch die ukrainische Luftwaffe mit sowjetischen MiG-29 platt, ihr Arschfüßler?

11. März, 11.05 Uhr

Ich habe immer gesagt: Das Leben schreibt die besten Drehbücher. In Moskau ist Wladimir Schirinowskij aus dem Koma erwacht. In das er noch vor dem Krieg gefallen war. In der Covid-Epoche. Als die Zugangsbeschränkungen in einem Restaurant an der Twerskaja das größte Problem waren.

WILLKOMMEN IN DER STRANGE NEW WORLD, ARSCHKOPP!

Alles, wie du es erträumt hast. Brennende russische Panzer auf dem Kreschtschatik, Krieg mit der NATO, Internet ausgeschaltet, Belarus stürmt Tschernobyl, Piroggen aus Kartoffelresten statt Big Macs, die Konten eingefroren, Immobilien beschlagnahmt, die Kurorte des Gebiets Lipetzk warten statt Miami, zehntausend gefallene russische Ritter, Nuklearwaffen in Alarmbereitschaft, Patriotismus, nationale Größe und Krieg bis zum siegreichen Scheißhaufen.

Der Traum ist wahr geworden. Was für ein Glück!

Nimm es, Wolfowitsch!

Gratuliere zum Aufwachen!

Guten Morgen.

11. März, 19.08 Uhr

Die russischen faschistischen Flachköpfler haben die Koordinaten des ukrainischen Dorfs Jarun mit denen des kroatischen Jarun verwechselt.

Ein unbemanntes Flugzeug vom russischen Typ, vermutlich

für Jarun in der Ukraine bestimmt, ist gestern Nacht bei Jarun nahe Zagreb, Kroatien, etwa tausend Kilometer weiter, zerschellt.

Nur weiter so, Arschköppe. Zieht auch noch ein NATO-Land in den Krieg hinein.

Gute Reise.

12. März, 0.27 Uhr

Der Leiter der Auslandsaufklärung des FSB ist im Hausarrest. Er hat sich Geld für die Agenturarbeit in der Ukraine gekrallt.

Und wie jetzt, ihr russischen Liberalen, seid ihr immer noch gegen die Korruption?

Ach ... Verpisst euch.

12. März, 13.36 Uhr

Ich lese, dass das Militärorchester von St. Petersburg das Lied «Ein Ja der sonnig hellen Welt, ein Nein der Atomexplosion!» singen wollte.

Fürchterlicher Irrtum.

Die Heimat lässt dich im Stich, mein Sohn.

Immer.

12. März, 16.33 Uhr

Das hier muss die ganze Welt sehen. Das muss die ganze Welt sehen. Das sollte sofort auf die Titelseiten.

Während der neuntägigen Blockade von Mariupol sind etwa anderthalbtausend Menschen gestorben. Die genaue Zahl lässt sich nicht ermitteln, weil man nicht weiß, wie viele unter den Ruinen liegen. Täglich sterben ungefähr einhundertfünfzig Menschen.

Ein weiterer Tag unter der Belagerung. Brudergräber und Luftschläge gegen die Geburtsklinik.

12. März, 18.51 Uhr

Ehrlich gesagt, hatte ich geglaubt, mich könnte nichts mehr erschüttern ...

12. März, 19.59 Uhr

Russen, ist euch klar, dass ihr euch alle eure Erzählungen von der Blockade Leningrads, von der im Winter 1941 mit Panzerigeln gespickten Schönheit Moskaus, vom Bernsteinzimmer und der heldenhaften Rettung der Kulturgüter aus Tsarskoe Selo von den faschistischen deutschen Schergen, Sachen wie «diese Straße ist während des Beschusses am gefährlichsten» – dass ihr euch das alles jetzt in den Arsch schieben könnt?

Dass ihr durch die exakte Wiederholung all dieser Dinge, denen ihr in eurem Siegeswahn nachheult – dass ihr dadurch diesen euren Siegeswahn selbst mit Scheiße vermischt habt?

Dass es von nun an niemand in der Welt einen Dreck interessiert, wer, wann und wie viele von euch auf euren Lebenswegen und bei euren Leningrad-Blockaden umgekommen sind?

Der Sieg im Großen Vaterländischen wird in der ganzen Welt von nun an als Geschichte der Ukraine wahrgenommen werden. Sogar eure Religion habt ihr verschissen. Noch ein weiterer Mythos.

Stellt euch in Gedanken diese Fotos mal in Schwarz-Weiß vor. Fallen euch keine Ähnlichkeiten auf?

Die Faschisten der Zukunft werden sich Antifaschisten nennen.©

Ja. Ihr habt es noch mal gemacht. Das habt ihr geschafft.

Kann man nichts sagen.

13. März, 5.26 Uhr

«Wie viel Zeit bleibt noch? Ich weiß nicht. Aber eine Neuaufteilung der Grenzen und der Einflusssphären im einundzwanzigsten Jahrhundert zumindest in dieser Region wird immer wahrscheinlicher. Die Welt ist in Bewegung geraten, die alte Weltordnung, wie schon hundertfach gesagt, ist zerstört. Eine neue wird kommen. Mit neuen Grenzen. Und einem neuen Krieg.

Ich fürchte überhaupt, dass Debalzewe und Ilowajsk in künftigen Geschichtsbüchern nur mit einer Zeile als ‹unbedeutende lokale Grenzstreitigkeiten während einer Periode immer stärkerer zentrifugaler Kräfte› beschrieben werden.

In dem neuen Krieg werden wahrscheinlich noch unsere Kinder kämpfen müssen. Wir hinterlassen ihnen dieses Erbe.

Aber darüber nachdenken sollte man schon heute. Ich würde vorschlagen, schon heute alles zu tun, um das Sterben in der Zukunft zu minimieren.

Ackern, ackern, ackern. Bis zum Umfallen.

Und dann Fußball und Eurovision gucken.»

Vor zwei Jahren geschrieben.

Und? Welchen Platz haben wir bei der Eurovision?

Das war doch mal so wichtig.

O-hoho ...

13. März, 10.58

Es hat sich ergeben, dass ich in der letzten Zeit durch halb Europa fahren musste. Fünf Länder. Ja. Ihr könnt euch gar nicht vorstellen, was dort los ist. Hölle, die Ukraine ist überall. Ukrainische Flaggen an den Autobussen, an Häusern, Polizeifahrzeugen, die Läden haben ihre Schaufenster in Blau-Gelb dekoriert, Straßenkünstler zeichnen jetzt neben Alain Delon und Schwarzenegger auch Porträts von Selenskyj, und in den Restaurants gibt es Hilfsaktionen für die Ukraine. Plakate, «Wir halten zusammen», «Stand with Ukraine», und Flaggen, Flaggen, Flaggen.

Auf den Straßen massenweise Kleintransporter mit Hilfsgütern und Flüchtlingen, Busse mit den Flaggen von Dänemark, Deutschland, Norwegen, Finnland – und der Ukraine auf der Heckscheibe. Ganz gewöhnliche Bürger lassen alles stehen und liegen, setzen sich ans Lenkrad, heften sich die Flagge ihres Landes und die ukrainische ans Auto und fahren los, durch halb Europa, um Flüchtlinge über die Welt zu verteilen. An den Grenzen blockieren Menschen mit ukrainischen Fahnen russische und belarussische Lkws. Überall Demonstrationen, Bühnen, Hilfspunkte. Militärtechnik unterwegs.

In Warschau, das den Hauptstrom der Flüchtlinge auf sich genommen hat, das reinste Babylon. Ukrainisch und Russisch – viele kommen aus dem Osten – hört man mehr als Polnisch. Der Bahnhof ist zu einem einzigen großen Umschlagplatz geworden. Dolmetscher, kostenloses Essen, kostenlose Weiterfahrt, Informationsstellen, Zeugen Jehovas verteilen Butterbrote – zum ersten Mal im Leben hatte ich Lust, mit ihnen über Gott zu sprechen –, die Hotels sind überbelegt.

Zwei betrunkene Penner in einer Gasse, die bestimmt vor einem Monat noch bei einem Glas Bier über die Arbeitsmigranten geflucht haben, werfen sich mir jetzt mit «Ruhm der Ukraine!» und «Putin, Pisser» in die Arme, begeistert davon, dass die Ukraine Widerstand leistet. Als ich für ihre Unterstützung danke, heißt es, «ach was, wir tun doch nur, was wir können, die Ukrainer aber sind einfach fantastisch».

Die Position der Ukraine in der Welt hat sich kardinal geändert. Und eben auch, was wichtig ist, bei den einfachen Leuten. In der breiten Gesellschaft.

Man hat das Gefühl, ganz Europa sei heute eine einzige große Ukraine. Geradezu unglaubliche Unterstützung. Überall. Von allen. Einen solchen Zusammenhalt auf dem Kontinent gab es zuletzt wohl beim Zweiten Weltkrieg.

Auch heute sehen alle, wer hier der Böse ist.

Ukraine überall. In jedem Fernseher. Jeder Zeitung. Auf jedem Bügeleisen. In den Nachrichten Ukraine, Ukraine, Ukraine. Sie gucken wie gebannt.

Cumberbatch, DiCaprio, Elon Musk, De Niro, Greta – mir scheint, so gut wie alle Stars – alle Politiker, Meinungsmacher, mit Ausnahme des leicht beschränkten Coelho, kommen mit Ukraineflaggen auf die Bühne, schreiben Tweets, äußern ihre Unterstützung. Die Ukraine ist Mainstream geworden. Die Ukraine zu unterstützen, gehört zum guten Ton.

Wenn also jemand sagt, Europa würde nichts für uns tun, oder viel zu wenig – ihr habt keine Vorstellung davon, was dort in Bewegung gesetzt worden ist.

Eine globale Revision, nach der Russland einfach am Arsch ist. Total. Russland ist ein aussätziges Land.

Seinen Platz hat jetzt die Ukraine eingenommen.

Jedenfalls in den Köpfen.

Alles wird Ukraine sein!

Alles ist schon Ukraine.

13. März, 19.53 Uhr

Jeder russische Liberale – JEDER – sogar der Liberalste der Liberalen – ist immer auch großrussischer Chauvinist. Merkt man in jeder Zeile. Für ihn gibt es nichts Wichtigeres als das eigene Leiden durch die Schließung von McDonald's.

Dieser Text zeigt es. Ich lese den ersten Absatz und bin verblüfft. Ist also doch etwas angekommen. Aber je weiter ich lese, desto mehr fasse ich mich an den Kopf. Es geht um irgendwelche Online-Universitäten, Sozialämter, das Außenministerium, das bei der Visaerteilung und Aufenthaltsgenehmigung «für unsere Bürger» behilflich sein wird –, da folgt noch eine Menge solchen seichten Blödsinns –, und alles nur für die Russen.

In ihrer Welt gibt es nichts außer sie selbst, die ach so Unglücklichen. Sie tun alles, um nur das Wichtigste nicht zu sehen, nicht wahrzunehmen, nicht zu hören!

In Mariupol zweitausend Tote, kein Essen, kein Wasser, exakt die Blockade, von der sie ihre Liedchen singen, in Erinnerung an Leningrad – aber Scheiße, helfen wollen sie stattdessen den Bürgern an der Tankstelle, die es all die Jahre prima hatten. Und schwiegen wie der Fisch unterm Eis. Kein Wort über die Ukraine kriegst du aus ihnen heraus. Dieses Thema scheuen sie wie der Teufel das Weihwasser.

Leiden tun sie jetzt, ohne ihr Oriflame-Parfüm.

Ach, die Armen, Unglücklichen, lasst uns ihnen helfen.

Wie? Die Ukraine? Was für eine Ukraine? Ich seh nichts, hör nichts.

Geh mir weg, stört uns nicht, wir helfen hier den armen Russen, «die durch den Krieg Haus, Karriere und Arbeit verloren haben» oder in warme Länder geflohen sind.

Aleschkowskij kommen beim Kozlowskij-Veteranenchor die Tränen, und er baut eine Hilfsstiftung für die unglücklichen Russen auf.

OK Russians heißt sie.

Die Russians sind bei denen OK, verfluchte Scheiße.

14. März, 10.16 Uhr

Ljudmila Ulitzkaja hat sich gegen den Krieg ausgesprochen:

«Schmerz, Angst, Scham – das sind die Gefühle des heutigen Tages.

Schmerz – denn der Krieg trifft das Leben selbst – Gras und Bäume, die Tiere und ihre Nachkommen …»

Russische Liberale, seid ihr jetzt völlig durchgedreht, oder was?

14. März, 12.52 Uhr

Ich hatte ein Haus. Haus, Garage, Auto. Sogar ein Teleskop! Frisch renoviert. Nun, Olga hat es ohne mich fertiggestellt. Keine Minute dort gelebt.

Jetzt sind dort die Orks.

Dann haben mich meine ukrainischen Verwandten ausfindig gemacht. Sie sagten, das Haus meines Großvaters warte auf mich. Halb zerfallen zwar, aber immerhin.

Mich überkam ein Gefühl, als hätte ich meine Wurzeln wiedergefunden. Und ich schmiedete Pläne.

Bald würde ich meine Papiere bekommen, würde zum Haus meines Großvaters fahren, es kaufen, renovieren und in meinem neuen, alten Land Wurzeln schlagen, dachte ich mir.

Das Haus war in Genitschesk.

Jetzt sind da die Orks.

Den Abrams anwerfen und die Ruhe bewahren.

Weiße, kalte, hell glühende Ruhe.

Auf mein erstes Haus scheiße ich – ich hasse dort alles, bis zum letzten Grashalm, dort habe ich nichts mehr verloren.

Aber zu dem zweiten werde ich zurückkehren.

Ganz bestimmt.

Wir alle werden in unsere Häuser zurückkehren.

Wir werden sie renovieren und erneut Wurzeln schlagen.

Hört ihr?

Nicht schlapp machen, nicht rumheulen.

Alles wird Ukraine sein.

14. März, 19.24 Uhr

«Der Mann dreht gerade in diesem Augenblick durch – nach dem Krieg wird er tatsächlich denken, er ganz allein hätte dieses Land gerettet, in der zweiten Amtszeit werden die Konturen sich endgültig verfestigen, und er wird einen solchen Saustall anrichten wie in keinem der drei Jahre zuvor, denn der Weg von ‹Biden, mach uns keine Angst, im Mai fahren wir Schaschlik essen› zum Rambo innerhalb eines Monats ist sogar für eine gefestigte Psyche zu viel. Merkt euch diesen Tweet – aber das nur nebenbei.»

Das habe ich vor fünf Tagen geschrieben. Wie immer irre ich mich gewaltig im Termin. Mit dem Moratorium ist mir alles klar, aber Entschuldigung, was da jetzt mit Sergej Paschinskij und Tetjana Tschornowol vorgeht, das ... verdammt, da fehlen mir einfach die Worte.

Über Russland weiß ich alles. Da kann ich jeden kleinsten Schritt deuten. Ihre Verhaltenslogik ist mir verständlich, ihre Motivation, ihre Ziele.

Aber ich kann überhaupt nicht erklären, was von Zeit zu Zeit dieser oder jener Teil der ukrainischen Regierung anstellt. Da fällt mir nur immer wieder die Kinnlade runter.

Ich lese jetzt viel davon, dass die ukrainische Gesellschaft ihre Reifeprüfung macht. Nein. Die ukrainische Gesellschaft wird auf Standhaftigkeit geprüft. Auf Mannhaftigkeit und Heroismus. Auf stählerne Härte. Auf geistigen Mut. Auf den Kraftpunkt. Aber damit stimmte bei den Ukrainern sowieso immer alles. In all den Jahrhunderten haben sie diese Prüfung glänzend bestanden.

Auch wenn der Heroismus in neun von zehn Fällen eine Folge von Führungsfehlern ist. Dort, wo alles berechnet und vorbereitet ist, braucht es keinen Heroismus. Dort wird einfach planmäßig gearbeitet.

Aber darüber nach dem Krieg mehr.

Ihre Reifeprüfung wird die ukrainische Gesellschaft bei den nächsten Wahlen bestehen müssen.

Und genau das versuche ich hier die ganze Zeit zu sagen.

15. März, 11.38 Uhr

Acht Jahre im Ersten Fernsehkanal gearbeitet?
Okay, macht acht Jahre Straflager.
Kurz ein Plakat hochgehalten?
Mildernder Umstand, zweifellos.
Sieben Jahre.
Thema beendet.

15. März, 14.45 Uhr

Die zuvor von einer Reihe von Medien verbreitete Information, dass Russland um Militärhilfe bei China ersucht habe, führte zu dem heftigsten Kurssturz chinesischer Aktien seit zwei Jahrzehnten. Russlands Verlust wird, wenn ich nicht irre, auf eine Trillion geschätzt.

Aussätzige. Wo ihr auch hinguckt, alles am Arsch.

15. März, 17.57 Uhr

Für die Redakteurin mit dem Plakat habe ich gleich weitere dreißig Tage Shadowban bekommen. Insgesamt bin ich in diesen drei Wochen für schon ein halbes Jahr gebannt worden. So geht das alles. Das gesamte ukrainische Facebook mit einer Gesamtleserschaft von einer Million ist in seiner Reichweite herabgestuft und aus dem Informationsraum entfernt worden.

Danke schön für die Unterstützung im Netz, Mark.

Darf man noch Blumen posten?

16. März, 11.19 Uhr

Na schön. Solange es keine offiziellen Informationen über die Lage bei Kyiv gibt, weiter mit der Redakteurin.

Zwanzig Tage. Zwanzig Tage lange war die Ukraine in den Schlagzeilen. Nur Ukraine und nichts als Ukraine. Charkiw, Mariupol, Cherson, Kyiv.

Am einundzwanzigsten Tag in den Schlagzeilen der Leitmedien der Welt – die «guten Russen».

Alles nicht so eindeutig, hieß es wieder, Glasnost-Perestroika-Matrjoschka-Frieden-Freundschaft-Kaugummi, schuld ist allein Putin.

Die Hauben fliegen hoch, und die Ukraine ist weg aus dem Newsroom, wenn auch nur für einen Tag.

Aber diese vierundzwanzig Stunden reichen. Im Kopf des einfachen Bürgers bleibt zurück, dass nicht alles so eindeutig ist, es gibt auch gute Russen, die haben damit nichts zu tun, lasst uns ihnen helfen und kein Erdölembargo verhängen.

Wir müssen ihnen helfen, das Wunderbare Russland der Zukunft zu errichten und unsere Verhältnisse neu zu gestalten.

16. März, 12.19 Uhr

«Die Invasion in der Ukraine hat Europa (und Großbritannien) geeint wie nichts anderes in der jüngsten Zeit, und das wiederum bietet neben allen furchtbaren Zügen dieses Krieges eine Menge Chancen. Auch wenn wir nicht angemessen auf die Überfälle in Syrien und dem Jemen reagieren konnten, sehen wir doch jetzt, wie die ukrainische Flagge in der ganzen Welt und in verschiedensten Situationen präsent ist, und sogar Regierungen, die Informationen unter Kontrolle halten, wie China, können die Lage schwer verheimlichen.

Sie erscheint auch bei Protestaktionen in ganz Russland. Russland ist kein Friedensfeind, nicht einmal die russische Regierung oder der Großteil des Militärs ist es, es ist Wladimir Putin.

Großbritannien, das die EU verlassen hat, steht jetzt Seite an Seite mit seinem alten Rivalen Frankreich, mit seinem erbitterten Feind während des zwanzigsten Jahrhunderts, Deutschland, sowie mit der überwältigenden Mehrheit der Regierungen der Welt, was die Verurteilung des grausamen Krieges von Putin betrifft. Es gibt Verbindungen, die man herstellen oder neu justieren, die man ausloten und vertiefen muss, solange die Zeit dafür gekommen ist.

Unser Kampf gilt nicht dem russischen Volk, sondern seinem Führer. Es ist vielleicht der ideale Zeitpunkt, um dem russischen Volk vorzuschlagen, einen anderen Führer zu wählen, Teil eines neuen, stabilisierenden Machtblocks zu werden, der alle ehemaligen Sowjetländer und die Europäische Union vereinen könnte, um ein neues, ziemlich mächtiges Gebilde zu schaffen. Damit könnte sogar der immer weiter anwachsenden Übermacht Chinas Einhalt geboten werden.

Wir haben so viel gemeinsame Geschichte und Kultur, so viele Landgrenzen, so viele Gründe zur Zusammenarbeit, dass wir sichergehen müssen, dass eine solche Barbarei vor und in unseren erweiterten Grenzen nie wieder vorkommen wird.

Kintsugi – das ist eine japanische Reparaturmethode. Übersetzt wird das als ‹mit Gold verbinden›. Eine zerbrochene Schale, die Scherben mit Gold wieder zusammengesetzt, hat größeren Wert als die heile Schale zuvor. Etwas oder jemand, der vor Zerstörung, vor äußerster Verwüstung und Niedertracht gerettet wird, bekommt dadurch mehr Wert, als er vorher hatte.

Sobald diese Grausamkeiten enden, lasst den friedlichen Himmel für immer über unserem Teil der Welt erstrahlen. Laden wir alle Völker Europas, auch die ehemaligen Staaten der Sowjetunion, ein, zur Bildung einer neuen, stabilisierenden Kraft beizutragen: Eur-Russopia oder EUSSR.»

Peter Gabriel.

Genau, der. Musiker, Philosoph, Meinungsführer.

Das Märchen von den guten Russen, denen man eine zweite (dritte, zwanzigste, hundertste?) Chance geben müsse, hat seinen Weg um den Planeten gemacht und will eine neue Runde drehen. Zurück auf Start, das macht hart. Bush-Hühnerkeulen, Teil sechs.

16. März, 13.25 Uhr

In Tschernigow haben die russischen Okkupanten eine Warteschlange, in der Menschen um Brot anstanden, beschossen, mindestens zehn Tote – Suspilne.

16. März, 14.29 Uhr

Russische Einheiten des 4. Garde-Besatzungsstützpunkts in Zhinvali verlassen die Region durch den Roki-Tunnel und ziehen zum Kampf in die Ukraine. Wie es heißt, fahren außer den Einheiten der 58. Russischen Armee auch Freiwillige aus dem sogenannten Süd-Ossetien in die Ukraine.

Der Stützpunkt in Zhinvali ist mehr als ein Stützpunkt. Es ist eine Stadt für sich, in der nach meinem Eindruck mehr Menschen wohnen als in Zhinvali selbst. Wenn ich nicht irre, um die fünftausend. Wenn die Hälfte davon loszieht ... Georgier. Ihr habt eine Chance.

Sakartvelos gaumardžos.

16. März, 20.16 Uhr

Krankenhaus Mariupol. Das muss die ganze Welt sehen.

Das muss die ganze Welt sehen.

16. März, 22.02 Uhr

Man hört, Lawrow sei bei einem Flug nach China auf halbem Wege umgekehrt.

Das Himmelreich lässt dich im Stich, mein Sohn.

Immer.

16. März, 22.31 Uhr

Explosionen auf den Flugplätzen in Baranowitschi, Stolin, Ljachowitschi. Alles Belarus.

20. März, 9.57 Uhr

Die Sache ist, dass mein estnischer Freund Tonu Antipov ein Auto gekauft hat. Einen Toyota Land Cruiser. Diesel. Nicht das Einzige, was er gekauft hat, aber jetzt wird die Rede davon sein.

Mein polnischer Freund Rodion Rodionczyk hat das Auto militärschwarz lackiert, den Motor überholt und es mit medizinischem Material für an die zehntausend Dollar vollgestopft. So hat er schon tausende, wenn nicht hunderttausend Dollar in anderen Autos auf die Reise geschickt, aber hier geht es jetzt konkret um dieses.

Ich setzte mich ans Steuer und fuhr den Wagen nach Charkiw. Von der deutschen Grenze aus.

Habe allerdings keinen Führerschein. Logisch ging ich davon aus, dass mich auf der Autobahn niemand anhalten würde, und wenn doch – kommt, Jungs, wir alle sind erwachsen, da hat ein Krieg begonnen, der Wagen soll an die Front, seid nicht kleinlich, *please*, und ich verzieh mich leise und fahr weiter.

Und damit sie wirklich nicht rumwühlen, klebten wir «Putin – Pisser»-Aufkleber auf den Wagen, und ich zog ein T-Shirt an mit «Russisches Kriegsschiff, verpiss dich».

Auch damit ich später an den Kontrollposten wegen meines Russki-Akzents nicht sofort eins aufs Maul kriege, sondern man wenigstens mit mir redet.

In der Nacht ging es los. Um möglichst weit zu kommen, solange die Polizei schläft.

Es klappte auch. Niemand hielt uns an, niemand fragte uns etwas, wir kamen ohne Probleme an. Selbst wenn sie uns angehalten hätten, ich bin nach wie vor überzeugt, dass sie uns einfach geholfen hätten. Die Polen sind heute unglaublich. Eine wahnsinnige Unterstützung. In allem. Sie drücken, wann immer möglich, beide Augen zu. Fahrt, Jungs. Muss sein.

An der Grenze wenig Autos, die Polen wühlen nicht rum, sie lassen uns rasch durch.

Menschen aus aller Welt. Der gesamte Globus. Amerikaner haben wir fünfmal getroffen. Sie bringen Hilfsgüter. Israelis mit einem Rettungsfahrzeug. Zwei Finnen fahren in voller Ausrüstung zur Fremdenlegion. Polnische Feuerwehrleute in einem Feuerwehrwagen. Kleinbusse, Jeeps, Laster. Und Rettungsfahrzeuge, Rettungsfahrzeuge ...

Geradezu unglaubliche Unterstützung.

Unglaublich.

Beim Zoll stellt sich heraus, dass der Knabe, bei dem das Auto gekauft wurde, auch kein ganz grüner, sondern ein gerissener Knabe ist. Um keine Akzise zahlen zu müssen, hat er den Land Cruiser vor hundert Jahren nicht als Land Cruiser, sondern als Lastkraftwagen importiert.

Somit wartete ich plötzlich am Ende der Lkw-Schlange. Scheiße ...

Ein Zöllner kommt an die Lkw-Schlange. Was hast du hier verloren?, fragt er. Das ist so, erkläre ich. Mein estnischer Freund Tynu hat ein Auto gekauft. Mein polnischer Freund Rodion hat es militärschwarz lackiert, überholt und mit medizinischem Material vollgestopft. Und ich bin nicht von hier, bin russischer Flüchtling, lebe da und da, ich bringe das Auto nach Charkiw. Aber ich habe keinen Führerschein. Und dieser Knabe, bei dem wir das Auto gekauft haben, ist auch kein grüner Junge ...

In Ordnung, sagt er, ich versuche, dich hier schnell durchzuschleusen.

Es dauerte natürlich länger als in der Pkw-Schlange, aber die Polen wühlten nicht viel rum, ließen mich schnell durch.

Okay, geschafft.

An der ukrainischen Grenze – «Was suchst du hier?» Hört zu, sage ich. Mein estnischer Freund Tynu hat ein Auto gekauft. Mein polnischer Freund Rodin hat es mit Medizin vollgestopft. Und ich fahre es nach Charkiw. Hier meine Aufenthaltsbescheinigung, hier mein Flüchtlingspass, hier mein Personalausweis. Hier die Bescheinigung des Bataillonskommandeurs. Die Bescheinigung der Gemeinde. Der Stempel. Hier das Verzeichnis. Punkt für Punkt.

Ich habe nur keinen Führerschein.

Ah, okay, stell den Wagen mal hier ab. Wir gehen ins Büro.

Klar.

«Was willst du», höre ich. Passt auf, erkläre ich. Mein Freund Tynu ... Und so weiter. Und ich selbst bin nicht von hier. Habe aber zwei Jahre in Kyiv gelebt. Hier die Bescheinigung. Hier der Flüchtlingspass. Da der PA.

Nur einen Führerschein hab ich nicht.

Du hast zu lange in Finnland gelebt, wenn du jeden Elch in der Gegend mit Namen kennst. Du bist zu lang rumgeeiert, wenn du nicht nur die Grenze, sondern sogar die Fahrkarten vergessen hast. Fliegen ist heute so einfach wie Straßenbahnfahren. Du kaufst ein Ticket, hast es im Handy, liest es am Flughafen ein und gehst durch, zum Platz. Fertig.

Aber. Die Bescheinigung ist auf einen russischen Pass ausgestellt. Der Pass ist abgelaufen und einen Dreck wert, zum Teufel mit dem russischen Pass. Ich habe diesen Teil meines Lebens schon längst vergessen. Existiert für mich gar nicht mehr. Aber mit Flüchtlingspass braucht man ein Visum.

Ach du blühende Scheiße.

Mist, daran hab ich überhaupt nicht gedacht. Welt ohne Grenzen, das war's doch. Aber für alle Fälle hatte ich das vor der Abreise noch geprüft: Nein, die Staatsangehörigen des Landes, das mir Asyl gewährt hat, brauchen für die Ukraine kein Visum. Man kann beruhigt fahren.

Aber das gilt für Staatsangehörige.

Du hast zu lange in einer normalen Welt gelebt, wenn du vergessen hast, dass Pferde kotzen können.

Anderthalb Stunden saß ich mit den ukrainischen Grenzern und Sicherheitsleuten, wir drehten und wendeten es. Es gab keine gesetzliche Grundlage für die Einreise. Entweder russischer Pass. Oder Visum.

Okay, sage ich. Gut. Ich fahre mir ein Visum besorgen.

Aber versteht ihr: Mein estnischer Freund Tynu hat ein Auto gekauft. Mein polnischer Freund Rodion hat es lackiert, überholt und mit medizinischen Gütern für zehntausend Dollar vollgestopft. Und ich fahre es nach Charkiw. Ohne Führerschein zwar, aber sie warten dort darauf. Zhadan und die Hunde. Und Oleg Abramitschew. Morgen soll es da sein.

Vielleicht lasse ich euch das Auto hier, wir finden jemand auf der anderen Seite, der übernimmt es, und ich mach mich vom Acker?

Sorry, Bruder, verstehen wir, aber – mit dem Auto eingereist, also auch mit dem Auto ausgereist.

Na, okay.

Ich fahre es jetzt schnell nach Polen, dort wechseln wir den Fahrer.

Ich komme an die polnische Grenze. Was ist, fragen sie. Versteht ihr, sage ich: Mein estnischer Freund Tynu. Mein polnischer Freund Rodion. Und ich bin nicht von hier. Hab keinen Führerschein. Das heißt, Visum. Sie haben mich zurückgeschickt. Ich fahr jetzt nach Polen zurück, wir wechseln den Fahrer, und das Auto kehrt um, morgen soll es in Charkiw sein, wird dort erwartet. Und ich geh zu Fuß, ein Visum besorgen.

Ah, okay, dann los, kein Problem.

Doch ihr erinnert euch? Der Knabe, bei dem wir das Auto gekauft hatten?

Die Schlange zur Lkw-Kontrolle bei der Einreise in die EU war ÜBERHAUPT NICHT VERGLEICHBAR MIT DER SCHLANGE ZUR AUSREISE AUS DER EU, SCHEISSE!!!

Oje.

Mist, verdammt. Wiegen. Grenzkontrolle. Zoll. Röntgen. Röntgen, Scheiße!

Und das Sahnehäubchen – die Sicherheitsleistung.

Sicherheitsleistung bedeutet, dass du, wenn du aus der EU ausgereist bist, bei der Wiedereinreise in die EU dein mitgeführtes Vermögen erneut deklarieren musst.

Scheiße. Ich habe einen Land Cruiser. Darin Waren für zehntausend.

Verflucht, ich soll anderthalbtausend Zoll zahlen.

Jungs, sage ich. Da muss doch was gehen. Versteht doch. Mein estnischer Freund ... Der Wagen ist frisch überholt, voll mit Medizin. Ich selbst bin nicht von hier. Sollte es nach Charkiw fahren. Dort wird es erwartet. Aber ich habe kein Visum.

Das schreibe ich jetzt und denke, was für idiotische Situationen im Grenzbereich der Sphären – an der Grenze zwischen Krieg und Frieden – entstehen können. Ich benötige ein Visum in den Krieg. Oder den Pass der Okkupanten. So was kann man sich gar nicht ausdenken.

Jungs, sage ich. Ich kann jetzt nicht den Wagen auspacken, jede Serviette deklarieren, wieder alles einpacken und dafür anderthalbtausend Bucks hinlegen. Es muss eine andere Lösung geben.

Die Polen sind klasse. Die Polen sind einfach spitze. Das ist ein wirkliches Brudervolk.

Okay, sagen sie. Park hier. Sucht einen Ersatzfahrer. So lange kannst du hier am Lagerhaus wohnen, auf dem Parkplatz.

Ein Ersatzfahrer ist da. Dort, hinter der Grenze, steht er. Es gibt nur ein Problem: Männer zwischen achtzehn und sechzig Jahren werden nicht aus dem Land gelassen.

Sssscheiße.

Erst mal eingereist. Als Lkw. Dann die Verhandlungen mit Grenzern und Geheimdienst. Dann wieder ausgereist. Als Lkw. Dann Suche nach einer weiblichen Ersatzfahrerin. Die kommt auch irgendwann. Überquert die Grenze. Verläuft sich und gerät nach Polen. Wird von dort zurückgeholt. Die Polen sind unglaublich – auch dabei haben sie geholfen. Die Schranke wird hochgefahren, los, komm. Sag nur niemandem ein Wort. Dann dies. Dann das.

Insgesamt habe ich zwei volle Tage im Auto verbracht. Zwischen zwei Welten. Am Lagerhaus. Neben der Röntgenkontrolle.

Euch ist klar, dass es an der Grenze keine Klos gibt, oder?

Tom Hanks, verfickter.

Nacht. Kälte. Zug. Die Helfer, in Schlafsäcke gehüllt, kochen Tee und Suppen. In Zelten wärmen sich Frauen mit Kindern auf. Ein endloser Strom von Menschen zieht vorbei. Menschen, Menschen, Menschen ... Autos. Busse. Schilder «Kinder». Ukrainische Flaggen. Die Hilfe fährt nach drüben. Leere Lastkraftwagen kommen zurück. Werden beladen und fahren wieder los. Dieses Fließband läuft jetzt schon drei Wochen ohne Pause. Der Menschenstrom, unaufhörlich. Kinder. Kinder. Kinder.

Was hast du angerichtet, du Schwein.

Du Bastard.

Aber Zigaretten gibt es. Und Wasser. Drei Tage nichts essen geht ohne Probleme. Ist sogar besser. Krumm im Wagen hocken, aber man braucht kein Klo.

Alles okay.

Diese zwei Tage habe ich jede Sekunde lang genossen. Jeden

Augenblick meines Lebens. Ich im Auto. Im Warmen. Mit Zigaretten. Niemand beschießt mich. Kein Granatenhagel. Ich muss mich nicht in die frostige Erde graben und in dieser Höhle den Panzerangriff abwarten. Muss nicht meine verschütteten Leute ausgraben. Muss nicht mit Kindern auf dem Arm durch den Frost laufen, weiß der Teufel wohin, und mein ganzes bisheriges Leben zerbrochen hinter mir lassen.

Im Vergleich damit, was ringsumher vorgeht, geht es mir einfach super. Am Lagerhaus, auf dem Parkplatz. Aber nachts ist es doch schweinekalt.

Der Morgen. Schichtwechsel. Ich gehe in die Amtsstube. Was willst du hier? Ihr versteht. Mein estnischer Freund Tynu ... Ach, du bist dieser Trottel, ja?

Bingo! Ein Lächeln breitet sich auf meiner Fresse aus. Man kennt mich schon.

Alles gut.

Der einzige Sender, den man im Auto empfängt, ist das polnische «Radio Maria», neunational-religiös, superkatholisch. Psalmen, Gelobet sei unser Herr Jesus Christus, Halleluja, Abtreibung ist böse, Homosexualität die Strafe für unsere Sünden.

Drei Tage im Auto, schon kam der innere Frieden auf mich nieder und bedeckte mich mit seiner Hand. Ich war ganz und gar von ihm erfüllt.

Wasser, mangelnde Bewegung und die unmögliche halb horizontale Lage lassen dir die Pfoten und Haxen anschwellen. Finger wie Wiener Würstchen. Die Flossen gehen mit Mühe noch in die Turnschuhe.

Die Fresse auch irgendwie. Obwohl die doch oben ist.

Und ich fange an zu müffeln.

Die dritte Schicht. Ich gehe zum neuen Zollchef, mich vorstellen. *Dzień dobry*, sage ich. Verstehen Sie, mein estnischer Freund Tynu ...

Eh, Schweinsnase! Bist du es wirklich? Über dich lacht jetzt schon den dritten Tag die ganze ukrainische und polnische Grenze. Dürfen wir ein Selfie mit dir machen?

Sturzregen von Preisen. Öffentlichen Auftritten. Empfängen. Vorträgen. Noch nie im Leben, noch nie war mein Ruhm auf solcher Höhe.

Ja, und dass meine Ablöse sich dann einen Platten einfing, einen Wagenheber suchen musste, dann eine Werkstatt für den Reifenwechsel, dann den Besitzer des Wagenhebers wiederfinden musste, um das Gerät zurückzugeben, dann nach Polen kam und gesucht wurde – die Geschichte braucht man wohl nicht zu erzählen. Anders konnte es nicht kommen.

Karma.

Wir tauschten. Sie fährt los. Ein mir unbekannter, ganz fremder Mensch, den ich nie wiedersehen werde, der mir aber in den fünfzehn Minuten, die wir uns sahen, so nahe gekommen ist.

Die Polen begleiten mich zu Fuß über die Grenze. Wir geben uns die Hände. Ich bedanke mich. Mir unbekannte, fremde Menschen, die sich, statt mich rauszuschmeißen, mit der Sache beschäftigt, nach Lösungen gesucht, geholfen, gewartet, was getan haben.

Im Flüchtlingslager steht mitten auf dem Platz ein Flügel. Ein Junge spielt den Schtschedryk. Ein endloser Strom von Menschen. Menschen, Menschen, Menschen ... Frauen. Und Kinder. Kinder. Kinder.

Unbekannte Menschen mit gelben Westen kochen für andere unbekannte Menschen, die sie nie im Leben wiedersehen werden, Essen, helfen, erzählen, schicken Busse her, transportieren kostenlos, lassen sie in ihre Wohnung ...

Nichts hebt den menschlichen Geist auf solche Höhen wie eine Katastrophe.

Wir sind am Ende doch gut.

Wir – Menschen.

Im Bus ein Mädchen von vielleicht acht Jahren. Russisch: «Mama, hier kommen die Russen doch nicht her? Hier nicht, oder? Nur Flugzeuge?»

Am Bahnhof von Przemyśl ein Babylon. Menschen im Wartesaal, Menschen draußen, im Restaurant. Kinder schlafen auf dem Schoß ihrer Mütter. Polizisten schleppen Koffer, Kinderwagen, Kinder. Heiße Suppe, warmes Essen. Ihr müsst wissen, sage ich. Ich bin kein Flüchtling. Ich bin Journalist. Lasst mich für meinen Tee bezahlen. Beinahe hätte ich eins auf die Nase gekriegt.

Die Züge haben Verspätung. Drei Stunden. Vier. Aber sie fahren.

Im Zug nach Warschau nur Ukrainisch und Russisch.

In Warschau das nächste Babylon. Freiwillige teilen die Ankömmlinge auf, erzählen, zeigen, helfen, transportieren sie weiter.

Polen. Dank sei dir.

Danke für alles.

Die ganze Reise hat mich zehn Tage gekostet. Fünf davon im Auto. Davor die Anreise zum Auto, dann die Fahrt an die Grenze, dann das Leben im Auto. Dreitausend Kilometer.

Zehn Tage lang heldenhafter Kampf mit Schwierigkeiten.

Ergebnis: null.

Ich hätte nicht gedacht, dass das alles so lange dauert. So mühsam. So zäh. So viel Papier und Bürokratie. Rauskramen, finden, kaufen, herbringen, ranholen, rübertransportieren, ausstellen lassen, beladen, entladen, wieder suchen, wieder kaufen.

Die Freiwilligen leisten eine unglaubliche Arbeit. Einfach unglaublich. Wisset das zu schätzen.

Jedem, der etwas besorgen muss, kauft, ums Verrecken Geld auftreibt, weitertransportiert, jedem, der sich diesem biblischen Strom des zivilgesellschaftlichen Lend-Lease anschließt ... Ich bin überzeugt, dass es nach dem Krieg in der Ukraine neben den Soldatendenkmälern auch Denkmäler für die Freiwilligen geben wird.

Ohne diese weltweite Unterstützung kann die Ukraine nicht siegen.

Dafür kann ich jetzt Autos rüberbringen. Jetzt weiß ich alles darüber. Und alle an der Grenze kennen mich jetzt.

Ich besorge mir ein Visum.

Obendrein ist mir klar geworden, dass ich keine fünfundzwanzig mehr bin. Das alles fällt mir nicht mehr so leicht.

Und ich habe ein wahnsinniges Schuldgefühl. Dafür, dass ich nicht dort bin. Nicht bei euch.

Ausgeprägtes Überlebensschuld-Syndrom.

Wenn ich es wenigstens bis zur Grenze geschafft hätte.

Wenn ich diesen Flüchtlingsweg wenigstens bis zu Ende gegangen wäre.

Remarque. «Die Nacht von Lissabon».

Via Dolorosa.

Das Auto ist schon dort. Alles in Ordnung.

Und dazu habe ich heute Geburtstag.

Also heute. Als ich an der Grenze lebte, meine ich.

Zwischen Krieg und Frieden.

Fünfundvierzig bin ich geworden.

Eure alte Schweinsnase.

22. März, 11.10 Uhr

«**Belarussen.** Hört, was ich euch jetzt sagen werde. Das ist wichtig. In den nächsten Tagen wird euer Land, wie es aussieht, in den Krieg eintreten. Wie es aussieht, hat Putin euren Kartoffel-Führer doch kleingekriegt. Er wird euch zu einer neuen Faust formen und sie auf Kyiv hauen.

Wenn ihr verliert, wird die Ukraine von eurem neuen Unionsstaat von drei Seiten umgeben sein. Das verschlechtert die Lage gewaltig. Nicht nur unsere. Auch eure. Wenn ihr verliert, wird Belarus verschlungen werden.

Wenn Belarus verschlungen wird, wird es Teil des Unionsstaates werden. Wenn es Teil des neuen Imperiums wird, dann werdet ihr in seiner Armee dienen.

Wenn ihr in seiner Armee dient, werden wir gegen euch kämpfen müssen. Das versteht ihr doch?

Erkennt das Wichtigste. Die Frage ist nicht ‹friedlicher Protest› oder ‹gewaltsamer Protest›. Die Frage lautet: Entweder werdet ihr in Minsk kämpfen, gegen Lukaschenko, jetzt. Oder eure Kinder werden in Syrien, Libyen, Tschetschenien, der Ukraine kämpfen. Und das schon in allernächster Zukunft. Glaubt mir.

Und in der neuen Unionsarmee werdet auch ihr zu Okkupanten. Und wir werden auf der anderen Seite der Barrikade stehen. Wir werden auf euch schießen müssen. Ist euch das klar?»

Das habe ich vor nicht mal einem Jahr geschrieben. Ich zitiere das jetzt nicht, um noch einmal über Schnürchen und Senkelchen zu stöhnen. Sondern um zu zeigen, wie präzise meine Prognosen waren.

Deshalb hört euch jetzt meine nächste Prognose an. Und ich beschwöre euch – nehmt sie diesmal bitte zur Kenntnis.

Begreift das. Sobald ihr die Grenze überschreitet, sobald ihr ukrainischen Boden betretet – verwandelt ihr euch sofort von Opfern der Diktatur in Okkupanten. Und von da an wird nicht lange mit euch gefackelt. Ihr werdet eiskalt und ohne viel Worte humilisiert. Und wie effektiv die ukrainische Militärmaschine Okkupanten in Humus verwandelt, habt ihr alle gesehen. Das wird am Schießstand. Bedenkenlose Ausrottung. Dem habt ihr NICHTS entgegenzusetzen.

Ihr seid keine Kämpfer. Lasst uns jetzt mal offen reden. Ihr seid nicht mal Orks. Und eure Armee ist keine Ork-Armee.

Die anderen haben wenigstens etwas. Wenigstens dynamische Verteidigung, den Geländewagen Tigr und das nicht funktionierende Panzir S-1.

Ihr habt nicht mal das.

Eure Streitkräfte sind eine Alteisen-Sammlung aus der Mitte des letzten Jahrhunderts, mit Helmen aus der Weltkriegszeit.

Ihr werdet alle vernichtet werden. Ausnahmslos.

Eure Teilnahme am Krieg braucht Putin nur zu einem einzigen Zweck. Ist euch denn klar, dass euch nicht mal euer eigener Diktator in die Schlacht wirft, sondern der von nebenan? Dieser Blutsauger von nebenan benutzt euch nur dazu, eine neue Faust aus euch zu formen – aber was heißt schon Faust, einen Haufen unausgebildeter Leute mit MGs aus dem vorigen Jahrhundert – und sie in eine neue Richtung zu werfen mit dem einzigen Ziel – ukrainische Truppen durch eure Vernichtung abzulenken.

Um dann selbst mit seiner alten Faust auf Kyiv loszuschlagen.

In diesem Krieg habt ihr nur eine einzige Aufgabe. Euer Tod soll sich einige Tage lang hinziehen, denn solange die Ukrainer euch verarbeiten, können die Orks diese Zeit für den anderen Schlag nutzen. Euer Überleben ist in diesem Krieg nicht vorgesehen, versteht ihr?

Noch einmal – ihr werdet vernichtet werden.

Alle.

Ich weiß. Ihr wollt nicht kämpfen. Wollt nicht sterben. Für den Blutsauger von nebenan. Ihr wollt nicht an diesem für euch unnötigen, fremden Krieg für einen fremden Diktator sterben.

Deshalb hört genau zu.

Ihr habt nur eine Möglichkeit. Damit Facebook mich nicht wieder bannt, formuliere ich es neutral: Stellt eure Kommandeure ruhig. Eure Politruks. Eure KGBler. Haltet riesige weiße Laken am Stock hoch.

Und fahrt rückwärts, mit gesenkten, in die Gegenrichtung gehaltenen Läufen, zur Warnung laut schreiend und das weiße Laken schwenkend. Lauft zur Ukraine über.

Andere Möglichkeiten, am Leben zu bleiben, habt ihr nicht. Wenn ihr euch ergebt, steigen eure Chancen um ein Mehrfaches. Die Ukrainer sind normale Menschen. Sie haben für alles Verständnis. Euer Leben und ein warmes Essen sind dort garantiert.

Nur tut das, bevor der erste Schuss von eurer Seite fällt. Bevor der erste belarussische Raketenwerfer Grad das erste ukrainische Haus zerstört.

Bevor der Hass einsetzt. Ebenso groß wie der auf die Orks.

Das ist mein Ratschlag.

Springt vom Panzer. Rennt ins Unterholz. Schlagt euch auf Wolfspfaden zur ukrainischen Armee durch.

Entführt Militärtechnik. Nehmt eure Kommandeure gefangen. Liefert sie aus, in Mengen. Je mehr, desto besser.

Und noch besser – wendet eure Waffen und zieht gegen Minsk. Kämpfen werdet ihr sowieso müssen. Egal wie es kommt. Das sage ich noch einmal.

Aber überlegt euch eins: mit wem ihr lieber kämpfen wollt – mit der im Augenblick stärksten, gut ausgebildeten und am besten motivierten Armee Europas, die ausgestattet ist mit den modernen Waffen und acht Jahre lang trainiert hat, Eroberer zu liquidieren, und sogar so gut trainiert hat, dass die ganze Welt jetzt große Augen macht, eine Armee überdies, die vom ganzen Volk unterstützt wird, bis zum letzten Mann.

Oder mit den feigen KGBlern mit Makarow-Pistole, die nichts anderes können, als wehrlose Menschen in der Zelle totzuschlagen, und die niemand unterstützt.

Besser gegen KGBler kämpfen als gegen ukrainische Spezialeinsatzkräfte. Glaubt mir.

Und das Volk von Belarus wird sich sofort auf eure Seite schlagen. Überlegt euch auch Folgendes. Wofür wollt ihr kämpfen?

Dafür, ein paar weitere Dutzend eurer Nachbarn in einem fremden Land zu töten, das zu erobern man euch losschickt und das euch nichts Böses getan hat? Oder für eure Freiheit in eurem eigenen Land?

Denkt nach. Und trefft die richtige Entscheidung.

Belarussen. Verbreitet diesen Text. Leitet ihn weiter. Kopiert ihn und schickt ihn an eure Gruppen und Newsfeeds. Verteilt ihn auf Flugblättern. Ruft eure Söhne-Männer-Brüder an und lest ihn vor.

Möglichst viele Menschen sollen ihn lesen.

Noch habt ihr Zeit.

Und die Möglichkeit, richtig zu entscheiden.

26. März, 12.36 Uhr

Eingelagertes russisches Militärgerät ist restlos geplündert worden, ein Kommandeur hat sich erschossen.

Die Okkupanten versuchen, ihre Verluste durch Militärgerät aus Lagerbeständen aufzufüllen. So hat der Feind in SMT Klimovo, Gebiet Brjansk (35 Kilometer von der ukrainischen Grenze entfernt), einen Reparatur- und Überholungs-Stützpunkt aufgemacht. Das Auffrischungs-Bataillon ist dort bemüht, eine große Menge von Militärtechnik aus den Lagern wieder «in Schuss» zu bringen. Diese Geräte sind überwiegend in sehr unbefriedigendem Zustand, was ihre Nutzung stark einschränkt.

Aus den Kampfmaschinen sind optische Zielgeräte und Elektronik samt wertvollen Metallen gestohlen worden.

Bei der 4. Panzerdivision der Russischen Föderation stellte man fest, das von zehn «eingemotteten» Panzern nur ein einziger mehr oder weniger einsatzbereit war. Der Rest war völlig ausgeweidet. Einige von ihnen hatten noch nicht einmal mehr Motoren. Damit sind die Pläne, die Panzer an die Front zu schicken, vorerst gescheitert.

Wie bekannt wurde, hat der Kommandeur des 13. Panzerregiments der 4. Panzerdivision sich erschossen.

So sagt die Aufklärung des Verteidigungsministeriums der Ukraine.

Was sagst du jetzt, russischer Liberaler, kämpfst du immer noch gegen die Korruption?

Verpiss dich, russischer Liberaler.

27. März, 14.00 Uhr

Sean Penn hat zum Boykott der Oscar-Verleihung aufgerufen, wenn Selenskyj dort nicht auftreten dürfe.

Dann noch Auftritte bei MTV. Beim Grammy. Bei Eurovision. *And twelve points go to ...*

Ich habe ja gar nichts dagegen. Da ist der Mann absolut in seinem Element. Auf der Bühne, im Rampenlicht. Soll er erzählen. Sie werden zuhören.

Wenn man dann bei der NATO noch lernen würde, genau diese NATO nicht für ihre beispiellose Unterstützung schlechtzumachen, wäre alles bestens.

27. März, 22.38 Uhr

Die russischen Liberalen (nun, andere Russen habe ich nicht in meinem Feed): Ach, Selenskyj, ach, och, Glück, sabber, Meduza, Doschd, Zygar, was für ein Traum, ach, unbedingt hören, das war das Beste, was ich in meinem Leben erlebt habe, seit ich mit vierzehn den ersten Ständer bekam, ach, och, ich mach mich ein, Glück, Glück!

Die Ukrainer: Was faselst du, verflucht. Wieder. Was für ein

Scheiß-Referendum wieder. Was für ein Zygar ... Wozu hast du überhaupt mit denen geredet?

30. März, 8.01 Uhr

Gibt es was Neues von Maks Lewin?

Niemand was gehört?

30. März, 11.17 Uhr

«Als die Reserven der Zentralbank eingefroren wurden, hatte überhaupt niemand von den Prognostikern auf dem Schirm, was für Sanktionen der Westen verhängen könnte. Das ist nichts anderes als Diebstahl», sagte Sergej Lawrow letzte Woche in einem Vortrag vor dem MGIMO.

So viel zu der Frage, wie viele Züge sie im Voraus denken. Antwort – überhaupt keinen. Nicht einmal einen einzigen Zug.

Wenn du einen Krieg in Europa anfängst, wäre es äußerst ratsam, vorher die eigenen Gold- und Währungsreserven aus diesem Europa abzuziehen. Sollte man denken. Aber sie hatten das nicht einmal «auf dem Schirm».

Oder, mal in einfacher Sprache: VOLLIDIOT.

Das Gleiche gilt für den Angriff auf Kyiv. Folgen hatten sie nicht auf dem Schirm. Dito die Wirtschaft, den militärisch-industriellen Komplex, die Medizin, die Luftfahrt, die KAMAZ- und VAZ-Werke und sogar McDonald's.

Sie waren fest überzeugt, dass sie in zwei Tagen das ganze linke Dnepr-Ufer, einschließlich Kyiv, nehmen und mit Blumen begrüßt würden, und eine neue Realität fängt an, in der Europa in die Knie geht und alles mit tiefer Besorgnis und großzügigen zwei Milliarden Dollar Ukrainehilfe endet.

Und was ist stattdessen? Das konnten sie nicht voraussehen.

Damit, dass er das Vieh zum Klassenhegemon gemacht hat, in allen Bereichen, sogar in der Diplomatie – das haben nicht mal die Sowjets gewagt –, hat Putin der ganzen Welt einen einfach unglaublichen Gefallen getan. Andernfalls, also wenn hinter der Entwicklung neuer Panzer, neuer Hubschrauber, in Wirtschaft, Diplomatie, in der Aufklärung, im Generalstab tatsächlich Profis sitzen würden, die wenigstens daran gedacht hätten, die Reserven hinter den Ural zu verlagern, Gegenmaßnahmen zu planen und eine Kriegskasse zu bilden, und außerdem richtige Invasionspläne entwickelt hätten – in diesem Fall wäre die neue Wirklichkeit vielleicht tatsächlich innerhalb von achtundvierzig Stunden eingetreten.

Aber ich will mich hier nicht wiederholen.

Jetzt gibt ihnen ein Waffenstillstand die Möglichkeit, ihr Gehirn einzuschalten, zu schnallen, was vor sich geht, sich neu aufzustellen, vorzubereiten und erneut zuzuschlagen. Lernfähig sind sie noch. Dort sitzen leider nicht *ausschließlich* Kretins.

Aber zwischen dem Versuch der Eroberung Polens im Jahre 1920 und der Neuaufstellung samt Eroberung im Jahre 1940 und dem jetzigen einundzwanzigsten Jahrhundert besteht doch ein wesentlicher Unterschied. Die Technologie. Doch das ist Thema für einen eigenen, großen Post.

Jetzt will ich auf Folgendes hinaus. Die amerikanische Aufklärung sagt, dass Putin im Bunker angeblich so weit ist, dass er den Knopf drücken könnte. Der amerikanischen Aufklärung glaube ich, heute sogar so wie mir selbst. Ich halte es für sehr gut möglich, dass der halb verrückte Gartenzwerg einen Atomkrieg beginnt.

Aber, Wladi, bedenke Folgendes.

In der russischen Nordmeerflotte sind von einer Milliarde, die für die Reparatur der Flugabwehrsysteme Kinzhal, Uragan und Krepos bestimmt waren, sechshundertzweiundneunzig Millionen gestohlen worden. Die Invasionstruppe war nur zu zweiundvierzig Prozent voll ausgerüstet. Weniger als die Hälfte.

Die x-tausend eingemotteten Panzer sind praktisch total ausgeplündert worden. Von zehn Maschinen springt nur eine an. Der Kommandeur des Regiments hat sich erschossen. Er hat, das nur nebenbei, an die Ukrainer verkauft. Den Ermittlern in der Sache Swinartschuki einen besonderen Gruß.

Es besteht der Verdacht, dass auch all diese Hyperschallraketen vom Typ Kinzhal größtenteils nur auf dem Papier existieren. Und der Verdacht, dass die Situation bei den Strategischen Raketentruppen ganz ähnlich ist.

Ich würde mich nicht wundern, wenn bei jeder dritten Rakete der Fähnrich ein bisschen Heptyl-Treibstoff abzweigen und ihn im nächsten Dorf den Weiblein als Mittel gegen Kartoffelkäfer verkaufen würde. Und schon raschelt die «Pappel» nicht mehr mit ihrem geflügeltem Laub über mir ...

Aber. Immerhin steht der Raketenschild des Landes unter besonderer, ständiger, erhöhter Bereitschaft. Nun gut, selbst wenn in diesem Truppenteil alles normal sein sollte und nichts gestohlen wird – so sind doch all diese analogen – und diesmal ohne das Suffix «vorbildlosen» – Raketen vor fast einem halben Jahrhundert gebaut worden. Mit den weltgrößten sowjetischen Mikroprozessoren.

Und selbst wenn sie nicht alle gestohlen sind und fliegen, gibt es noch folgendes Problem, Wolodja.

Du da in deinem Bunker glaubst vermutlich, du hältst jetzt die ganze Welt in Atem. Hast die Erde in deiner Faust, und jetzt hängt die Existenz des ganzen Planeten nur noch von dir ab. Von deinen Wünschen. Es ist bestimmt geil zu meinen, dass eine Fingerbewegung von dir genügt – und die Zivilisation hört auf zu existieren. Soll ich meinetwegen sterben, soll ich ins Paradies kommen, die anderen werden alle verrecken – die ganze Welt in Schutt und Asche, nuklearer Winter, und dann, wenn alles sich beruhigt, beginnt wieder eine neue Steinzeit auf der

Welt, behaarte Menschen werden mit spitzgeschliffenen Steinen am Stock durch die Ruinen der Wall Street laufen und rohes Rentier fressen. Boaha-ha-ha.

Hier das boshafte Lachen des Doktor Böse.

Also, wenn dort jemand in seiner Nähe ist, dann richtet ihm Folgendes aus:

Wolodenka. So kommt das nicht.

Die Welt hat in den letzten fünfzig Jahren Riesenschritte gemacht. Auch im Bereich der Technologie. Der Militärtechnologie. Die von den besten Köpfen des Planeten in den besten Forschungszentren und Instituten für beste Gehälter entwickelt worden ist.

Und du hast all deine Militärs eingebuchtet. Und die Balalaikaspieler aus dem Land gejagt. Und an ihre Stelle Vieh gesetzt. Und jetzt hast du analogen Schrott aus der Mitte des letzten Jahrhunderts gegen digitale Technologie und Satelliten.

Selbst wenn deine Raketen starten sollten, woran ich gerade leicht zweifle, das heißt keineswegs, dass dreißig Minuten später New York, Washington, Berlin, Ottawa, London, Brüssel, Vilnius, Sydney und Kathmandu in Schutt und Asche liegen.

Das heißt, Vilnius und Kathmandu vielleicht schon.

Bei Prag dagegen, das noch vor fünfzehn Jahren gegen die Aufstellung amerikanischer Luftabwehrraketen in Tschechien protestierte und ab heute auf den Knien um die Lieferung der neuesten Technik betteln wird – bei Prag ist das schon sehr die Frage.

Und was New York und Washington angeht, ganz ausgeschlossen ...

Aber. Selbst wenn das so ist. Kluge Leute sagen, dass es gegenwärtig keine Technologie gibt, die zuverlässig gegen einen atomaren Raketenschlag schützt. Man kann einige Prozent abschießen, sagen wir vierzig, wenn ich nicht irre, doch zwei Drittel schlagen dennoch ein. Selbst wenn das so sein sollte. Selbst wenn deine Scheiße mit Mehrfachsprengköpfen die Welthauptstädte erreicht.

Selbst dann, weißt du.

Bedeutet das nicht das Ende der Zivilisation.

Wenn du New York, London und Singapur vernichtest, werden sofort Chicago, Buenos Aires und Mumbai die Funktionen der Finanzzentren übernehmen.

Wenn du das California Institute of Technology, das MIT und Harvard vernichtest, werden sofort die Universität Tartu und die chinesischen Wuhan-Labore die Funktion der wissenschaftlichen Weltzentren übernehmen.

Wenn du die Wiener Oper vernichtest, wird Oslo zum Kulturzentrum der Welt.

Wenn du die Werften Finnlands vernichtest, dann werden Tanker in Neuseeland gebaut.

Wenn du die Ölförderung in der Karibischen See vernichtest, wird sie in der Antarktis wiederaufgebaut.

Sogar die Internationale Raumstation wird weiterfliegen, Wolodja. Stell dir vor.

Wenn du Houston vernichtest, werden die Nachfolger von SpaceX neue, preisgünstige Raumschiffe produzieren, das Flugkontrollzentrum wird entweder in China oder in Japan oder Israel sein, und die Satelliten werden von chinesischen Changzhen-Raketen, japanischen HII-B und der israelischen Shavit ins All geschossen werden.

Ja, möglicherweise wirst du viele Menschen töten. Vielleicht eine Milliarde oder zwei. Aber die Zivilisation überlebt. Sie hält stand. Einen atomaren Winter wird es nicht geben. Das gesamte Atomwaffenarsenal des Planeten reicht nicht aus, um die Erde auf Jahre in den ewigen Winter zu versetzen. Ein allgemeines Aussterben wird es nicht geben. Kein neues Mittelalter.

Du vernichtest einfach mehrere Großstädte, deren Funktion sofort von anderen Städten übernommen wird, und tötest sinnlos viele, viele Menschen.

Russland ist dann endgültig am Arsch. Auf seinem Territorium wird dann tatsächlich auf lange Jahre, vermutlich sogar jahrhundertelang nicht einmal ein Iran, eher ein ewiges Afghanistan mit einem Hauch Tschernobyl sein. Von Ozean zu Ozean wird hier eine einzige Stammeszone sein mit wilden, mittelalterlichen Stämmen, die von Menschenraub und Sklaverei leben. Der Gipfel der Technologie wird eine rostige Kalaschnikow sein. Und das schon als ganz besonderes Statussymbol. Eine Federkrone und eine nicht funktionsfähige Kalaschnikow. Weil niemand mehr in der Lage sein wird, die Munition dafür zu produzieren.

Und nur von Zeit zu Zeit wagen sich Männer in militärischen Schutzanzügen und beschirmt von Abrams-Panzern in dieses wilde Gelände, meiden die gigantischen Trichter mit glasig geronnenem Boden, zwanzig Kilometern Durchmesser und fünfzig Zentimetern Tiefe, in deren Epizentrum zigtausend Sievert herrschten, tasten sich, wie bei den Brüdern Strugatzki, vorsichtig und aus reinem Forschungsinteresse in diese von Hexensülze und Fliegen wimmelnde Zone vor, auch um diese wilden Stämme wenigstens ein bisschen zu unterstützen, indem sie sich für ein wenig von den Bodenschätzen mit Säcken voll Reis und Mais erkenntlich zeigen.

Und einer Handvoll Glasperlen.

Also, Russen, denkt darüber nach. Wenn da bei euch noch jemand bei Verstand ist – tragt diesen Gedanken ans breite, tiefe Volk weiter. Dort bei euch vollziehen sich jetzt gerade Prozesse wie zwischen dem Ersten und Zweiten Tschetschenienkrieg. Den Ersten Tschetschenienkrieg hat Russland nicht akzeptiert. Aber schon vier Jahre später hat es sich um eine neue Idee gesammelt und zog los, um Rache für «unsere Jungs» zu nehmen, die schließlich in diesem missratenen Sturm auf Grosny nicht einfach umsonst gestorben sein konnten.

Wie auch immer, euer Tiefenvolk wird jetzt wieder von Hass und Rachsucht zusammengeschweißt. Es stellt sich neu auf und zieht los. Wie schon oft. Wie eigentlich immer.

Russische Liberale. Versucht, das eurem Volk klarzumachen – mit dem ihr jetzt so viel Mitleid habt, dem ihr sagt, es solle nicht leiden, die Sanktionen sollten nur Putin betreffen, alle anderen hätten ja gar nichts damit zu tun und seien unschuldig. Sogar Piontkowskij hat im Gespräch mit Ajder auf ATR davon gesprochen, die USA sollten die Trillion korrumpierter russischer Dollar beschlagnahmen, die dort von Ermittlern gefunden wurden. Und sie dem russischen Volk zurückgeben. Wir zuckten geradezu zusammen. Wem? Den Russen? Ihnen noch Trillionen zurückgeben.

Wiedergeburt Russlands.

Was das betrifft, eine Wiedergeburt Russlands wird es nicht mehr geben. Vergesst es.

Stammeszone, gigantische Erdtrichter, verbrannte Wüsten Tausende Kilometer weit, Sklaverei, Kannibalismus und Kinderjagd. Und ab und zu ein Abrams mit einem Sack Reis. An ganz, ganz großen Feiertagen.

Versucht, ihnen diesen insgesamt gar nicht zu komplizierten Gedanken klarzumachen.

Euer alter Mann.

31. März, 12.24 Uhr

Der Co-Vorsitzende der Partei «Gerechtes Russland – Für die Wahrheit», der Schriftsteller Zachar Prilepin, ehemals Kommandeur einer Einheit von Rebellen im Donbass, hat in einem Interview für die «Gazeta.Ru» erklärt, er würde ohne zu zögern den Journalisten Arkadi Babtschenko umbringen, der für seine großspurigen Ansagen an die russischen Streitkräfte bekannt sei.

«Egal unter welchen Umständen, wenn ich eine Waffe zur Hand hätte, selbstverständlich, ich würde keine Sekunde lang zögern», sagte Prilepin. Er fügte hinzu, er halte Babtschenko für einen «Todfeind», genauso wie den Ex-Führer der in Russland verbotenen nationalistischen Organisation «Rechter Sektor» Dmitrij Jarosch, und den Ex-Kommandeur des in Russland verbotenen National-Bataillons «Asow», Andrej Biletzki.

«Ob Babtschenko oder Jarosch oder Biletzki, das macht für mich überhaupt keinen Unterschied. Das sind absolute Feinde. Für sie gibt es keine Rechtfertigung. Hundertprozentige Feinde. Was man gemeinhin als Todfeinde bezeichnet», unterstrich Prilepin.

Okay. Mal auf Babtschenko gepfiffen. Babtschenko sitzt im tiefsten Hinterland, tausend Kilometer von der Front entfernt, und schreibt im Bunker in Haifa für schmutzige zionistische Schekel seine ekligen russophoben Posts auf Facebook.

Aber wo ist das Problem mit Jarosch und Biletzki, Zacharlein?

Verfick dich, Rambo.

Ich zahl dir sogar das Ticket. Ich schwöre! Schick mir deine Kontonummer. Ohne Rückfahrt ist es ja billiger.

Greif dir das MG und säubere die Welt von den Faschisten. Prochanow nimm dir mit, vergiss das nicht. Der Alte soll endlich seine Träume wahr machen. Rogosin auch.

Übrigens stehen bald auch deine Chancen, Babtschenko zu treffen, nicht schlecht. Da brauchst du nicht mal Moskau zu verlassen. Ich komme bald dahin.

Und viel früher, als du denkst.

Binde dir einen zugeschliffenen Nagel an den Stock. Damit

kannst du den Abrams-Panzer piken. Eine andere Waffe werdet ihr dann nämlich nicht mehr haben.

1. April, 11.02 Uhr

Russen, der Krieg wird auf jeden Fall in euer Land kommen.©
Guten Morgen, Belgorod.
Ihr wart gewarnt.
Auf den Anfang.
Auf den Tag des Dummkopfes.
Euer alter Mann.

1. April, 13.03 Uhr

«Endlich habe ich die amerikanische Staatsbürgerschaft bekommen.» Erinnert ihr euch, vor ein paar Wochen habe ich den Screenshot des Briefes einer Bekannten gepostet, die fragte, ob sie meine Kontaktdaten Leuten von der NATO geben könne? Und jetzt das.

«Ich und meine Familie haben die amerikanische Staatsbürgerschaft bekommen, Asyl, ein Schutzprogramm, ein Arbeitsangebot und eine Dienstwohnung. Ein kleines Einfamilienhaus an der Küste, in dem ich ein Zimmer haben werde. Die übrigen fünf teilen sich meine Frau und die Tochter. Und die Arbeit ...

In den USA sind bald Wahlen. Deshalb werde ich im Wahlteam von Donald Trump arbeiten. Diese Jungs von der NATO haben Donald ein paar von meinen Artikeln übersetzt, und er hat mir sofort eine Stelle als Russlandberater angeboten. 125000 US-Dollar Jahresgehalt. Bei einem Wahlsieg – eine Stelle in der Administration.

Ich will jetzt nicht groß angeben, aber mein erster Rat war – satter Schlag gegen Belgorod. Und der zweite – Lieferung schwerer Waffen an die Ukraine. Insbesondere britische Panzerhaubitzen mit präzisionsgelenkter Munition.

Jetzt sitze ich hier, knabbere Kekse, die Viktoria gebracht hat, und denke schon an Woronesch ...

Und überhaupt, Biden, du kannst mich mal, Biden.

Gott schütze Trump!»

1. April, 17.20 Uhr

Mein Tod wurde gemeldet.

1. Das bin nicht ich.

2. Ihr versteht schon.

3. Und überhaupt ist heute ein wunderbarer Tag.

2. April, 0.37 Uhr

Eine Satellitenfunkstation bauen und sie erblichen Alkoholikern in die Hände geben. *Done.*

Es heißt, die ukrainischen Streitkräfte hätten sie schon abgehakt.

Gute Nacht.

2. April, 12.55 Uhr

Maksym Lewin ist gefunden worden. Tot. Splitterwunden am Kopf.

Schweinehunde. Ich hasse sie.

2. April, 20.50 Uhr

Estland, Lettland und Litauen haben auf russisches Gas verzichtet. Seit Anfang April wird kein Erdgas aus Russland mehr in die baltischen Staaten geliefert, erklärte der Vorstandsvorsitzende des Erdgas-Transport- und Speicher-Unternehmens «Conexus Baltic Grid», Uldis Bariss, im lettischen Radio.

4. April, 7.50 Uhr

Gerüchte, ich sei unter den Toten von Butscha.

Wie soll man über so ein Gemetzel keine Witze machen. A-ha-ha, ein halbes Tausend Menschen an den Brunnen zusammengeschossen, köstlich! Lasst uns mal ordentlich ablachen.

Und ihr könnt immer noch nicht fassen – wie können sie nur, was haben die im Kopf.

Nein, mit mir ist alles in Ordnung. Lest diese Scheiße nicht. Schon zehn Leute haben mich privat gefragt. Danke, aber beachtet dieses Zombiezeug gar nicht. So was sollte es in unserem Newsroom gar nicht geben.

4. April, 14.50 Uhr

Schon den dritten Tag versuche ich einen Post zu schreiben und fahre jedes Mal mit einem Schrei hoch. Darum will ich jetzt tief ausatmen, mich zusammenreißen und wenigstens einen Absatz schaffen.

Den dritten Tag beobachte ich die Schockstarre, die die Vorfälle in Butscha im Netz verursacht haben, und möchte eine Frage stellen.

Was habt ihr denn erwartet?

Im neunten Kriegsjahr, nach Grosny, nach Aleppo, nach MH-17, nach der «Isolierung» von Donezk, den Kellern von Gorlowka, den wegen eines Dreizacks abgehackten Armen und der öffentlichen Erschießung von Kindern – was habt ihr von ihnen noch erwartet? Lutscher am Stiel auf dem zentralen Platz? Ihr habt immer noch nicht begriffen, dass da von Norden eine wilde Horde in euer Land drängt?

Nun, da will ich euch mal sagen, dass das, was ihr dort gesehen habt, noch Peanuts waren. Wartet mal, bis die Berichte aus Mariupol und Wolnowacha eintreffen.

Vor einem Jahr, noch vor einem Jahr habe ich geschrieben:

«Wenn ihr kein Soldat seid, wenn ihr nicht direkt an der Verteidigung mitwirkt, dann haut ab, sobald ihr Lunte riecht. Verlasst eure Stadt. Das macht es allen leichter. Vor allem der Armee. Und ihr bleibt am Leben. Und eure Kinder. Und die Freiwilligen, die euch sonst irgendwo rausholen müssten. Und die Journalisten.»

Was für Kübel von Dreck hat man da über mich ausgeschüttet wegen mangelndem Patriotismus.

Was von dem, was ich geschrieben habe, ist nicht eingetreten? Was?

5. April, 12.30 Uhr

Die russische Armee hat nicht schlappgemacht. Es ist nicht zu dem wahrscheinlichen – und auch erwarteten, erhofften – katastrophalen Einbruch der Kampffähigkeit der Mordor-Armee gekommen. Man kann über die Teppiche und Waschmaschinen spotten, so viel man will – und verdienterweise –, aber redet die Heldenleistung der ukrainischen Armee nicht klein. Im Kyiver Abschnitt hat die ukrainische Armee einem starken und motivierten Gegner standgehalten. Das war die Hauptstoßrichtung, dorthin wurde das Beste geworfen, was sie besaßen – Luftlandetruppen, Spezialeinsatzkräfte, Ka-52, T-90-Panzer, elektronische Kampfführung.

Und sie ziehen sich jetzt nicht deshalb zurück, weil Arachamija und Medinskij sich in Istanbul geeinigt hätten. Auch nicht deshalb, weil das eine Rentierherde mit geklauten Teppichen wäre, die außer plündern und saufen nichts weiter kann.

Sondern nur und ausschließlich deshalb, weil die ukrainischen Kräfte – Armee und Territorialverteidigung, Nationalgarde, Ortskräfte mit Mistgabeln und vergifteten Piroggen, Partisanen, Freiwillige – ihnen das Genick gebrochen haben. Einen Monat haben sie dafür gebraucht.

Den Eliteeinheiten der russischen Armee haben sie das Genick gebrochen. Luftlandetruppen und Spezialeinheiten. Motivierten und kampfbereiten Soldaten.

Die ukrainische Armee hat sie zum Rückzug GEZWUNGEN. Hat sie gezwungen, die Pläne zur Einnahme Kyivs aufzugeben. Und sie wollten bis zum letzten Moment voran.

Die Schlacht um Kyiv ist gewonnen. Eindeutig. Gewonnen gegen einen starken Gegner. Da braucht man keine Verschwörungstheorien.

Dennoch war das keine ungeordnete Flucht, kein Beresina. Ja, sie haben Technik zurückgelassen, aber vergesst dabei nicht, dass zu einer Einheit nicht nur Spezialkräfte, sondern auch Versorgung und Köche gehören. Aber insgesamt war das keine panische Flucht, sondern ein Rückzug. Ohne Demoralisierung, psychologisch haben sie sich nicht aufgelöst.

Besser gesagt, alles, was sich psychologisch auflösen konnte – hat das schon getan. Hat den Kampf verweigert, ist geflohen, hat sich in Gefangenschaft begeben. Geblieben ist der harte Kern. Motiviert zum weiteren Kampf.

Ihre Motivation ist übrigens ausgesprochen einfach gestrickt – wir sind Hünen, wir sind härter als alle anderen. Speznaz-Barett und Telnjaschka-Hemd. «Niemand außer uns» und «Wo wir sind, da ist der Sieg».

Das funktioniert. Leider.

Was weiter? Als Nächstes werden sie die gestohlenen Bratpfannen und Kasserollen in Homel verkaufen – übrigens, Belarussen, Art. 236 Strafgesetzbuch der Republik Belarus, Erwerb oder Vertrieb von materiellen Gütern, die nachweislich durch Straftaten erworben wurden, darauf steht bis zu sechs Jahre Haft.

Sie reparieren, lecken ihre Wunden, stellen sich neu auf und fahren nach Osten. In dieser Zeit werden sowohl die Armee als auch die russische Gesellschaft eine neue Motivationsspirale durchmachen.

Die Motivation ist schon extrem hoch: Rache.

Russland befindet sich heute in etwa dem Zustand, in dem es zwischen dem Ersten und Zweiten Tschetschenienkrieg war. Den Ersten Tschetschenienkrieg hat die russische Gesellschaft nicht akzeptiert. Er hat einen Schock ausgelöst. Die Bilder von brennenden Panzern in Grosny, Bilder von Gefangenen, Getöteten, Soldatenmütter, die mit Fotos ihres verschollenen Rekrutensohns durch die Berge laufen und ein allgemeines Unverständnis, wofür wir Tschetschenien erobern sollen. Lasst sie doch leben, wie sie wollen, die Sowjetunion ist gerade zusammengeklappt, Freiheit, Demokratie, Brüderlichkeit.

In den zweieinhalb Jahren nach der Unterzeichnung des Friedens von Chasawjurt, bis zum Einmarsch der russischen Armee 1999 in Tschaban-Machi und Kara-Machin, mit dem der Zweite Tschetschenienkrieg begann, hatte sich die öffentliche Meinung kardinal geändert.

Von «Nie wieder Krieg» zu «auf dem Klo kaltmachen».

Da wir schon so viele unserer Soldaten geopfert hatten, musste man die Sache zu Ende bringen. Und Tschetschenien vom Erdboden tilgen.

Eine große, ja entscheidende Rolle dabei hat die Vernichtung der freien Medien gespielt, aber die Saat fiel auch auf aufnahmebereiten – ja, danach hungernden – Boden.

Heute geschieht bei uns das Gleiche. Alles, was dort eingepfercht wenigstens noch Luftballons schwingen oder mit ausgezogenen Schuhen die Bändchen wedeln lassen konnte, ist längst ausgereist, geflohen, in den Knast gewandert oder vergiftet. In diesem Monat sind etwa dreihunderttausend Menschen aus Russland ausgereist. Im Grunde offensichtlich alles, was dort an oppositionellen und Antikriegs-Kräften geblieben war.

Von nun an wird das Reich kristallklar sein, schon im Wortsinne. Jetzt werden sie sich an dieser einen Idee aufrichten – unsere Jungs können bei Kyiv nicht umsonst gestorben sein. Die Ukraine muss fertiggemacht werden. Wir können ihnen unsere Tode nicht vergeben.

Den meisten wird diese Konstruktion – «die Ukrainer müssen für die Tode unserer Soldaten in der Ukraine zahlen» – geistig extrem krank vorkommen. Bei *denen* geht das im Kopf durchaus zusammen. Ging es immer. Immer waren sie es, die angegriffen wurden – von den Ungarn in Ungarn, den Tschechen in Prag, den Tschetschenen in Grosny, den Georgiern in Georgien, und von den Ukrainern in Kyiv.

Deshalb werden sie sich in der Idee der Rache festigen. Und im Zentrum dieser Konsolidierung steht Putin. Um ihn schließen sie sich zusammen.

In der jetzigen Etappe werden wir somit den Prozess der endgültigen Säuberung des Reichs von allen unerwünschten Antikriegs-Elementen erleben. In der Armee ebenso wie in der Gesellschaft.

In keinem der beiden wird es eine Demoralisierung geben. Ganz im Gegenteil. Weder die Armee noch Russland als Ganzes werden zusammenbrechen. Jedenfalls vorläufig nicht.

Später natürlich schon. So wie es dort immer war. 1914 haben sie sich um Väterchen Zar geschart, 1918 haben sie ihn erschossen.

Aber erst mal kommt bei ihnen die Etappe der Konsolidierung und der Pogrome.

Was dann? Dann endet die operative Pause. Und sie rücken wieder an. Der Kampf um Kyiv ist verloren, die Schlacht um die Ukraine beginnt gerade erst. «Das Verteidigungsministerium der Ukraine meldet, dass die Soldaten der Russischen Föderation sich zur Einnahme Charkiws vorbereiten. Russische Medien schreiben, dass Russland die zweite Etappe der Spezialoperation begonnen habe. ‹Die breit angelegte bewaffnete Aggression Russlands gegen unseren Staat wird fortgesetzt. Die Hauptkräfte hat der Gegner zur Vorbereitung und Erneuerung der Angriffshandlungen zusammengezogen, um die Stadt Charkiw einzunehmen. Zu diesem Zweck sichert der Gegner die logistischen Versorgungswege seiner Truppen und legt Munitions-, Raketen- und Treibstoffvorräte an›, erklärte der Sprecher des ukrainischen Verteidigungsministeriums, Oleksandr Motuzyanyk.»

Natürlich kann man sich in die samtene Decke des Optimismus hüllen und glauben, man hätte schon alle besiegt, die Orks seien kampfunfähig, dort gebe es nur Penner und Drogenabhängige, die beim ersten Schuss davonrennen. Aber dem ist nicht so.

Und hört auf, die Legenden zu verbreiten, dass sie ihre eigenen Verwundeten mit Panzern überrollen. Das wäre natürlich schön, ist aber nicht so. Sogar schlichtere Gemüter sind zum Gefühl der Kameradschaft und der Rache für Paschka/Ljocha/Sanja fähig.

Die dritte Serie ist sicher. Sie werden bestimmt noch einmal ankommen.

Charkiw, Odessa, Mykolajiw. Das haben sie schon erklärt.

Ich weiß nicht, wie das enden wird. Ich habe einfach nicht genug Daten. Ihre Wünsche haben die Russen kundgetan, aber ob sie an diesen Wünschen ersticken, hängt einzig von der ukrainischen Armee ab. Nicht von Verhandlungen. Einzig von der Armee. Dass die dritte Serie die schwerste, blutigste und entscheidende wird, das kann man sicher sagen.

Verhandlungen können überhaupt nur in zwei Szenarien Bedeutung haben. Erstens, wenn eine der Parteien keine Kräfte mehr hat und zu Zugeständnissen gezwungen ist. Zweitens, wenn es zu einem Kräftegleichstand kommt und keine der Parteien mehr vorrücken oder die Situation ändern kann.

Einstweilen ist weder das eine noch das andere zu erkennen. Beide Seiten sind motiviert, bereit und wollen die Kämpfe fortsetzen. Allein auf dem Schlachtfeld wird es sich entscheiden.

Man soll sich keine Hoffnung machen, dass es leicht werden wird. Nein. Fürs Erste haben sie noch Kraft. Wolnowacha haben sie genommen. Isjum haben sie genommen. Mariupol werden sie, allem Anschein nach, nehmen. Leider. Man muss in der Realität bleiben. Der Korridor zur Krim ist de facto schon durchstoßen. Ob sie ihn auch halten können, ist eine andere Frage. Darauf habe ich keine Antwort. Ich weiß es einfach nicht.

Aber eine Weile wird es noch so bleiben, bis entweder beide Parteien gleich stark sind oder die eine davon eine Ruhepause braucht.

Was sie erobert haben, das werden sie erst mal halten.

Alles Weitere entscheidet sich auf dem Schlachtfeld. Und das wird von der ganzen Ukraine abhängen.

Deshalb. Nicht die Fehler von vor dem 24. Februar wiederholen. Es wird kein Schaschlik im Mai geben. Noch kein Hurra, wir haben gesiegt. Optimistische Nachrichten waren in den ersten zwei, drei Wochen ungeheuer wichtig. Für mich jedenfalls, damals, in Warschau. Ich fiel in ein furchtbares Loch. Und als ich den zigtausendfach reposteten Text darüber las, dass es bei Putin im Bunker eine Besprechung mit Bankiers und Oligarchen gegeben habe und sie dort beschlossen hätten – aus, wir haben keine Reserven mehr, in zwei Wochen müssen wir kapitulieren –, da hat mir das sehr wohlgetan. Ich habe zwar schon beim Lesen kapiert, dass kann nur gesponnen sein, es kann keine Besprechung gegeben und Putin kann nicht von Kapitulation gesprochen haben, und selbst wenn dieses Wunder geschähe, dann würde nicht irgendein unbekannter Blogger das auf Facebook ausposaunen – trotzdem habe ich so etwas damals sehr gebraucht.

Doch diese Periode – die Zeit der rettenden optimistischen Halbwahrheit – ist zu Ende. An ihre Stelle muss jetzt die Periode der Realität treten.

Man kann mit dem eigenen Volk nicht ständig wie mit einem kleinen Kind reden. Irgendwann wird übertriebener Optimismus genauso gefährlich wie allgemeiner Verrat.

Im Krieg spielt reale Information eine extrem wichtige Rolle. Heute ist die Halbwahrheit keine «kleine Wahrheit» mehr. Sie ist eine große Lüge.

Die ukrainische Armee in ihrer Masse beweist einen unglaublichen, nie gesehenen, fantastischen Heldenmut.

Heldenmut der Masse ist immer – IMMER!!! – der Preis für Führungsfehler. Könnt ihr euch an Heldenmut der US-Armee erinnern? Ich nicht. Seit Vietnam nicht.

Weil sie ihre Schlüsse gezogen und den Krieg zu einer protokollgesteuerten Routine gemacht haben, genau wie die Medizin.

Das heißt: Die Aufgabe der Ukraine ist heute nicht der Heroismus. Sondern erreichen, dass kein Heroismus mehr notwendig ist.

Nur noch normale Arbeit nach Plan. Nach allen, genaustens geplanten Vorbereitungen. Für die jetzt noch Zeit ist.

Und das hängt jetzt von allen ab. Geld sammeln. Verpflegung kaufen. Sie liefern. Wälder abholzen. Straßen aufgraben. Ortsschilder abhängen. Ein sehr wirksames Mittel, übrigens. In den Kellern Fluchtwege graben. Davon habe ich schon vor einem halben Jahr posaunt. Evakuierungspläne aufstellen. Und so weiter und so weiter.

Blutrünstig sind sie nach wie vor.

Man darf Fehler nicht wiederholen. Darf die Warnungen der

Aufklärung nicht in den Wind schlagen, darf nicht sagen, dass Biden uns Angst machen will. Und das Investitionsklima sich verschlechtert.

Gefahren und Risiken erkennen und sich vorbereiten.

Die Zeit optimal nutzen. Solange wir sie haben.

Vorbereiten, vorbereiten, vorbereiten.

Es wird nicht einfach werden.

Und nicht schnell gehen.

6. April, 14.18 Uhr

«Wenn Sie können – räumen Sie die Stadt.» Die Behörden haben sich an die Einwohner von drei Gebieten gewandt. Vize-Premierministerin Irina Wereschtschuk und die Militärverwaltungen haben die Bewohner der Gebiete Charkiw, Donezk und Luhansk zur Evakuierung aufgerufen, solange das noch möglich sei.

Wörtliches Zitat von Wereschtschuk: «Die Leiter der Militärverwaltungen der Gebiete Charkiw, Luhansk und Donbass bitten die Bevölkerung, ihre Gebiete zu verlassen und alles zu tun, damit die Evakuierung geordnet abläuft. Erforderlich ist dies *jetzt*, denn später werden die Menschen unter Feuer stehen und in Lebensgefahr sein. Sie können nichts dagegen tun, und wir können nicht helfen. Denn das Feuer aufzuhalten, wird praktisch unmöglich sein.

Die Evakuierung ist nötig, solange sie möglich ist. Und zurzeit ist sie es noch.»

Na, verfluchte Scheiße! Das kann ja wohl nicht möglich sein!

Was ist denn jetzt mit «Wir wollten keine Panik»?

Was mit «Biden will uns nur Angst machen»?

Schaschlik im Mai?

Videos mit der samtenen Stimme?

Jetzt, wo die Leute geopfert sind, kommt es bei ihnen an.

Nach anderthalb Monaten Krieg.

Bekloppte Amateure.
Euer alter Mann.

7. April, 7.55 Uhr

«Der bekannte Journalist Arkadi Babtschenko, der selber in Tschetschenien gekämpft hat, formulierte den berühmten Grundsatz der Soldatenmoral in der russischen Armee: ‹Deine Heimat wird dich immer im Stich lassen, mein Sohn, immer.›»

Der Morgen, an dem du zum Weltklassiker wirst. Der Berliner Tagesspiegel zitiert mich. Bekannter Journalist, heißt es. Berühmter Grundsatz, sagen sie. Kein Larifari. Angeblich ist die Phrase in aller Munde, auf dem ganzen Planeten.

So tragen wir die Wahrheit über Mordor zu ihnen.

Hallo zusammen. Ich bin der neue Tolstojewski, Scheiße.

Und wer seid ihr?

7. April, 9.54 Uhr

Der US-Senat hat ein Gesetz gebilligt, das Lend-Lease für die Ukraine vorsieht. Am späten Mittwoch hat der Senat einstimmig ein wichtiges Gesetz über die Neuauflage eines Programms aus der Zeit des Zweiten Weltkriegs verabschiedet, das es Präsident Biden erlaubt, angesichts der russischen Invasion Waffen und sonstige Güter wirksamer in die Ukraine zu liefern.

Das ist ein historisches Ereignis.

Gott schütze Biden.

8. April, 12.15 Uhr

«Arkadi, grüß Sie, wir brauchen Ihre Hilfe. Wir wollen eine Botschaft an russische Soldaten aufnehmen, dort in den Krisenzonen, Irpin, Butscha, Worzel. Wir brauchen einen starken Text, der sie zur Aufgabe bewegen kann. Die Aufnahmegeräte dafür haben wir. Können Sie einen Text liefern?»

Schon geschehen. Ein bisschen umgemodelt «Deine Heimat wird dich immer im Stich lassen, mein Sohn». Panzerfahrer, denk daran! Wenn Sie deinen Panzer abschießen – die Heimat wird dich im Stich lassen. Soldat der Luftlandetruppen, denk daran! Wenn sie dich auf offenem Gelände in Hostomel abwerfen – die Heimat wird dich im Stich lassen ... Und weiter in dem Stil.

Ich hoffe, jetzt wird so ein Agitprop-Auto die Frontlinie entlangfahren und den Okkupanten Tag für Tag, Stunde für Stunde einbläuen, dass die Heimat sie auf jeden Fall im Stich lassen wird. Vielleicht sickert's bei dem einen oder anderen durch. Und die Demoralisierung erreicht das kritische Niveau.

Ich hätte nichts dagegen, dass sie zu meinem Text die Waffen niederlegen und sich in Gefangenschaft begeben.

9. April, 5.12 Uhr

Es gibt so einen Tatbestand wie Informationsverheimlichung. Wenn die mexikanische Armee New Jersey einnehmen, einen Monat lang von dort Manhattan beschießen würde und beim Abzug Leichenberge in den Straßen hinterlassen würde ... Und es würde sich herausstellen, dass der Geheimdienst Biden schon ANDERTHALB MONATE vor Kriegsbeginn vor dieser Entwicklung gewarnt hat, und er hat absolut nichts unternommen – sie würden ihn aus dem Amt jagen. Vermutlich auf die direkteste Art und Weise. Er würde im Weißen Haus verbrennen. Zusammen mit diesem Weißen Haus.

Mindestens würde es einen Untersuchungsausschuss im Kongress geben. Mindestens.

Was der Präsidentenberater von einem «universalen Chaos» sagt, ist im Grunde das Einverständnis der eigenen Inkompetenz. Wenn nicht eine Selbstanzeige. Wegen Verwaltungsunfähigkeit. Oder strafbarer Fahrlässigkeit.

Wir hatten sechs Wochen Zeit. Anderthalb Monate. Anderthalb, verfluchte Scheiße, Monate.

In dieser Zeit hätte man halb Kyiv evakuieren können. Alle drei Millionen Kyiver. Von den Vierzigtausend in Butscha zu schweigen. Warum hat Klitschko keine Angst vor dem Chaos bekommen und mit der Evakuierung der Stadt begonnen? Warum hat er offen darüber gesprochen, ohne dass das Chaos hervorgerufen hätte? Warum hat er erklärt, es gebe genug Transportmittel, alle würden geordnet evakuiert – und der Himmel stürzte nicht auf die Erde, keine Apokalypse begann?

Waren denn Mitte Januar überhaupt viele Militärfahrzeuge auf den Straßen des Kyiver Gebiets unterwegs?

Was heißt das überhaupt, «evakuieren»? An die Hand nehmen und auf die andere Seite des Kontrollpostens bringen? Was für ein Kindergarten-Infantilismus! Jede zweite Familie in der Hauptstadt besitzt ein Auto. In Butscha – jede.

Man hätte den Menschen einfach einen Plan für die Ausreise vorlegen sollen – bis heute Mittag fährt der und der Bezirk, von Mittag bis drei der, von drei bis sechs der Bezirk.

Zwei Tage, und alle wären raus gewesen. In zwei Tagen!

Wer redet da was von Staus, die die Fortbewegung der Militärkolonnen behinderten?

Aber anders ging's wohl, Scheiße. Unter Artilleriebeschuss fliehen! Über die gesprengte Brücke in Irpin! Die Hauptstadt musste um fünf Uhr morgens von Raketeneinschlägen hochfahren und wie ein Mann ins Auto steigen, nach Westen rasen, ohne jegliche Organisation! Wunderbar! So muss es sein. So vermeidet man Chaos. So waren die Straßen überhaupt nicht verstopft für zwei Tage. So haben sie die Militärkolonnen nicht im Geringsten behindert. So wurden keine Ansammlungen von Fliehenden beschossen. Das Internet ist überhaupt nicht voll von Fotos ausgebrannter und zerschossener Flüchtlingsstaus.

Von Mariupol will ich gar nicht erst reden.

«Olga, richte Arkadi aus, dass in unserem Keller von sechzig Personen ich vermutlich die Einzige bin, die vorbereitet ist. Weil ich auf Babtschenko gehört habe. Die übrigen neunundfünfzig haben auf den Präsidenten gehört. Und schon mal das Schaschlik vorbereitet. Nicht den Krieg. Sie sind völlig ahnungslos. Haben nicht mal frische Unterhosen.»

Schreibt meiner Frau eine gemeinsame Bekannte.

Von Mariupol will ich, noch mal, gar nicht erst reden.

Die Tschetschenen haben im Zweiten Krieg, als sie sich auf den Sturm auf Grosny vorbereiteten, die ganze Stadt aufgegraben. Mit «ganzer Stadt» meine ich die ganze Stadt. Jeder Keller war durchstoßen, von einem Ende zum anderen. Sowohl zwischen den Räumen als auch zu den anderen Kellern. In zwei Richtungen. Von jedem Keller führte eine Verbindung zum nächsten. Man konnte an einem Ende der Stadt untertauchen und am anderen Ende wieder rauskommen.

Okay: Die Evakuierung haben sie nicht vorbereitet, um die Fortbewegung der Militärmaschinen nicht zu behindern.

Aber die Keller, warum konnte man die nicht vorbereiten?

«Legt in den Kellern Notausgänge frei. Es sollten mindestens zwei sein. In unterschiedliche Richtungen. Wünschenswert ist sogar, noch ein paar mehr zur anderen Hausseite zu graben. Und sämtlichen feuergefährlichen Müll rauswerfen, der dort rumliegt.»

Das habe ich schon am 24. Februar geschrieben. Anderthalb Monate war Zeit. Anderthalb.

Ergebnis – wir wissen bis heute nicht, ob es noch Menschen unter den Ruinen in Borodjanka, Tschernigow gibt, und wie viele.

Okay. Gut. Das mit den Kellern hätte auch Panik verursachen können. Okay.

Die Straßenschilder, warum konnte man die nicht abnehmen? Das ist eine äußerst simple und effektive Methode, den Gegner in einer unbekannten Stadt irrezuführen.

«Die Ukraine schont ihre Soldaten. Die Russen pfeifen auf sie. Sie werden über Tschernobyl angreifen. Dieser Korridor steht sperrangelweit offen.» Das habe ich etwa ein halbes Jahr vor dem Krieg geschrieben. Was hat man sich damals über mich lustig gemacht, mein Gott ... «Ahaha, Arkascha, was für ein Tschernobyl, spinnst du. In Polesien gibt's nur Sümpfe und radioaktive Strahlung, sollen sie mal versuchen!»

Sie haben es versucht. Und sind bis Obolon gekommen.

Warum habe ich Dödel mit dem militärischen Horizont eines Stabsfeldwebels der Sowjetarmee das schon ein halbes Jahr vorher geahnt, aber der Oberkommandierende nicht?

Die Reife einer Nation erweist sich in der Beziehung, die die eigene Regierung zu ihr hat. In reifen Nationen ist die Regierung ein Dienstleister, der das ihm anvertraute Gebiet managen und möglichst effektiv verwalten soll.

Behandelt die Regierung ihre eigene Gesellschaft wie ein Kind, dem man jedes Mal ein süßes Bonbon geben und das man mit der Samtstimme in die Optimismusdecke wickeln muss, damit es nicht anfängt zu weinen, dann ...

Wieso zum Teufel willst du überhaupt entscheiden, was ich zu tun habe? Ob ich meine Familie evakuiere oder nicht? Wieso willst du uns vor Panik bewahren? Wer bist du überhaupt? Ein angestellter Manager? Dann manage. Ich habe dich für meine Steuergelder angestellt, genau dafür, dass du die Organisation machst. Deine Aufgabe ist, mich mit wichtigen Informationen zu versorgen, auf deren Basis ich – ich SELBST – entscheiden werde! Deine Aufgabe ist nicht, für mich zu entscheiden.

Was zum Teufel hat dich berechtigt, mir die Information vom Kriegsbeginn zu verheimlichen? Mir und dem ganzen Land?

Wie kannst du solche Entscheidungen für mich treffen wollen?

Der Versuch, Vater der Nation zu spielen, der für alle denkt und entscheidet – der führt zu solchen Ergebnissen. Das ist typisch für eine entweder unreife oder diktatorische Macht. In Russland, ja, da muss man aus jedem Kaffograd direkt bei Putin anrufen, damit er zum ersten Mal seit dreihundert Jahren eine Straße baut und Strom im Dorfladen legt.

All dies Gerede vom Chaos, von Panik, von Merkel, die nach Butscha kommen sollte – all das ist nur der Versuch, von einer einfachen Tatsache abzulenken: Bei der Vorbereitung des Territoriums und der Zivilbevölkerung auf den Krieg hat die Regierung total versagt. Absolut. Dabei hatte sie sehr glaubwürdige Informationen. Detailliert. Anderthalb Monate vorher. Die Zeit ist nicht nur vertan worden, sie wurde schlicht und einfach nicht genutzt. Stattdessen gab es tröstende Reden über Schaschlik am Maifeiertag.

So etwas nennt man, ich wiederhole, Verheimlichung von wichtigen Informationen. Und das ist Sabotage.

Man wechselt die Pferde nicht während der Fahrt – damit bin ich völlig einverstanden. Obwohl das vorherige gewechselt wurde. Nicht gegen ein besseres, sondern gegen einen Esel. Okay. Ich stimme völlig zu, dass wir jetzt zusammenstehen müssen, den Präsidenten des kriegführenden Landes unterstützen, ihm keine Knüppel in die Speichen werfen dürfen usw., was eben die Leute sagen, die zu diesen Parolen die oppositionellen Sender schließen. Aber die Parolen stimmen schon. Ich unterstütze das. So weit, so gut.

Nur soll man nicht das ganze Land zum Idioten machen, bitte.

Soll das Land nicht wie die ganz Kleinen im Kindergarten behandeln.

Und man soll – Lehren ziehen. Aus Fehlern lernen. Ich hoffe, im Büro des Präsidenten tut man das schon? Auf der Grundlage der Fehler kann man eine neue Strategie entwickeln und sie verbessern. Damit so etwas nicht wieder vorkommt?

Obwohl, Fehler ist, wenn ich ein Komma vergesse. Und wenn ... Na gut. Ich will nicht wieder anfangen.

Fünf Uhr morgens. Seit anderthalb Monaten rumort das in mir. Hab mich ausgesprochen.

Jetzt ist mir leichter.

11. April, 11.18 Uhr

In der ganzen Welt kommen jetzt Leute an die Macht, die geistig nicht zurechnungsfähig sind; Leute, die von ihren Ideen besessen sind. Das gilt für Trump, für Erdoğan, auch für meinen Liebling Duterte auf den Philippinen. Das betrifft Le Pens zweiten Platz. Zeman in Tschechien und Orbán in Ungarn. Das betrifft die neuen national-religiösen Banden und das Abtreibungsverbot in Polen. Diese Prozesse finden in der ganzen Welt statt. Offensichtlich sind siebzig Jahre ohne Krieg ... ist unsere Zivilisation immer noch nicht so weit, mal ein bisschen länger, sagen wir, Jahrhunderte, ohne Krieg, ohne Erschütterungen zu leben. Diese Periode, da die Welt relativ ruhig existierte – diese Ruhe hat sie ganz offensichtlich satt und tritt jetzt in eine neue Turbulenzphase ein.

Das habe ich schon 2017 geschrieben. Vor fünf Jahren. Und die Turbulenz, muss man sagen, hat begonnen. Der Zähler ist auf null zurückgesetzt. Auf der Standuhr «Die Welt lebt ohne einen großen Krieg» steht jetzt wieder «Null Tage».

Noch vor einem Monat hätte es so scheinen können, als hätte gerade die Invasion der Russen in der Ukraine die Welt vor einem neuen globalen Krieg bewahrt und endgültig allen einen klaren Kopf verschafft. Die Welt hätte die Schnauze voll von halb wahnsinnigen Diktatoren, und der Trend würde sich umkehren – hin zu erwachsenen Regierungschefs und zurechnungsfähigen Entscheidungen in der Politik. Der Krieg hätte solchen «Führern» endgültig ein Ende gesetzt.

Aber nein. In dieser Welt ist alles möglich.

Das Pendel ist offenbar wieder in seine alte Position zurückgeschwungen.

Le Pen, die mit sieben Prozent begann, die vor zwei Wahlen noch siebzehn Prozent hatte und bei der letzten Wahl ihre Umfragewerte fast verdoppelte – auf vierunddreißig Prozent –, lag bei der Nachwahl wieder Kopf an Kopf im Rennen mit Macron.

Das ist jetzt das zweite Mal. Beim letzten Mal hatte sie schon Kopf an Kopf mit Macron gelegen, aber bei der Nachwahl hatte Macron mit sechsundsechzig Prozent doch einen großen Vorsprung errungen.

Diesmal wird der Vorsprung weniger überwältigend sein. Die Politologen behaupten einstimmig, ein Sieg von Le Pen sei prinzipiell unmöglich.

Weiß der Teufel. Man möchte ihnen glauben.

Auch wenn ich heute in dieser Welt auf alles gefasst bin. Ein Wahlsieg von Le Pen wäre ein Fiasko. Im schlimmsten Falle wäre es der Beginn des Auseinanderbrechens der EU. Angesichts der Tatsache, dass die Ungarn ihren Halbirren schon zum vierten Mal gewählt haben (die haben bei der Wahl zwischen gut und schlecht es noch immer geschafft, die Arschkarte zu wählen, im Ersten Weltkrieg ebenso wie im Zweiten und danach, sowie heute, dort ist jede Lernfähigkeit offenbar ausgeschaltet) – angesichts dieser Tatsache würde sich ein ganz schlechtes Kräfteverhältnis ergeben.

Offen pro Putin wird er wohl kaum sein, sich mit Putin zu küssen, kann sich heute nicht mal der aussätzigste europäische Politiker leisten, fragt Berlusconi, aber einen weiteren Führer mit seinen geistigen Höhenflügen und seiner nationalen Größe wird Europa in dieser Situation, fürchte ich, nicht aushalten.

Hoffen wir auf die klugen Politologen. Die ausnahmslos abwiegeln – das sei unmöglich.

Euer alter Mann.

11. April, 17.03 Uhr

Der deutsche Rüstungskonzern Rheinmetall hat sich bereit erklärt, der Ukraine bis zu fünfzig Leopard-1-Panzer zu liefern.

Ohne näher auf die Fähigkeiten des Leopard einzugehen, lasst euch das einmal auf der Zunge zergehen. Deutsche Leopards der Heeresgruppe Mitte mit eisernen Kreuzen an Bord werden die Ukraine gegen den russischen Faschismus verteidigen.

Gebt es zu: Hätte ich etwas Derartiges noch vor wenigen Jahren vorausgesagt, ihr hättet mich in die psychiatrische Anstalt eingewiesen, stimmt's?

Prochanows Traum ist wahr geworden.

Ach, diese wunderbare neue Welt.

Keine Abrams, natürlich, aber ...

Mit dem Leopard auf den Roten Platz ...

Das kommt irgendwie sogar noch besser!

12. April, 12.32 Uhr

«Ihr begreift doch, dass, wenn die Invasion tatsächlich erfolgt, all diese fünfundzwanzig Bataillonskampfgruppen und Züge von Selbstfahrlafetten nur zweitrangiger Staub gewesen sein werden? Dass der nächste Krieg keineswegs von Bataillonskampfgruppen und Alkoholikern mit MGs geführt werden wird?

Der nächste Krieg wird mit Raketenschlägen, Luftwaffe, Drohnen, taktischen Raketenkomplexen, elektronischer Kriegsführung und seegestützten Raketen geführt. Die Schläge werden gegen das gesamte Territorium der Ukraine erfolgen. Mit dem gesamten Territorium meine ich wirklich die ganze Ausdehnung bis zu den Landesgrenzen. Und nicht nur die Frontlinie. Gegen Stäbe, Magazine, Truppenübungsplätze, Truppeneinheiten, Waffenarsenale, Betriebe, Häfen, Kommandozentren, Lager, Dislozierungsorte. Der Angriff wird mit maximaler Komplexität und ohne jede Vorwarnung erfolgen – um den Westen zu betäuben und größtmögliche Verluste anzurichten, bevor er zu sich kommt, den Luftraum sperrt und Gegenmaßnahmen ergreift. Das wird mit dem Donbass überhaupt nicht zu vergleichen sein. Eher mit Syrien und Karabach.

Putin hatte recht, als er sagte, dass sie in Syrien nach Belieben üben konnten. Das ist wahr. Sie haben dort wirklich trainiert. Mängel erkannt, Fehler korrigiert.

Und wenn die Ukraine sich auf die Abwehr einer Bataillonskampfgruppe im Gebiet Sumy vorbereitet – dann bereitet sie sich auf einen Krieg der Vergangenheit vor.

Aus der Ukraine ein Syrien zu machen, wird trotzdem nicht gelingen. Die Größenverhältnisse sind andere, das schaffen sie nicht, aber ein neues Kosovo können sie durchaus versuchen. Russland selbst wird dadurch zwar in ein Iran 2.0 verwandelt, endgültig unrettbar aussätzig, aber im überhitzten Kopf des nicht ganz garen Führers heiligt das Ziel diese Mittel.

Eigentlich ist Russland gar nicht gezwungen, Bodenoperationen durchzuführen. Es braucht die Ukraine nicht im direkten Sinne des Wortes einzunehmen. Es hätte genügt, wenn es die Führung des Landes vernichtet, die Arbeitsfähigkeit ihres Staatsapparates lahmgelegt, das militärische Kommando blockiert, das Land unregiert gemacht hätte, im besten Sinne Chaos angerichtet und dann mit dem Westen über die Errichtung eines eigenen Protektorats verhandelt hätte – ob im Sinne einer prorussischen Regierung oder eines Regimes ganz eigener Art, ist egal – im Tausch gegen die Einstellung der Operation.

Und für den Westen würden das gute Bedingungen sein, denn die Unterstützung zu erklären, ist das eine, in einen regelrechten Krieg hineingezogen zu werden, mit einem europäischen Afghanistan und Millionen Flüchtlingen in der Nachbarschaft – etwas ganz anderes. Darauf setzt Putin. Er glaubt, den Westen in seiner Rückgratlosigkeit und Tatenunlust erkannt zu haben.

Russland hat nur ein Ziel. Die Ukraine und Belarus sind die letzten Bastionen. Die niemals, unter keinen Umständen, in die NATO kommen dürfen. Um das zu verhindern, sind ALLE Maßnahmen zulässig.

Zurzeit glauben sie noch, der hybride Krieg und periodische Zuspitzungen im Donbass würden dieses Ziel halbwegs sichern. Sobald sie zu einer anderen Meinung kommen, läuft der Zähler zurück.

Ich hoffe, im Nationalen Sicherheits- und Verteidigungsrat der Ukraine begreifen sie das. Und betrachten diese Variante als eine der möglichen.

Aber erst mal will der Halbstarke zum Fußball nach Qatar.

Guten Morgen.»

Geschrieben am 7. April 2021. Genau vor einem Jahr. Alles ist so gekommen. Haargenau. Sogar, dass sie auf eine Eroberung des Landes verzichten können – sie haben Janukowytsch hergeschleppt, auf den Zusammenbruch der Staatlichkeit gesetzt. Und dann auf den Handel mit dem Westen. Die berühmten «achtundvierzig Stunden – danach beginnt eine neue Realität».

Aber etwas ist schiefgelaufen. Die ukrainische Armee hat ihnen die Beine gebrochen. Und sogar der rückgratlose Westen, der sich zu Anfang am liebsten raushalten wollte, verstrickt sich nach anderthalb Monaten immer tiefer.

Von den Raketenschlägen, den Chemiewaffen und dem in Syrien trainierten Dwornikow schweige ich. Damit lag ich genau richtig.

Warum, verflucht, habe ich, ein von Fähnrichen erzogener Stabsfeldwebel mit der Bildung eines Armeehockers, das alles verstanden, habe es jahrelang hinausgebrüllt, wacht auf, kommt zu euch – und die Führung des Landes nicht? Warum? Der Kleine wollte nach Qatar zum Fußball ...

Hab ich euch übrigens gesagt, dass Dwornikow mein Regimentskommandeur in Tschetschenien war? Er trug den Spitznamen «Onkel Werther». Wegen seines alkoholisiert-hämorrhoidalen Gangs. Ein Feigling. Die Soldaten mochte er nicht und schonte sie nicht. Die erwiderten seine Gefühle. Das Gleiche mit der lokalen Bevölkerung. Ein Eisenfresser. Eichenhart von Kopf bis Fuß. Nur das Lehrbuch der Sowjetarmee im Kopf. Plattmachen, das wird er. Auf anderes versteht er sich nicht.

Na dann, euer alter Mann.

13. April, 12.55 Uhr

Die Politologin und Publizistin Ekaterina Schulmann ist von Russland nach Deutschland gezogen. Dies erklärte sie im Status auf dem YouTube-Kanal «Lebender Nagel». Jetzt lebt Schulmann in Berlin.

Boahahahaha. Ich kack ab. Euer alter Mann.

Mensch, was bin ich für eine Pappnase. Fünfzehn Jahre lang. Fünfzehn Jahre lang durfte ich den rosa Dummchen erzählen, dass die Autokratie nie zur Diktatur wird. Dass die Diktatur nie zur Tyrannei wird. Dass Tyranneien nie einen Krieg anfangen. Dass ein neuer Gulag und ein neues Jahr 1937 unmöglich sind. Dass wir das Schlimmste schon hinter uns haben. Dass der Donbass der Wendepunkt war. Dass es keinen großen Krieg geben wird. Dass es vor dem Morgengrauen am dunkelsten ist. Und es nur besser werden kann.

Schrieb von den wunderschönen Sauberen Teichen und wunderschönen Birken. Dass wir wunderschön sind, und all die Luftballons und die Pferche!, und das Russland der Zukunft wird wunderschön sein.

Von wegen Strafverfahren. Von wegen terroristische Verschwörungen. Von wegen gesperrte Konten. Von wegen totale Arbeitslosigkeit und Geldnot. Von wegen Flucht auf Krücken, mit nacktem Arsch. Von wegen Auftragsmorde. Von wegen zerstörte Leben und alles verloren. Von wegen jahrelange Ämterodysseen ohne Papiere. Von wegen Gerichtsprozesse, um dein Recht auf sechzehn Arschin zu erstreiten.

In dieser Zeit dir ein Sicherheitspolster anlegen. Und wenn die Zeit des gebratenen Hahns kommt, still und heimlich nach Berlin abhauen.

Mit einem Stipendium der Robert-Bosch-Stiftung: «Eine der größten Stiftungen in Deutschland, gegründet 1984, das Hauptziel ist die Heranziehung junger Fachkräfte, vor allem aus den USA, die danach Arbeit in deutschen Regierungs- und gemeinnützigen Ämtern finden».

Oder nach Israel. Oder nach Prag. Oder nach Riga.

Zur Internetzeitung «Meduza» oder so. Deren Korrespondent die Einreise in die Ukraine sperrangelweit aufsteht – nur du hast die Arschkarte.

Oder zu «Nastojaščee vremja» oder so. Für das Geld der amerikanischen Steuerzahler.

Um dort den nunmehr europäischen rosa Dummchen weiter die Ohren vollzuseihen über das wunderbare Russland der Zukunft. Über das russische Volk, das überhaupt keine Schuld hat und unter den Sanktionen leidet. Über die russische Kultur und ihren Tolstojewski. Dass Putin morgen nach dem Mittagessen sterben wird. An Leukämie. Nicht mehr lange, ganz bald – und alles ist wunderschön.

Sie werden sich das anhören. Denn auf dich Blödkopf, mit deinem ewigen «Wacht auf, Idioten, kommt endlich in der Realität an!», will niemand hören.

Aber von der Nacht vor dem wunderbaren Sonnenaufgang schon.

Fragt diesen Schauspieler da mit seinem Samtbariton.

Scheiße, was bin ich für ein Dussel, Mann.

Ja, Oletschka?

Weint.

14. April, 8.27 Uhr

Ein einmaliges Land, unbestritten. Einfach einmalig. Den vorbildlosen Lenkwaffenkreuzer überall anzupreisen, vorzuführen, seine unbesiegbare Kraft zu loben, wo immer das ging. Der Garde-Lenkwaffenkreuzer «Moskwa» führte die Liste der besten Schiffe der Schwarzmeerflotte an. Putin hat ihn besucht. Den Nachimow-Orden verliehen. Hat an der Parade teilgenommen. Am Schauschießen.

Auf allen Paraden wurden Schaustarts durchgeführt. Schon damals flog nichts los, aber egal. Milliarden und Abermilliarden da reinzustecken. Modernisieren und überholen, gerade erst ein Jahr her. Karl. Ihn mit vorbildlosen Luftabwehrsystemen spicken. «Die Luftabwehr des Kreuzers wird durch das Flugabwehrraketensystem S-300F ‹Fort› gewährleistet, das mit vierundsechzig Raketen in acht Werfern ausgerüstet ist. Das System hat eine Zielreichweite von bis zu 75 km. Es schützt den Kreuzer wirksam vor beliebigen, auch zukünftig entwickelten Flugzeugen, Hubschraubern, Fernlenkraketen, Lenkbomben und Drohnen.» Aha, aha. Wirksam vor beliebigen Flugzeugen, auch künftigen. Aha, aha.

Das S-300F «Fort» ist die Marine-Variante des bekannten super-puper-vorbildlosen, überall gepriesenen S-300.

«Es kann unterschiedliche Ziele in der Höhe treffen: von sehr tiefer Flughöhe bis zu über die Grenze hinausgehenden Höhen. Das erste Mehrkanal-Lenkwaffensystem, das mit jedem Komplex (Flugabwehrraketensystem) bis zu sechs Ziele verfolgen und bis zu zwölf Raketen auf sie abschießen kann. Zum ersten Mal wurde ein System mit vollständiger Automatisierung der Kampftätigkeit geschaffen. Sämtliche Aufgaben – Entdeckung, Verfolgung, Zielverteilung, Zielangabe, Bearbeitung der Zielangabe, Erfassung, Verfolgung, Begleitung und Abschuss der Raketen, Bewertung des Beschusses – kann das System völlig automatisch mithilfe elektronischer Datenverarbeitung ausführen.»

Aha, aha. Unterschiedliche Ziele kann es treffen. Plus zwei «Osy» plus das so viel gerühmte vorbildlose AK-630.

Nichts davon hat funktioniert!

Die Neptun ist eine Unterschallrakete mit 900 km/h Geschwindigkeit. Beide haben getroffen. Wie auf dem Schießstand. Wie die leere Bierdose auf dem Baumstumpf, mit der Schrotflinte auf der Ranch. Ohne Probleme.

S-300. Vorbildlos. Vierundsechzig Raketen. Karl.

Einen mitten im Meer gelegenen, sechshundert mal sechshundert Meter großen Fetzen Festland mit dreizehn einzig und allein mit Kalaschnikows bewaffneten ukrainischen Grenzern erobern, den im modernen Krieg niemand braucht; für diesen taktischen Erfolg so zum Teufel geschickt zu werden, sodass man sich zum Gespött der ganzen Welt macht und es für diese fantastische Heldentat – den einzigen Sieg des viele Milliarden teuren, vorbildlosen Flaggschiffs, stellt euch vor! – auf eine Briefmarke des anderen Staates zu schaffen und von einem Land versenkt zu werden, das ÜBERHAUPT KEINE EIGENE FLOTTE HAT, VERDAMMT!

Das letzte Mal wurde das Flaggschiff der gesamten russischen Flotte vor einhundert Jahren versenkt. In der Schlacht mit Japan, einer starken Seemacht. Bei Tsusima.

Aber das ist gar nicht entscheidend. Entscheidend ist, dass die «Moskwa» den Einsatz von Landetruppen in Berdjansk deckte und einen großen Teil der Luftabwehr für die Schwarzmeerflotte übernahm. Sie sorgte für die Luftdeckung der Blockadeschiffe. Sie sollte auch den Sturm auf Odessa decken und kommandieren, den Putin zum zweiten Teil der Spezialoperation erklärt hatte. Und sie befehligte die Operationen zur See.

DAS ALLES KANN MAN JETZT VERGESSEN.

Große Landungsfahrzeuge können jetzt im Hafen unter dem Schutz der Luftabwehr auf dem Festland stehen. Oder sie werden einzeln von der «Admiral Essen» begleitet. Aber das vermutlich nicht für lange. Die Seeblockade der Ukraine steht jetzt infrage. Der Durchstoß eines Korridors nach Transnistrien dagegen unter einem großen Fragezeichen.

Dadurch wird das operative Befehlssystem der Front vereitelt.

Der Front, Karl.

Und alles durch einen einzigen Schuss.

EINEN EINZIGEN.

Zwei Raketen.

Der Verlust des Kreuzers «Moskwa» wird wahrscheinlich die Position der Russischen Föderation im Schwarzen Meer verändern – diese Einschätzung des Geheimdienstes veröffentlichte das Verteidigungsministerium Großbritanniens. Die Position Russlands im Schwarzmeer ... das heißt, in der Region. Mit einem einzigen Schuss hat die Ukraine das Kräfteverhältnis IN DER GANZEN REGION verändert.

Begreift ihr jetzt, was passiert ist?

Ein fantastisches Land. Einfach fantastisch.

Hat noch jemand Zweifel, dass die Ukraine siegen wird?

Was, wo ist dort der vorbildlose Kusja?

Marke erloschen.©

Guten Morgen.

17. April, 17.15 Uhr

Ich begreife es nicht. Vierzig Jahre habe ich dort gelebt. Und staune immer noch wie ein Klosterfräulein. Ist die Fähigkeit zum logischen Denken dort wirklich so ernsthaft gestört, oder leben sie in ihrer ganz eigenen Welt, oder kriegen sie ihre Informationen vom Planeten Nibiru?

Acht von zehn russischen Liberalen schrieben die Scheiße, etwa in dieser Formulierung: «Es gibt jetzt noch mehr offene Fragen.»

Verfickt.

Der Schiffsführer ist weg, der Nautische Offizier ist weg, der Zweite Offizier, überhaupt die ganze Führung weg, so verflucht weg, dass der Flottenkommandeur und Admiral höchstpersönlich seine Fresse ins Video halten muss; von fünfhundert Besatzungsmitgliedern ist, wenn's hochkommt, die Hälfte einsatzbereit, das Schiff ist weg – was von dieser Disposition ist dir jetzt nicht verständlich, du kleiner russischer Liberaler in deiner Sphäre im weißen Luftballon?

Was für Fragen hast du da noch, verfluchte Scheiße? Was kann da überhaupt noch unklar sein? Was nur, was in aller Welt ist mit der «Moskwa», dem Kapitän und der Besatzung geschehen?

Verfluchte Unbestimmtheit. Rätsel über Rätsel.

Ja, weiß der Teufel, Genosse Fähnrich. Vielleicht sind sie mit Elon auf seinen Starlinks zum Mars geflogen? Versteckt Solowjow sie unter seinem Mikrofon? Wird die Hälfte der Besatzung in geheimen Höhlen in Balaklawa zu Komodowaranen umgeklont? Haben sie alle, die Zahnkronen eingeschlossen, zu Gold eingeschmolzen, um die sanktionierten Elektronikteile für Raketenkomplexe zu löten?

Nein? Diese Versionen passen nicht?

Was bleibt dann noch? Keine Ahnung.

Zorn, Handel. Mehr erst mal nicht. Es ist erst das zweite Stadium.

Sie sind lernresistent, ganz eindeutig.

Zum fünfzehnten Jahrestag der Sie-ist-gesunken-Kursk habe ich etwas in der Art geschrieben: Die Richtung stimmte, ein Atom-U-Boot jedenfalls wird nicht an der Ermordung von Ukrainern teilnehmen. Mein Gott, was da im Lager der russischen Liberalen losging!

Wie ich das Gedenken an die unschuldigen russischen Matrosen beflecken könne, unsere viel zu früh gestorbenen Jungs, die überhaupt nichts dafürkonnten? Klar, immer alle ganz unschuldig. Das Besatzungsmitglied eines Atomkreuzers einer durchgeknallten Diktatur, die davorsteht, den roten Knopf zu drücken und Seattle zu vernichten?

Aber du kannst doch nichts dafür, mein Junge! Komm her, ich küss dir den Popo. Und ich werde weiter gegen die Korruption kämpfen, damit du statt einer Rakete gleich zwei hast.

Guten Morgen, Schweinsnasen!

Gott sei Dank zeichnen sich ihre Opponenten, deren Korruption sie bekämpfen, durch die genau ebenbürtige Fähigkeit zum logischen Denken aus wie der durchschnittliche russische Liberale. Ich meine, das heißt: nach zwei Monaten Krieg, fünfzehntausend Leichen, fast eintausend Panzern, dem riesengroßen Landungsschiff «Saratow», das mit Kapitän und zwei weiteren gerade noch entkommen konnte, dem Kreuzer «Moskwa» mit der gesamten Führung ...

Kommt ihnen erst vorgestern so eine Ahnung. Jetzt ahnen sie wohl, Scheiße, dass die Ukraine Luftabwehrraketen besitzt.

Da müsste man mal das Werk bombardieren, das die Neptun-Raketen herstellt.

Gott schütze ihre kognitiven Fähigkeiten.
Und auch das nur, falls es da was zu schützen gibt.
Die haben wirklich was in der Birne, verflucht.
Alle. Bis auf den letzten Mann.

18. April, 11.18 Uhr

Der Führer eines vor allem von seinen – ihm ähnlichen – Mitbürgern bewohnten slawischen Staates, die sich nach der Annexion einer Region um ihn geschart hatten, der Truppen von Nordafrika an die Ostfront verlagerte, um ein für alle Mal die Frage einer Nationalität dort zu regeln, saß mit Frau und vier (uns unbekannten) Kindern im Bunker mitten in dem von der Propaganda wahnsinnig gewordenen Imperium und fürchtete die Schläge der amerikanischen und englischen Bombenflugzeuge, die diese seinem Feind im Lend-Lease-Programm zur Verfügung gestellt hatten, hörte – die Versuchung fürchtend – zu, wie seine Generäle mit Angstschweiß und zitternden Stimmen ihm von der Einkreisung, Gefangennahme und Vernichtung eines Truppenteils seiner Armee am Ufer des großen Flusses berichteten, neben der Symbol-Stadt, in der er schon vor zwei Monaten seine Siegesparade hatte abhalten wollen, die Feier seines Blitzkrieges, und wie die Konteradmiräle von der Vernichtung seines Lieblingskindes, des damals mächtigsten Kreuzers, der tödlichen Bedrohung amerikanischer Konvois, Stolz von Flotte und Nation, berichteten, auf dem er eigentlich die Kapitulation der slawischen Welt hatte entgegennehmen wollen.

Rate, welches Land gemeint ist.

Wir können es noch mal tun.©

Echt jetzt?

Der Krieg wird nicht in einem Monat aufhören. Auch nicht in zwei. Auch in fünf Monaten wird er vermutlich nicht zu Ende sein. Das Pentagon sagt, es dauert noch ein Jahr. Mindestens bis zum Winter. Dem Pentagon glaube ich wie mir selbst.

Aber ich denke, es dauert noch länger.

Wie lange? Weiß ich nicht.

Aber bestimmt nicht nur bis morgen oder nächste Woche. Die russische Bevölkerung tickt jetzt wie vor dem Zweiten Tschetschenienkrieg, wie gesagt.

Unsere Jungs können bei Kyiv nicht einfach so gestorben sein.

Das heißt, die da müssen alle umgebracht werden. Für Russland mit Kusshand.

Sollen sie nur versuchen, sage ich.

Aber das ist jetzt das Stadium. Falls Putin sich doch entschließen sollte, innerhalb des Jahres die Mobilmachung anzuordnen, wird er keine Schwierigkeiten damit haben.

Er hat schon jetzt keine Probleme mit dem Nachschub des kämpfenden Bestandes. In den Ersatzämtern wimmelt es von Männern, die einen Kontrakt abschließen wollen. Die Rekruten sind bereit wie ein Mann, auf Vertragsbasis zu gehen. Das Gleiche war im Zweiten Tschetschenienkrieg. Noch zwei Jahre zuvor war das Land im Schockzustand – kaum öffnete man die Armee für Freiwillige, konnten die Ersatzämter sich nicht mehr retten. Das habe ich mit eigenen Augen gesehen.

Richtig, die Idee war Rache, aber sie stand dennoch auf Platz zwei. Auf dem ersten stand das Geld. Achthundertsechzig Dollar monatlich. Eine für damalige Verhältnisse große Summe.

Wenn Putin jetzt wenigstens tausendfünfhundert zahlt, wird er sich vor Interessenten nicht retten können – die alle die Banderowzen umlegen wollen.

Glaubt mir.

Ich weiß das.

Verhandlungen haben heute überhaupt keinen Sinn. Verhandlungen können nur in zwei Fällen sinnvoll sein.

Erstens, eine der Parteien ist nicht mehr in der Lage weiterzukämpfen.

Das ist die Finnland-Variante. Ja, die Finnen haben in drei Monaten des Winterkriegs einhundertfünfzigtausend Orks hingemetzelt. Aber nach drei Monaten waren sie nicht mehr kampffähig.

Die UdSSR dagegen war es sehr wohl, trotz ihrer gigantischen Verluste.

Deshalb waren die Finnen gezwungen, sich an den Verhandlungstisch zu setzen und Gebiete abzugeben.

Bei uns sieht die Situation bislang noch anders aus. Ja, Orks haben wir zwanzigtausend umgelegt. Aber.

Sowohl die Ukraine als auch Russland

a) sind imstande, Kampfhandlungen zu führen;

b) wollen kämpfen;

c) sie sind zum Kampf höchst motiviert.

Das heißt, alles wird sich auf dem Schlachtfeld entscheiden.

Ihr denkt immer noch, die russische Armee sei schwach motiviert, dort seien nur Penner, über die wir lachen können – und in der Tat ist das zu einem großen Teil so –, aber das Problem ist: Einfachere Charaktere brauchen keine komplexe Motivation. Die einfacheren brauchen eine einfache Motivation. Soll ich euch sagen, welche Motivation sie haben?

«Die Chochols sind über die Stränge geschlagen, man muss sie mal zusammenscheißen.»

Das ist ihre ganze Motivation.

Mehr ist da nicht! Und sie wirkt ausgezeichnet.

Schaut euch die Fotos von Butscha und Irpin nach der Horde

an. Guckt mal, was sie mit ihrer Scheiße an die Wand schreiben. «Chochol Schwuchteln!» – «Chochol, verrecke!»

Das ist alles, was die Einfacheren im Kopf haben müssen, damit der Zar sie in Massen losschicken und den Feind mit ihren verbrannten Leichen zudecken kann.

Das funktioniert. Und wird immer so sein.

Die Bolschewiken haben ein Aue-Land gezüchtet. Ein «Verreck du heute, ich morgen.»

Ein einziges großes Kolyma, ein einziges fernöstliches Besserungslager von Ozean zu Ozean. Wo die eine Hälfte Häftlinge, die andere Hälfte Bewacher sind. Ein Land, wo das eigene Leben einen Pfifferling wert ist, vom Leben der anderen ganz zu schweigen.

Was erwartet ihr von einem Land, in dem der Hauptsinn des Lebens hinter dem Ural jahrzehntelang darin bestand, nach einer Fahrradkette, einer Badarmatur oder einem selbstgemachten Messer zu greifen und loszuziehen, um die Menschen im Nachbar-Rayon umzubringen?

ChimMasch gegen Tjaschmasch. Wir treffen uns in der Mitte.

Und danach fahren die Rettungssanitäter die Leichen mit aufgeschlitzten Bäuchen und zertrümmerten Schädeln ab.

ALSO WAS ERWARTET IHR VON IHNEN, WENN SIE MIT DIESER WELTANSCHAUUNG IN DIE UKRAINE KOMMEN?

Nicht in den Nachbar-Rayon.

In ein anderes Land.

Der Befehl zum Töten in Butscha kam von Putin, nicht wahr? Wenn ihr das aufgreift, selbst wenn ihr nur an solchen Diskussionen teilnehmt – verdreht ihr die Wirklichkeit. Denn im Grunde schwingt dabei immer die Suche nach den guten Russen mit. Sie waren es doch nicht selbst, sie hatten eben den Befehl.

Nein!

Selbst!

Sie brauchen dazu keinen Befehl! Sie brauchen keinen Befehl, um Menschen zu töten und zu foltern!

In Tschetschenien habe ich zweimal verhindert, dass Menschen erschossen wurden. Einmal war das ein Mann, der einfach an unserem Kontrollposten vorbeiging. Er wurde gefangen, an einen Baum gefesselt, musste die ganze Nacht dort im Winter in den Bergen stehen, und am Morgen wollten sie ihn erschießen. Ich wache auf – da ist ein Mann, halb bewusstlos und gefesselt. Den erschießen wir jetzt. Seid ihr bescheuert, frage ich. Handgemenge. Sogar Waffen im Spiel. Ich habe nicht erlaubt, dass der Mann erschossen wird.

Das zweite Mal war, als ein Grüppchen Frauen unter Artilleriebeschuss die Stadt verließ. Mit weißer Fahne. Schuster Wasja hob das MG. «Da sind Rebellen darunter, die verstecken sie.» Ich riss seinen Lauf in den Himmel. Die Salve ging in die Wolken. Bist du verrückt? Das sind Frauen! Frauen! Weiber, Alte und Kinder! Selbst wenn da hundert Rebellen drunter sind – sie sollen gehen! Sein Blick zeigte Unverständnis. In seinen Augen war ich damals ein Verräter.

Weder im ersten noch im zweiten Fall hatte es irgendwelche Befehle gegeben, den Mann zu foltern oder die Frauen zu erschießen. Nichts.

Schuster Wasja war ein stiller, ruhiger, guter Kumpel. Kluge Augen. Zuverlässiger Kamerad. Treuer Freund.

Dieser stille, kluge Junge hätte aus eigener Initiative zwei Dutzend Frauen umgebracht – und konnte nicht begreifen, warum ich ihm das nicht erlaubte.

Sie gehen, er drückt ab, sie sind tot. Ganz einfach.

Da braucht es keinen Putin.

Um die Realität genau zu verstehen, braucht man nur genau

zu formulieren. Euphemismen sind überflüssig. Die Suche nach neuen Termini auch. Das neue Wort «Ruschismus» ist überflüssig, sogar «Orks» und «Mordor», von mir so häufig gebraucht – sind so eine Art Wortspiele, Suche nach Ersatzausdrücken.

Die Dinge wollen beim Namen genannt sein. Und für das, was in Russland vorgeht, gibt es nur einen Namen.

Faschismus.

Der Faschismus ist nach Russland gekommen. Russland ist ein faschistisches Land. Nicht «wie faschistisch», nicht «wie Deutschland», sondern wortwörtlich «faschistisch». Faschismus hat es dort immer gegeben, jetzt aber hat er sich endgültig herausgebildet und ist zur Staatsideologie, zur nationalen Idee, geworden.

In die Ukraine sind Faschisten eingedrungen. Punkt.

Einige von ihnen mögen kluge Augen haben.

Aber anders als im Falle Deutschlands schickt sich diesmal niemand an, den Faschismus in seiner Höhle in Moskau zur Strecke zu bringen. Niemand wird Russland besetzen. Niemand wird dort ein Besatzungsregime errichten und einen Marshallplan mit Entnazifizierung einführen. Es wird keinen General MacArthur geben, der den Plan zur Neuaufstellung Japans entwickelt und glänzend umsetzt. Es wird keinen Checkpoint Charlie geben und keinen reumütigen Willy Brandt.

Jedenfalls fürs Erste. Fürs Erste wird alles enden, wenn die Seiten entweder Parität erlangen und dort stehen bleiben, wo sie stehen; das wäre der zweite Fall für Verhandlungen, aber danach sieht es nicht aus. Oder es wird enden, wenn die russischen Truppen aus der Ukraine herausgeworfen werden und das Weite suchen.

Aber Russland selbst bleibt dabei bestehen.

Und der Faschismus in Russland auch.

Solange es Putin gibt, wird es Faschismus geben.

Putin wird es noch zehn, fünfzehn Jahre geben.

Das heißt, noch zehn, fünfzehn Jahre wird an der Grenze der Ukraine ein faschistischer Staat mit Atomwaffen und großer Lust, die Chochols im Klo kaltzumachen, existieren.

Damit muss man leben.

Es fängt gerade erst an.

Ja, und auch nach Putin ... Denn dort hat sich noch nie irgendetwas geändert, unabhängig vom Gesellschaftssystem. Ob Goldene Horde. Ob Lehnfürstentümer. Zarismus. Bolschewismus. Stalinismus. Putinismus. Oder der relativ vegetarische Jelzinismus.

Dreimal in der Geschichte war dieses Land mehr oder weniger, relativ, demokratisch – das erste Mal unter dem falschen Dmitrij, den sie dann für genau diese Freiheit auch ermordeten. Danach vom Februar 1917 bis Oktober 1917. Und von 1991 bis 1993. Die ganze übrige Zeit kehrte es immer, wie ein Aufstehmännchen, in seine ursprüngliche Position zurück.

Ihr versteht es sowieso längst.

Bereit sein ist alles. Um nicht psychologisch zusammenzubrechen, wenn der Sieg in allernächster Zeit nicht möglich ist und es das versprochene Schaschlik nicht gibt.

Übermäßiger, unbegründeter Optimismus ist genauso gefährlich wie Verrat.

Jetzt lese ich gerade Gorbulin. Er schreibt, dass in der ganzen Kriegsgeschichte die schwächere Armee die stärkere in ungefähr dreißig Prozent der Fälle besiegt hat. Unter einer Voraussetzung – sie verteidigt ihr eigenes Land. Den Fall haben wir.

Die Ukraine wird siegen. Unbedingt. Eindeutig. Ich zweifle keine Sekunde daran.

Aber der Weg zum Sieg wird steinig sein.

Präsident Joe Biden hat beschlossen, seine Strategie gegenüber Russland zu ändern. Planten sie in Washington bislang, die Invasion für Russland zu einer strategischen Niederlage zu machen, so zielen die Vereinigten Staaten jetzt auf die russische Rüstungsindustrie, «um die ökonomische und militärische Macht der Russischen Föderation zu untergraben»: «Eines unserer Ziele besteht darin, Russlands Fähigkeit zu derlei Aktionen künftig zu begrenzen. Deshalb versorgen wir die Ukrainer mit Waffen und Ausrüstung, damit sie sich gegen die russischen Angriffe verteidigen können, und aus diesem Grunde setzen wir Sanktionen und Exportbeschränkungen ein, die unmittelbar auf die Rüstungsindustrie Russlands zielen, um die ökonomischen und militärischen Fähigkeiten Russlands zu Drohungen und Angriffen gegen seine Nachbarn einzuschränken.» CNN stellt fest, dass unter den amerikanischen und westlichen Beamten, besonders nach dem «Massaker von Butscha», das Bewusstsein dafür wächst, dass Russland «ökonomisch und auf dem Schlachtfeld solche Verluste erleiden muss, dass seine Aggression für immer aufgehalten ist».

Russland muss so geschwächt werden, dass es niemanden mehr überfallen kann, erklärte der Pentagon-Chef Lloyd Austin. «Wir wollen, dass Russland so geschwächt wird, dass es solche Dinge wie während der Invasion in der Ukraine nicht mehr tun kann. Es hat schon einen erheblichen Teil seines Kriegspotenzials und, offen gesagt, einen erheblichen Teil seiner Truppen eingebüßt. Und wir wollen, dass sie dieses Potenzial nicht so schnell wieder aufbauen können.»

Die Sprecherin des Weißen Hauses, Jennifer Psaki, teilte später mit, dass Austins Worte die Position der amerikanischen Präsidentenverwaltung widerspiegelten.

Der Deckel ist ab, und eine schmutzige Lawine von schweren und modernsten Waffen strömt in die Ukraine. Haubitzen, Selbstfahrlafetten, präzisionsgelenkte Artilleriegranaten, Excaliburs, Panzer, Luftabwehrwaffen, Seezielflugkörper, Munition, Drohnen aller Arten, Flugzeuge und Panzerabwehr-Javelins mit Stingers und Next Generation Light Anti-Tank Weapons.

Das ist geradezu unglaublich. Die ganze Welt ist aufgewacht und spielt jetzt offenbar das Spiel: Gib auch du Putin eins in die Eicr.

Das Wichtigste dabei ist vermutlich die Artillerie. Sobald die neuen Brigaden formiert und ausgebildet sind – wird diese Diskothek in noch ganz anderen Farben blinken. Glaubt mir, Russen.

Die Ukraine wird siegen. Nunmehr ohne Wenn und Aber.

Nun, ihr Debiloiden. Mit der NATO wolltet ihr kämpfen? Euer Eisenzeug mit dem der USA messen? Mit den Panzern den Ärmelkanal erreichen? Es in Berlin noch mal machen? Euch mit Iskander-Raketen einen ablachen? Suwalki-Korridor und die Insel Gotland?

Hier habt ihr, Blödköpfe. Nehmt mit vollen Händen.

Alle Wünsche sollen erfüllt werden.

Euer alter Mann.

Und jetzt hat auch noch Opa Biden, der alte Pupser, der auf der Gangway in den Flieger einschläft – wisst ihr noch, wie ihr über ihn gegrölt habt, Blödköpfe? –, entschieden, dass Schluss ist. Dass ihr nicht länger die Luft vollstänkern sollt. Jetzt ist genug. Der Wechsel in der Politik der USA ist eine strategische Wende.

Und wenn früher nur der halb irre Großvater Wanga davon fantasierte, dass dort drüben eine einzige große Volksrepublik Donezk sein werde, von Ozean zu Ozean – SO IST DAS JETZT DIE OFFIZIELLE STRATEGIE DER USA!!!

Die beiden Opas haben zueinander gefunden.

Fresst das. Stopft es euch rein.

Noch einmal.

Und so wird es kommen. Denn wenn die USA etwas wollen – dann kriegen sie es auch.

Ihr werdet zu einem Nordsomalia gemacht. Mit allem Pipapo. Bewaffnete Alkoholiker an den Kontrollposten, Killerbanden von Minderjährigen, Hundefleisch, Entführungen, Morde. Sklavenhandel – das ist jetzt eure Zukunft.

Und sie ist keineswegs so fern, wie ihr denkt.

Glückwunsch, Debile.

Euer alter Mann Teil zwei.

Der russische Liberale tut einem besonders leid. Wie jetzt? Was ist mit dem Wunderschönen Russland der Zukunft ohne Korruption? Wir haben uns doch so bemüht. Wir haben Listen aufgestellt! Wir haben sie in den Kongress gebracht! Wir sind stolz erhobenen Hauptes ins Gefängnis gegangen!

Drauf geschissen, auf dein wunderschönes Reich ohne Korruption, Bruder. Die Konzeption hat sich geändert.

Was jetzt gebraucht wird, sind Korruption, Zerfall, Fäulnis und Bündnis der Menschenfresser und Banditen an der Macht. Setzen, Dummkopf. Fünf.

Dass es genau so sein wird. Dass es gar nicht anders kommen könne.

Junge, bring ihnen Wodka.

Babtschenkos Zeit.©

Merkt euch diesen Tag. Heute hat Opa Biden den Abrams angeworfen. Der steht jetzt im Hangar und lässt die Motoren warmlaufen. Und auf den Farmen von Kentucky mischen sie Anabolika ins Futter. Um neue Hühner mit gigantischen, saftigen Schenkeln zu züchten. Ihr müsst ja danach irgendwie gefüttert werden, Arschköppe. Zum sechsten Mal. Man wird euch ins Mittelalter zurückschießen – und von Zeit zu Zeit einen Sack

Reis vorbeibringen. Im Tausch gegen Kohlenwasserstoffe. Auch wenn das ein Fehler ist, wie ich sagen würde. Aber die Amerikaner sind gute Menschen.

Getreide wird niemand an euch verschwenden, die Anabolika-Hühnerschenkel reichen vollkommen.

Und einen Abrams im Konvoi, um die Hühnerbeine unterwegs zu schützen.

Und ein Journalist auf dem Panzer. Von jetzt an unabdingbar.

Mordor wird vernichtet werden. Jetzt ist es offiziell.

Das ist der Anfang vom Ende Russlands.

Ihr wart gewarnt.©

Gott schütze Biden.

Euer alter Mann.

26. April, 18.31 Uhr

Gar kein übler Tag heute. Nicht nur, dass die USA die militärische und wirtschaftliche Niederwerfung Russlands zu ihrer Strategie erklärt haben, auch London hat die Ukraine beim Waffeneinsatz auf dem Gebiet von Orkostan unterstützt.

James Heappey, britischer Staatssekretär für Verteidigung, hat erklärt, dass die Ukraine «völlig legitim» Objekte in Russland angreifen darf.

«Die Ukraine muss Schläge im Hinterland des Gegners führen, um seine Logistikverbindungen, Treibstofflager, Munitionslager anzugreifen, und das ist Teil des Krieges. Es ist völlig legitim für die Ukraine, Ziele in Russland selbst anzugreifen, um die Logistik zu beschädigen, die andernfalls zu Tod und Gemetzel auf ukrainischem Boden führen würde.»

Na ... Wenn das keine Kriegserklärung ist, so ist es zumindest dessen Sanktionierung.

Ich würde mich nicht wundern, wenn dieser Tag später in den

Lehrbüchern als Datum des Beginns des Dritten Weltkriegs bezeichnet werden würde.

Apropos – Putin wird jetzt mit der Mobilmachung wirklich gar keine Probleme mehr haben. Schließlich hat ja die verfluchte NATA angefangen, Weiberregime, alles klar. Jetzt ist es passiert, ihr Lieben. Das, worauf ihr gewartet habt. Hosen voll vor Glück.

Aber zusammengeschissen werdet ihr allesamt, Jungs.

Und ihr wart gewarnt.

Euer alter Mann.

27. April, 7.22 Uhr

Und wieder Belgorod. Ein Munitionslager.

Guten Morgen, Belgorod!

Und bei Woronesch haben sie eine Drohne abgeschossen. Na endlich. Ich hatte schon befürchtet, es würde ohne Bombardierungen abgehen.

Guten Morgen auch dir, Woronesch!

Und Kursk. Dorthin ist heute eine Rakete geflogen.

Guten Morgen, Kursk!

29. April, 12.00 Uhr

Wovon ich mir schon seit Jahren den Mund fusslig rede – wir sind in eine neue Epoche eingetreten. Jetzt ist die Weltordnung, die von 1945 bis 2014 existiert hat, offiziell beendet. Der Gipfel in Ramstein war die Jalta-Konferenz von heute. Und sie hat eine neue Ordnung definiert.

Und eine Liste der Länder, die in dieser Weltordnung das Sagen haben. Russland fehlt darin.

Genauer sagt, es kommt schon vor, aber als orthodoxer Nordiran. Der genauso hinter seinem Krokodilgraben sitzen und von israelischen Terroristen grölen wird, die ihn das Uran für die friedliebende Atombombe nicht anreichern lassen, und die Leichen der orthodoxen Revolutionswächter bei lebendigem Leibe auffressen wird – aber über die Grenze wird sich keiner mehr trauen.

Seine Stelle wird jetzt die Ukraine einnehmen. Euch ist klar, dass die USA jetzt aus der Ukraine ein neues Südkorea machen werden? Dass sie nach dem Scheitern in Afghanistan ganz dringend ein positives Vorzeigebeispiel brauchen. Dass jetzt ein solcher Strom von Waffen, Technologien, Geld, Krediten, Meistbegünstigungsklauseln, Zoll- und Quotenerlassen in die Ukraine fließen wird, dass Seoul sich in den Hintern beißt.

Dabei geht es gar nicht um die Ukraine, sondern um die Lösung gleich mehrerer Aufgaben – die Verdrängung von Gas und Erdöl vom Markt, die Verdrängung Russlands aus der politischen Arena, und darum, China auf seinen Platz zu verweisen, überhaupt alles, was die Welt schon lange hat tun wollen, nur der Anlass fehlte.

Und jetzt ein solcher Anlass!

Danke, Wladi.

30. April, 13.51 Uhr

Ein Militärgericht hat Jurij Sulin, Generalmajor des FSB, zu sechs Jahren Lagerhaft verurteilt, weil er das streng geheime Programm zum Grenzschutz in der Arktis boykottiert hat. Die Mittel für dieses Programm hat der General für den Bau von «Dienstwohnungen» auf der Krim verwendet – in Armjansk, Dzhankoj und Sewastopol.

Gott schütze die russischen Korruptionäre. Schenke ihnen Glück, Gesundheit, ein langes aktives Leben und dienstliche Beförderungen.

Unbekannterweise Dank an dich, FSB-Generalmajor Jurij Sulin!

Für die neuen Häuser auf der ukrainischen Krim ein ganz besonderes Dankeschön.

Jurij Sulin Verteidigungsminister!

Freiheit für Jurij «Detotschkin» Sulin!

1. Mai, 8.23 Uhr

Wieso zum Teufel habe ich von diesem Abrams angefangen ... Was hat mich geritten. Weissager, oder was? Alter Dämel.

Jetzt geht's nicht mehr anders. Es geht in dieses verfickte Somalistan. Auf diesen verfickten Roten Platz. In dieses verfickte Mittelalter.

Dort auf dem Panzer einrücken. Selfies machen. Auf Putins Grab pissen.

Sie sehen. Mit ihnen reden. Hühnerschenkel verteilen. Sie auspeitschen, diese Moderatoren von «Echo Moskau». Der Kerl hat es doch versprochen. Jetzt muss er es tun.

Hast hü gesagt, jetzt sag auch hott.

Ich kann auf alles das wirklich pfeifen.

Auf sie. Auf alle.

Auf dieses Territorium. Auf das, was dort sein wird. Auf die Moderatoren. Auf die Zuhörer. Auf meine Wohnung. Meine Garage. Auf die Terroristenlisten. Auf all diese Jean Jacques und Polizeiwannen. Auf die Stalinisten. Die Putinisten. Auf die Liberalisten.

Auf alles, was einmal mein Leben ausgemacht hat.

Der mentale Graben hinüber zu dieser geopolitischen Missgeburt in meinem Kopf ist so breit, dass da Krokodile groß wie Wale hineinpassen.

Hinter der russischen Grenze ist in meinem Kopf schon lange ein schwarzes Loch, ein weißer Fleck. Ob es dort Leben gibt ... oder kein Leben. Geht mir am Arsch vorbei.

Jetzt werfe ich hin und werde dieses Müllvieh erforschen.

Der Alte will nicht auf dem Panzer nach Moskau.

Der Alte ist schon zu alt.

Was hat mich nur geritten ...

Oje, oje. Dummchen, du.

Guten Morgen.

Oder, Oletschka?

1. Mai, 14.24 Uhr

Die Administration von Präsident Biden arbeitet an Strategien, russische Wissenschaftler in die USA zu locken. Eine der Ideen beruht darauf, Russen, die den Grad des Magisters oder Doktors in Technik oder Mathematik besitzen, ein Arbeitsvisum zu gewähren, selbst wenn sie keine Einladung von einem Arbeitgeber haben.

Insbesondere will die Biden-Administration führende Experten Putins im Bereich Halbleiter, Raumfahrt, Cybersicherheit, modernste Produktion, Atomkraft, künstliche Intelligenz, Raketenantrieb und in anderen Spezialgebieten heranholen.

Kein schlechter Zug. Alles anzuwerben, was auch nur einen halben Kopf über das kleine Einmaleins hinausragt, damit sie in den Staaten arbeiten, ein neues Manhattan-Projekt aufbauen und dieses Hinterwäldlerland mit ihren führenden Geistern Prilepin und Kurgninjan hinter sich lassen.

Nimm das, Wladi.

Man hat dir den ökonomischen Ruin und Nordiran versprochen. Jetzt hast du es.

Aber ... was für eine Schweinsnase bin ich.

Ich hätte im Ersten Fernsehkanal arbeiten sollen.

Oder Raketen für Putin bauen.

Die Seite der Demokraten in Washington hacken.

Oder noch besser – in der Weltraumindustrie Gelder abzweigen.

Oder ganz einfach sinnlos eine niederländische Boeing mit dreihundert Menschen an Bord abschießen. Dann hätte ich Asyl und Haus in den Niederlanden bekommen, so wie Zemach.

Oder eine Prämie, so wie diese Schlampe vom Ersten Fernsehkanal, die mit dem Plakat. Oder einen gut bezahlten Job im MIT in den USA. Oder ein Stipendium in einer deutschen Stiftung, wie die Schulmann.

Und würde in Zuckerwatte leben. Würde mir ein Boot kaufen und im Golf von Kalifornien segeln. Würde marokkanisches Gras in Amsterdam rauchen. Bayrisches Bier in Berlin trinken.

Und wenn ich mir schon vorher was zusammengestohlen hätte, könnte ich auch eine Villa mein Eigen nennen.

Was soll schon, dass ich der verfickten Diktatur Interkontinentalraketen gebaut habe. Das nennt man Ablass der Sünden, Vergebung der USA, Greencard und Tabula rasa im Land der Möglichkeiten.

Christliche Vergebung in jeder Hinsicht, das ist es, was ich beobachte.

Amen.

Und sie reisen ja auch aus. Ab und zu begegne ich solchen. Sie haben das Reich mit aufgebaut, habe sich ihre Taschen mit Öldollars der Diktatur vollgestopft, und jetzt hauen sie ab – und zur Läuterung und dem Weißwaschen der eigenen Scheiße überweisen sie hundert Euro für Flüchtlinge und Kinder. Und sind zufrieden. Fühlen sich ganz wohl. Drückt nirgends. Kratzt sie nirgends.

Sie werden durch dieselben Straßen laufen wie ich. Werden irgendwelche russisch-liberalen Vorträge besuchen. Hände schütteln und Reden halten. Dann werden sie zu Experten. So wie dieser KGB-Mann und der Bankier, die jetzt aus jedem Bügeleisen über Putin schwadronieren.

Und wenn du, als Schweinsnase, zwanzig Jahre überallhin gelaufen bist, alle am Ärmel gezogen und mit der Stirn gegen die Wand gehauen hast – dann bist du jetzt am Arsch, mit Flüchtlingspass und ohne feste Rechte.

Und jetzt auf diesem Abrams, Scheiße. Zu diesen Arschbacken. Fotos schießen. Auf Putins Grab tanzen. Das wär's dann.

Ach, du bist 'ne Schweinsnase, Alter.

Das zweite Mal heute.

Was für ein Tag.

Schweinsnase.

PS: Ist übrigens alles Satire.

2. Mai, 7.39 Uhr

Wachid Nawabi. Wäre die UdSSR nicht in Afghanistan eingedrungen, wäre Wachid nicht in die USA geflohen. Wäre er nicht in die USA geflohen, hätte er nicht Aerovironment übernommen. Wäre er nicht Chef des Konzerns geworden, hätte Aerovironment womöglich nicht die Kamikaze-Drohne Switchblade produziert. Hätte sie Switchblade nicht produziert, wäre diese Waffe heute nicht in der Ukraine.

Rache ist langsam. Aber sie kommt, immer.

Jeder Schritt hat Folgen.

Karma, du herzlose Hündin.

Das Leben ist der beste Drehbuchautor.

Sag ich euch.

Guten Morgen.

2. Mai, 12.09 Uhr

Auf mehrere Jahre im Voraus lässt sich schwer weissagen. Wenn die Prophezeiung wahr wird, haben alle längst vergessen, was du geschrieben hast. Voraussagen sind für zwei, drei Monate möglich. Dann setzt du Trends.

Vor einem Jahr habe ich einen Post darüber geschrieben, dass ich überhaupt nicht verstehen kann, warum Bulhakow für viele Ukrainer ein ukrainischer Autor geblieben ist.

Aber das Leben überholt den Traum.

Immer.

Gerade mal ein Jahr ist das her. Und jetzt wird es in der Ukraine tatsächlich keine Bulhakows, keine Puschkins, keine Tolstojewskis, noch nicht mal einen Mykola Baschan geben.

Ohne große Diskussion.

Ehrlich gesagt, weiß ich nicht, wer Mykola Baschan ist, obwohl ich in einer Straße seines Namens gewohnt habe. Darüber kann ich also nichts sagen, aber über alle andere sag ich's jetzt mal ein für alle Mal.

Dies wird ein unpopulärer Post werden, in den Kommentaren werden sie vor mir Karamellhaufen in den Ventilator werfen, werden mich mit der Fresse auf meine moskalische Herkunft stoßen und mich zu meinen Landsleuten schicken, damit ich sie aufkläre, eine Menge Entfreundungen wird es geben. Aber ich bin kein Politiker. Ich brauche die allumfassende Liebe des Mainstreams nicht. Nicht mein Ding.

Meine Sache ist es, zu analysieren und logische Schlüsse zu ziehen.

Also, auf geht's. Stellen wir uns eine hypothetische Situation vor, in der es drei Menschen gibt.

Einer ist im Russischen Imperium geboren. Der andere im Österreich-Ungarischen Kaiserreich. Der dritte in der ehemaligen Rzeczpospolita.

Einer schrieb auf Russisch. Der andere auf Deutsch. Der dritte auf Polnisch.

Einer wurde in Kyiv geboren und ist nach Moskau gezogen. Der Zweite ist in Lemberg geboren und nach Leipzig gezogen.

Der Dritte ist in Lemberg geboren und nach Krakau gezogen.

Warum ist Bulhakow bei gleichen Voraussetzungen ein ukrainischer Schriftsteller, und Sacher-Masoch und Stanisław Lem sind es nicht?

Erklärt mir das. Es will mir nicht in den Kopf.

Warum ist Sacher-Masoch, der die Ukraine liebte, sie als seine Heimat betrachtete, Ukrainisch sprach und sogar auf Ukrainisch einen Sammelband über das Leben in Galizien herausgab, mit dem er die Ukraine in der Welt bekannt machte und propagierte – ein deutscher Schriftsteller?

Und Bulhakow, Fleisch vom Fleische des Imperiums, ein absoluter Vertreter seiner Mentalität und Weltanschauung, nur auf die Metropole orientiert, der über die Metropole und die Großrussen schrieb, ohne ein einziges ukrainisches Werk zu erschaffen – plötzlich zum ukrainischen Schriftsteller geworden?

Ich werd's euch erklären.

Weil er auf Russisch schrieb. Und die Ukrainer sprechen Russisch. Und nicht Deutsch.

Das ist die ganze Antwort.

Das ist der einzige Faden, der die Ukrainer mit Bulhakow verbindet.

Die Sprache ist die Basis der Nation. Auf ihr ruht der Überbau der Kultur. Gibt es eine bestimmte Sprache nicht, gibt es auch keine entsprechende Kultur. Ohne seine deutsche Sprache wäre Sacher-Masoch dort ein ausländischer Schriftsteller. Kein Polnisch – und auch Lem wäre kein polnischer Schriftsteller.

Er schreibt auf Russisch – und der russischsprachige Großrusse Bulhakow wird zum ukrainischen Schriftsteller.

Ich spreche jetzt nicht über die Qualität seiner Werke. Bulhakow ist unbestritten ein Genie. Ich spreche jetzt ausschließlich über die Kohärenz.

Okay, weiter. Noch eine Situation.

Zwei Menschen. Einer geboren im Gebiet Donezk der Ukrainischen SSR. Der zweite geboren im Gebiet Donezk der Ukrainischen SSR. Der eine tritt in sowjetischen Propagandafilmen über den Krieg der Großväter auf. Der andere sang Lieder für diese sowjetischen Propagandafilme über den Krieg der Großväter.

Warum ist Leonid Bykow ein ukrainischer Schauspieler, Iossif Kobson aber nicht? Wobei, ja, Bykow ein genialer Schauspieler ist, der großartige Filme gedreht hat. Übrigens wie Kobson – eine großartige Stimme.

Warum werden im Zuge der Dekommunisierung alle sowjetischen Denkmäler abgerissen, aber das Denkmal des ordensbehängten Leonid Bykow in der Rolle eines Sowjetoffiziers aus einem sowjetischen – wenn auch genialen – Propagandafilm bleibt stehen?

Spürt ihr daran keine Denkspaltung?

Wenn Michail Bulhakow ein ukrainischer Schriftsteller ist und Leonid Bykow ein ukrainischer Schauspieler, dann ist Iossif Kobson ein ukrainischer Sänger, Valentina Matvienko eine ukrainische Politikerin, Lolita Miljavskaja eine ukrainische Sängerin und Givi ein ukrainischer Heerführer. So wie Zaluzhnyj. Beide sind in der Ukraine geboren. Beide Staatsbürger der Ukraine.

Ich operiere jetzt ausschließlich mit der Logik.

Mit eurer Logik, liebe Opponenten.

Wenn wir das Ukrainische ausschließlich am Geburtsort festmachen, dann ist es so und nur so. Dann war Josif Stalin ein georgischer Zar. So wie die Zarin Tamara.

Der Geburtsort ist so zufällig wie ein Lottogewinn. Ich habe mir zum Beispiel nicht ausgesucht, wo ich geboren werde. Dass mein Arsch im gleichen Beet wie hundert Millionen Orks auf die Welt kam – macht sie nicht zu «meinen Leuten». Und mich nicht zu «ihren».

Wenn die Orks mir sagen, dass ich ein Verräter sei, kann ich das überhaupt nicht verstehen – denn Scheiße, wer bist du denn?

Wie zum Teufel kannst du annehmen, dass du überhaupt irgendeine Beziehung zu mir hast? Nur weil mein Papa und meine Mama sich mit den Zeugungsorganen in einer Stadt berührt haben, die siebentausend Kilometer von deiner entfernt, aber von denselben Grenzen umgeben ist?

Fick dich, Arschkopp. Ihr habt nicht das Geringste mit mir gemeinsam.

Einen Menschen definiert ausschließlich seine Geschichte. Das Narrativ. Nur das Produkt, das er aus sich selbst macht.

Bulhakow war ein Produkt des Imperiums. Er produzierte ein imperiales Werk. Für das Imperium.

Wieso ist er jetzt plötzlich ein ukrainischer Schriftsteller?

Dasselbe mit Bykow, mit Kobson und mit dieser, wie heißt sie noch, die Frau von Rammstein, Natascha Koroljewa und Valja Matvienko.

Egal wo sie geboren wurden.

Lolita stammt überhaupt aus Mukatschewo. Jarmolnik aus Lemberg.

Banderowzen reinsten Wassers, ja.

Meine Frau ist in Deutschland geboren. In der Familie eines Soldaten. In der Familie eines Mannes, der genauso Vertreter der imperialen Besatzungsmacht war wie Bulhakow.

Wenn ich jetzt aufs Dresdener Stadtamt gehe und ihnen erzähle, meine Frau wäre Deutsche und ich möchte auf dieser Basis die Staatsangehörigkeit, schmeißen sie mich hochkant raus.

Ajder ist in Tambow geboren, aber niemand wird es wagen, ihn als einen Moskowiten zu bezeichnen, stimmt's?

Okay, weiter. Wennschon, dann volle Ladung.

Mrija. An-225. Großraumflieger, vom Imperium gebaut. Ausschließlich für imperiale Ziele. Ausschließlich dafür, um den Amerikanern eins auszuwischen. Ein hundertprozentig imperiales Produkt. Mit ausschließlich imperialem Narrativ. Geschaffen mit den Kräften des gesamten Imperiums. Uljanowsk, Taschkent, Woronesch.

Ja, dieses Flugzeug hat gute Arbeit geleistet, es hat die Ukraine in der Welt bekannter gemacht und war tatsächlich ein gefragtes Produkt.

Und es wäre gut, wenn wir es heute hätten.

Aber.

Polen gehörte vor gut hundert Jahren noch zum Russischen Reich. Zum Deutschen Reich gehörte es vor gerade mal siebzig Jahren. Wenn ihr heute einem Polen sagen würdet, dass die V2 eine polnische Rakete ist, weil sie auf dem Truppenübungsplatz in Blizna technisch ausgefeilt und erprobt wurde, hundertfünfzig Kilometer von Krakau, und Dzierschynski ein polnischer Revolutionär ist, weil er Sozialdemokrat im Königreich Polen war und in der Warschauer Zitadelle gesessen hat – er würde euch wahrscheinlich eins auf die Nase geben.

Die Sprache des Imperiums. Die Kultur des Imperiums. Die Schriftsteller des Imperiums. Die Künstler des Imperiums. Die Technik des Imperiums. Das alles sind Fäden, DIE IHR IN DIE VERGANGENHEIT ZIEHT. Mit deren Hilfe ihr die ganze Zeit aus irgendeinem Grunde versucht, eure Gegenwart mit dieser eurer Vergangenheit zu verbinden.

Mit der imperialen Vergangenheit eures Landes.

Aber die Fäden muss man in die Zukunft ziehen.

In eine freie Zukunft.

Polen ist genau deshalb zu Polen geworden, weil es POLEN WERDEN WOLLTE. Und nicht stolz sein wollte auf etwas aus der Vergangenheit, das es zweifellos in seiner Geschichte gegeben hat, das vielleicht nützlich war, aber dennoch – aufgepflanzt, eingeschleppt, aufgezwungen.

Das Jahr 2014 – und erst recht das Jahr 2022 – hat alles auf null gesetzt.

Warum dann immer wieder so stur versuchen, diese jetzt von der Geschichte selbst zerrissenen Fäden neu dorthin zu spinnen, das verstehe ich, ehrlich gesagt, nicht.

Die Ukraine hat allen verfluchten Grund, stolz zu sein. Die Ukraine hat allein im letzten Jahrzehnt verflucht viel produziert, von dem der Welt die Kinnlade runterfiel. Den Maidan, die ukrainische Armee – die sowohl von ihrer Kampferfahrung als auch von ihrer Motivation und künftig auch ihrer Bewaffnung beispiellos dasteht in der Welt –, die ukrainische Kultur, die Auftritte auf der Eurovision, so wenig sie mir auch gefallen, usw. usw.

Fragt Angelina Jolie.

Es gibt jetzt schon die An-178. Ein ukrainisches Produkt. Es gibt die Neptun. Nicht einfach nur ein ukrainisches Produkt, sondern ein ukrainisches Produkt, das DAS FLAGGSCHIFF DER FLOTTE, den Raketenkreuzer, den «Killer der Flugzeugträger», VERSENKT HAT, mit allen Admirälen an Bord! Die Engländer würden sich vor Stolz hundert Jahre nicht einkriegen. Fünfhundert Filme würden sie darüber drehen. Poeme verfassen.

Warum bei diesem großartigen Narrativ die Fäden in die imperiale Vergangenheit spinnen und auf die Bomber Seiner Kaiserlichen Majestät stolz sein? Selbst wenn sie nützlich waren und zur Hälfte in der Ukraine produziert wurden.

Solange die mentale Grenze das Imperium nicht im Kopf abtrennt, im Bewusstsein – so lange wird es auch in der Realität nicht abgetrennt sein.

Schluss. Abgeschnitten. Egal wie schmerzhaft und unangenehm das ist. Abgeschnitten. Zerknüllt. Weggeworfen. Und vergessen.

Jedenfalls fürs Erste. Später werden wir vielleicht auf diese Frage zurückkommen. Fürs Erste aber in die Zukunft schauen und unsere Sache machen.

So. Worauf ich hinauswill.

Man kann streiten, so viel man will. Shit-Diskussionen. Haufen von Beweisen. Bulhakow. Die Mrija. Das alles hat überhaupt keine Bedeutung.

Bedeutung hat nur der Gang der Geschichte.

Und der stellt sich folgendermaßen dar. Welche Sprache wir sprechen, ist unwichtig. Wichtig ist, welche Sprache unsere Enkel sprechen werden. Die Enkel der heutigen Ukrainer werden Ukrainisch sprechen.

Und in dreißig Jahren wird Bulhakow für jeden Ukrainer genauso ein unbestreitbar ausländischer Autor sein wie Salman Rushdie oder Oscar Wilde. In dreißig Jahren wird der junge Ukrainer, so wie heute der junge Pole, euch überhaupt nicht verstehen, wenn ihr ihm den heutigen Diskurs erklären wollt. Dass er auf eine Weise mit einem Ausländer verbunden sei, dessen Sprache er nicht versteht.

Wenn sie selbst ihre Kultur nicht bewahren wollen – WARUM ZUM TEUFEL MÜSST IHR SIE DANN BEWAHREN?

Na eben. Wozu braucht ihr das?

Genauso wenig wird er verstehen, was er mit der ein halbes Jahrhundert alten sowjetischen Technik zu tun hat, wenn eine irre Menge ukrainischer Technologien entwickelt und produziert worden ist, automatisierte Plattformen mithilfe von Starlink, Produkte, die dann vom Pentagon gekauft werden.

Und die Ukraine produziert nicht wenig davon. In die Ukraine strömen derzeit schon so viel Geld, Chancen, Aufhebung von Zoll- und Einfuhrbestimmungen, dass Seoul vor Neid erblasst.

Die Ukraine ist in der Lage, ihre eigenen Produkte herzustellen. In jedem Bereich. Ob Technologie, Kultur oder Sinnstiftung. Sie braucht keinem ausgestorbenen sowjetischen Flugsaurier nachzutrauern. Keinem Tolstojewski und keinem Bontsch-Brujewitsch.

Die Mrija ist überhaupt Shakespeare'scher Stoff. Das Imperium hat sie gezeugt. Das Imperium hat sie wieder genommen. Und Schluss. Der Kreis hat sich geschlossen.

IHRE ZEIT IST VORBEI. Nur im Epos hat so was jetzt noch eine Daseinsberechtigung.

Im realen Leben beginnt eine neue Zeit.

Ausgestorbene Saurier machen immer eine Nische für neue Arten frei. So wie das bei der Musik war, zum Beispiel. Erinnert ihr euch, wie viele Bedenken und Achs und Ochs es bei der Quotenregelung für russische Musik gab. Ach, och, was sollen wir jetzt hören, wo nehmen wir neue Produkte in dieser Menge her.

Wie sich herausstellte, gab es diese neuen Produkte waggonweise. Die überlebten Reptilien hatten ihnen einfach das Wachstum zur Sonne versperrt.

Es ist wie im Dschungel. Ein umgestürzter, toter Baum lässt Licht in die unteren Schichten des Waldes durch und gibt den Impuls für das Wachstum neuer Generationen ...

Das Aussterben der Kirkorows und Stas Michajlows hat der ukrainischen Musik einen solchen Wachstumsimpuls gegeben, dass jetzt die halbe Welt «Konopeletschki» und «Guten Abend, wir sind aus der Ukraine» singt.

Die Sache ist eigentlich ganz einfach. Bulhakow versperrte und versperrt weiterhin Stus den Zugang zu Licht, zu Sauerstoff.

Ohne Bulhakow wird es zu neuen Auflagen von Stus kommen.

An der Stelle des russischen Schriftstellers wird ein ukrainischer Dichter groß werden.

Warum wollt ihr selbst ihm wieder den Sauerstoff abschneiden?

Warum IHRE Kultur bewahren, statt EURE eigene groß werden zu lassen?

Aber da ich schon mal angefangen habe. Die russische Kultur wird zweifellos bleiben. Sie wird nur jetzt nicht mehr von dem Film «Die Kraniche ziehen» und – passend – «Erfahrene Hasen des Geschwaders» repräsentiert, sondern von den Erinnerungen Bukowskis, Amalriks, der Nowodworskaja. Von Mandelstams Worten, «Sein Schnauzbart lacht Fühler von Schaben». Von Platonows «Baugrube». Schalamows «Erzählungen von Kolyma».

Mit einem Wort all jenen, die jahre-, jahrzehntelang erzählten, was Mordor ist. Dieses menschenfresserische Land.

All jenen, die ihr Russen jahrelang verfolgt, eingesperrt, umgebracht und denen ihr die Finger in der Tür gebrochen, die Hoden mit dem Stiefel zerdrückt habt.

Lesen wird man von eurem Land jetzt vor allem dies.

Also. Aussterbende Dinosaurier machen immer eine Nische für Arten frei, die progressiver und besser sind. Die dann zu einer weiterentwickelten Lebensform werden.

Die Dinosaurier sind verschwunden. Schluss. Aus.

Schon in einem Jahr werdet ihr, wenn ihr zufällig auf dieses Thema stoßt, euch selbst wundern – Mist, worüber haben wir damals nur gestritten? Ist doch sonnenklar ...

Bulhakow? Echt jetzt?

Neue Sonnen werden aufgehen. Darauf muss man seine Weltanschauung bauen.

Nutzt die Chance.

Euer alter Mann.

Koffer – Bahnhof – Russland. Sie haben so lange davon gegrölt, dass ihr Gedanke endlich wahr geworden ist. Nun ja. Alle Wünsche finden Erfüllung. Nehmt das, ihr wolltet es so.

Es geht los.

Die Sicherheitspolizei Estlands hat Aleksej Jesakow, dem Organisator des «Unsterblichen Regiments», das Aufenthaltsrecht entzogen und ihn innerhalb weniger Stunden ohne Geld und Habseligkeiten vor die Tür gesetzt, über den Fluss nach Iwangorod, mit fünfjährigem Einreiseverbot in den Schengen-Raum. Jesakow wurde aus Sicherheitsgründen ausgewiesen – wegen der Verbreitung von Kreml-Propaganda und Aufhetzung, als Gefahr für die Nation. Auch als Schmuggler – von 2014 bis 2018 schickte er «humanitäre Hilfe» in den Donbass, was die estnische Polizei als «Schmuggellieferungen in den Osten der Ukraine» einstuft. In Tallinn lässt er seine alte Mutter und seine Kinder zurück.

Und gleich nach Jesakow wurde der Veranstalter der «Bronze-Nacht» 2007 aus der Schengen-Zone geschmissen – ihr erinnert euch, die Unruhen um das Denkmal für den Bronzesoldaten? –, Maxim Rewa. Der Aufenthaltstitel annulliert, zehnjähriges Einreiseverbot für Schengen. Ein Teilnehmer der «Nachtwache», die sich der aggressiven Einflusspolitik Russlands verdankt. Bei den Unruhen der Bronze-Nacht traten Mitglieder der «Nachtwache» – darunter auch Rewa – als Agitatoren auf. Für seine aktive Rolle in der hybriden Operation Russlands in der Ukraine 2014 erhielt Rewa die Medaille «Für die Krim». Zum Zeitpunkt seiner Ausweisung befand er sich in Russland. Dort wird er jetzt auch bleiben. Bei Jesakow weiß ich es nicht, aber Rewa ist in Estland geboren. Auch wenn er sich als russischen Patrioten betrachtete. Staatsbürgerschaft: ebenfalls russisch.

Na dann, gute Reise, Freunde! Lettland wird, hoffe ich, folgen.

Dort gibt es ein eigenes Schutzgebiet.

Und einen Gruß an Tolik.

Wer die Heimat liebt, zieht nach Bugulma. Gegrüßt seist du, ungewaschenes Russland.

Wer mit dem NATO-Faschismus kämpft, tut das im Donbass.

Solche Reenactments werden dort jetzt dringend gebraucht.

Junge, bring ihnen Wodka.

Hört auf zu husten dort.

Auf den Freitag!

7. Mai, 9.38 Uhr

Was macht ihr für einen Wind mit dem 9. Mai ... Am 9. Mai wird Putin den Krieg erklären! Am 9. Mai wird Putin die Mobilmachung ausrufen! Am 9. Mai wird Putin den Sieg erklären und die Kapitulation! Am 9. Mai dies, am 9. Mai das ...

Ist das nicht scheißegal?

Warum könnt ihr eine einfache Tatsache immer noch nicht kapieren. Russland ist ein Land, das von einem einzigen Mann handgesteuert wird. Sein Wille ist Gesetz.

Und er braucht, um den Atomknopf zu drücken, keine Kriegserklärung. Wenn er Truppen in jedes beliebige Land schicken will, kann er auf die Zustimmung oder Nichtzustimmung des Föderationsrates pfeifen. Um die allgemeine Mobilmachung, den allgemeinen Gulag, allgemeine Erschießungen oder einen allgemeinen Feiertag zu erklären – braucht er überhaupt kein Schwein zu fragen.

Und um den Sieg zu erklären, braucht er Kyiv nicht einzunehmen.

Mariupol ist genommen, der Korridor zur Krim steht offen, das Asow-Regiment ist vernichtet – in ihren Berichten wird stehen: Aus, der Sieg ist unser!

Und etwas in der Art wird er sagen. Aber Bedeutung wird das

keine haben. Denn nach dem 9. Mai wird das Gleiche sein wie vorher.

Krieg.

Und die Erwartung, dass er in jedem beliebigen Moment den roten Knopf drücken kann.

Oder glaubt ihr, ihr könntet aufatmen, uff, alles vorbei, wenn er den Krieg nicht am 9. Mai von Neuem beginnt?

Keine Spur.

Ich werde euch sagen, was am 9. Mai sein wird. Am 9. Mai wird Biden das Lend-Lease unterzeichnen. Und das ist tausendmal wichtiger.

Tausendmal wichtiger ist, was am 9. Mai Biden sagen und tun wird, als Putin.

9. Mai, 12.16 Uhr

Ja, was hat denn der Putin da auf der Parade? Den Krieg erklärt? Die Mobilmachung ausgerufen? Den roten Knopf gedrückt? Nein?

Er hat einfach nur irgendwas unverständlich Nichtssagendes ausgerotzt?

Scheiße, Mann, so eine Überraschung.

Wer hätte das gedacht. Was sollen die Experten und Analytiker dazu sagen. Und Opa Biden hat den Lend-Lease unterzeichnet.

So wie vorausgesagt.

Danke, Opa, für den Krieg.

Nichts zu danken.

Bin ja auch schon euer alter Mann.

Ein ganz Böser bin ich.

Ich öffne den Newsfeed – und zucke fast zurück. Klar, dass mir unter den Russen nur noch ganz wenige folgen, die, die nicht auf alle viere gegangen sind und zu bellen angefangen haben, aber sogar bei denen melden sich vom Morgen an die reinsten Großväter mit endloser Leier. Der imperiale Liberale ist doch unheilbar. Total. Spontanheilungen ausgeschlossen.

Unsere Großväter haben den Faschismus besiegt ...

Den Faschismus haben nicht eure Großväter besiegt. Den Faschismus haben englische, amerikanische, australische, kanadische, norwegische Großväter besiegt. Und eure Großväter haben mithilfe der Engländer und Amerikaner den Hauptkonkurrenten im Faschismus beseitigt.

Damit ihr selbst an seine Spitze treten konntet.

Eure Großväter waren Faschisten. Ach schau, was für eine historische Überraschung.

Genau solche Faschisten wie die Großväter von Hans und Klaus.

Eure Großväter haben von Sachalin bis zur Elbe nichts befreit. Gar nichts. Von Sachalin bis zur Elbe haben sie nur erobert. Eure Großväter waren Okkupanten. Genau solche wie die Großväter von Klaus und Hans.

Die Deutschen haben die Hälfte Polens an sich gerissen. Die Russen haben die Hälfte Polens an sich gerissen.

Die Deutschen haben die Tschechoslowakei zerrissen. Die Russen haben die Tschechoslowakei zerrissen.

Die Deutschen sind in Westrumänien einmarschiert. Die Russen sind in Bessarabien einmarschiert.

Die Deutschen haben Tallinn okkupiert. Die Russen haben Tallinn okkupiert.

Wo, verdammt, wollt ihr hier einen Unterschied erkennen? Zeigt es mir durch die Lupe, wie die Photonen durch eure Netzhaut gelangen und es in eurem Gehirn schlussfolgert: Brauner Faschismus – ja, das ist Faschismus. Roter Faschismus – nein, das ist etwas ganz anderes. Das ist der Sieg über den Faschismus.

Wen habt ihr denn befreit? Die Tschechen im Jahre 1968? Die Tschetschenen 1943? Die Krimtataren im Jahr 1944? Die Letten im Jahr 1941? Die Polen? Die Ukrainer?

Wen?

Vielleicht wenigstens euch selbst? Googeln: der Hunger 1946/47, die zweitgrößte Repressionswelle nach dem Jahr 1937. Suchen – lernen.

Und hätten die USA über Hiroshima nicht die Atombombe abgeworfen, wären eure Großväter auf Befehl des schnauzbärtigen Führers noch weiter gegangen. Daran zweifle ich keine Sekunde. Und hätten auch noch Frankreich, Belgien und Spanien nebst Ärmelkanal eingenommen.

Truman war es, der dem Faschismus am Ostufer der Elbe Einhalt geboten hat. Nicht eure großen Großväter.

Euch hat er Einhalt geboten.

Aber nur Klaus und Hans haben begriffen, was ihre Großväter getan haben. Klaus und Hans haben den Faschismus real besiegt. Während die Enkel Iwanow und Sidorow den Faschismus wieder in fremde Länder tragen.

In einem faschistischen Land leben, im Vierten Reich, das inzwischen ganz unverhohlen zu einer faschistischen Politik mit Konzentrationslagern und Folter innerhalb des Landes übergangen ist und einen aggressiven faschistischen Angriffskrieg begonnen hat, die Okkupanten-Großväter, die Soldaten des roten Faschismus auf Plakaten tragen und dabei brüllen «Wir werden den Faschismus besiegen» – ja, um Himmels willen, merkt ihr nicht, wie bescheuert ihr seid?

Wenn meine Großväter nicht wären, wäre ich nicht auf dieser Welt ... Ja, das mag stimmen. Es stimmt genau. Ihr habt ja nicht gegen den Faschismus gekämpft. Ihr habt ausschließlich um euer eigenes Leben gekämpft. Das euch der braune Faschismus nehmen wollte. Aber ihr selbst wart dabei die Träger des roten Faschismus.

Das ist alles.

Und erst dann, wenn ihr erkennt, wenn ihr begreift und den Gedanken als unstreitig zulasst, ihn durch euch hindurchlasst: dass eure Großväter Faschisten waren, wenn ihr diesen Gedanken verarbeitet, öffentlich darüber diskutiert, zu einem neuen Gesellschaftsvertrag kommt und Schlüsse daraus zieht – nur dann könnt ihr den Faschismus besiegen. In euch selbst.

Sonst muss er eigentlich nirgends mehr besiegt werden.

Erst dann werden wir überhaupt miteinander reden können.

Wenn ihr begreift, dass man auf solche Großväter nicht stolz sein kann. Dass es, ja, so etwas gab in unserer Geschichte. Ja, wirklich. Ja, meine Großväter.

Aber das aus der Mottenkiste holen und damit herumstolzieren – das sollte man nicht.

Bislang kann von einer Gesundung gar keine Rede sein. Ihr seid alle immer noch im tiefsten Koma. Im faschistischen Koma.

Der Tag des Sieges über den Faschismus liegt also noch in der Zukunft. Das Datum wird die Ukraine bestimmen. Die ukrainische Armee. Nicht mehr ihr.

Selenskyj ist wieder jemand in die Waffel gefahren, er hat auf «Kleinrussland» umgeschaltet. Jetzt schwafelt er irgendeinen Scheiß von «Niemandem werden wir unseren 9. Mai abtreten».

Niemandem werden wir unseren Siegestag am 9. Mai abtreten, unsere russische Sprache, unseren Bulhakow und unsere An-225 Mrija.

Das ist doch, verfluchte Scheiße, Putins Traum!

An unserem und eurem Siegestag auf dem Roten Platz teilnehmen, in unserer und eurer russischen Sprache unseres und eures Bulhakows gedenken und dabei zusehen, wie unsere und eure Mrija über die Köpfe hinwegsaust.

Das ist ein Riesenfreudenfest für jeden Großrussen!

Wir haben doch so viel gemeinsam.

Wlodi, begreifst du, dass es gerade das ist, wofür der andere Wladi kämpft? Dass das Ziel seines Angriffs auf ein Land, in dem, weil der Zufall es wollte, du zum talking Präsidenten-head wurdest, nicht ist, dass ihr keine russische Sprache und keinen Bulhakow mehr habt – sondern genau umgekehrt, dass ihr sie habt!

Wir treten unsere Sarkome an niemanden ab. Sie verbinden uns, verdicken unsere Knochen.

Oh Weisheit deiner Worte.

«Unser» kann man nur ein Ereignis, einen Gegenstand, eine Tat nennen, wenn man frei darüber entschieden hat.

Hätte die Ukraine die Wahl gehabt, nie im Leben hätte sie diesen imperialen Bomber gebaut, den sie so nötig hat wie einen Kropf, zum Transport Seiner Majestät Buran, um den verfluchten Schweine-GIs eins auszuwischen.

Hätte die Ukraine die Wahl gehabt, nie wären die Eltern von Bulhakow aus ihrem Gouvernement Kursk ins Kleinrussland des Imperiums gezogen und hätten dort Michail Afanassjewitsch zur Welt gebracht.

Hätte die Ukraine die Wahl gehabt, sie hätte alle 259 ukrainischen Schriftsteller studiert, die in den Konzentrationslagern in Sandarmoch und den Partisan-Minen erschossen worden sind, und Bulhakow stünde irgendwo in den Hinterzimmern, Abteilung «Ausländische Literatur» – und zwar auf Ukrainisch.

Hätte die Ukraine die Wahl gehabt, wäre von bildungsmäßiger Kolonialisierung gar nicht die Rede gewesen, alles wäre unser, ukrainisch gewesen.

Begreift ihr, dass Bulhakow und Dostojewski, wie Zwanzig-Kilo-Platten auf den Garten gelegt, alles Ukrainische, das dort wachsen und aufgehen konnte, erdrückt haben?

Und hätte die Ukraine die Wahl gehabt, sie hätte nicht an der Seite des einen Faschismus gegen den anderen gekämpft. Sie hätte, ausschließlich als Ukrainische Aufstandsarmee, SOWOHL gegen den braunen ALS AUCH gegen den roten Faschismus gekämpft.

Genau das passiert gerade jetzt. Da das Land die Wahl hat. Nur mit siebzig Jahren Verzögerung.

Was für ein Video, zum Teufel, vom 9. Mai auf dem Chreschtschatyk?

Wozu jetzt wieder die Fäden in die Sowjetzeit ziehen? Verstehe ich nicht. Die Geschichte bietet die Chance, all diese Krebsgeschwüre auszuschneiden und wegzuwerfen.

Bulhakow lebte in Kyiv, er zog nach Moskau.

Dowlatow lebte in Tallinn, er zog nach New York.

Sag einem Esten, Dowlatow sei ein estnischer Schriftsteller gewesen – den wird der Schlag treffen.

Genauso würde ihn der Schlag treffen, wenn Kersti Kaljulaid auf den Rathausplatz der Altstadt von Tallinn treten und sagen würde: «Unseren 9. Mai treten wir niemandem ab.»

Warum klingt diese Phrase in Estland einfach nur irre, während der Präsident der Ukraine sie höchstpersönlich auf dem Chreschtschatyk ausspricht – als wäre das selbstverständlich?

Denkt mal drüber nach.

In Tallinn kommt Dowlatow überhaupt nicht vor. Nirgends. Keine Hinweise. Keine Straße, kein Denkmal, kein Museum, keine Gedenktafel.

In Tallinn gibt es keinen Tag des Sieges am 9. Mai. Keine Spur davon. Weder eine Parade noch Umzüge noch Gedenken noch einen Feiertag. Der Platz des Sieges wurde umbenannt in Platz der Freiheit.

Auf dem Platz der Freiheit finden Veranstaltungen zum Ende des Zweiten Weltkriegs statt.

Am 8. Mai.

Wie überall auf der Welt.

Estland belegt von allen postsowjetischen Ländern den ersten Platz, in jeder Hinsicht. Gemessen am Lebensstandard, am Durchschnittslohn, in der Bildung – die sind mit Finnland ganz vorne in Europa überhaupt –, als da wären bei der Lebensqualität, Ökologie, Geschäftsklima, Meinungsfreiheit, Geburtenquote – und überhaupt nach allen Maßstäben.

Was ist, verdammte Scheiße, das Problem? Wo ist das Problem, vom 9. auf den 8. Mai zu wechseln? Auf die Dowlatow-Bulhakow-Tolstojewskis zu verzichten und zum Kalevipoeg und zu Pidmohylny zu wechseln?

Zu verzichten auf den imperialen Bomber und einen eigenen zu entwickeln?

Womöglich hängt das alles zusammen? Der 8. Mai und der erste Platz nach allen Indikatoren?

Der völlige Bruch mit dem Imperium und das glücklichste Lebensgefühl?

Die Absenz von Bulhakow und die beste Bildung in Europa?

He, Wolodymyr Oleksandrowytsch?

Auch die Ukraine wird den Faschismus nicht dann besiegen, wenn sie die Panzerhorden zermalmt hat. Schon ein bisschen, das wird der militärische Sieg sein. Der Sieg zur Unabhängigkeit. Für die Freiheit. Aber es wird noch nicht das endgültige Stadium sein.

Der endgültige Sieg kommt dann, wenn sämtliche Fäden in die imperiale Vergangenheit zerrissen sind.

Dann wird die Geschichte eine höhere Stufe erreichen und einen gesunden Neuanfang nehmen.

Ohne Krebsgeschwür.

Mit dem euch dann nichts mehr verbinden wird.

Rein gar nichts.

Epilog

I will survive

2015

Zum Teufel mit denen. Ich werde überleben. Ich werde all ihre beschissenen Kriege überleben. Den Donbass. Den Dritten Tschetschenischen. Und alle anderen neuen, lokalen Kriege, die sie in ihrer Agonie noch anzetteln mögen.

Den Putinismus werde ich überleben. Das Kadyrow-Regime. Den russischen Aufstand, der sinnlos und gnadenlos sein wird und in den sie ihr Land stur hineintreiben. Alkoholiker mit MGs an den Kontrollposten. Eine Volksrepublik Donezk auf mehr als einem Sechstel der Erde.

Politische Repressionen und Terror werde ich überleben. Das Zentrum «E». Die Verhaftungen. Den Gulag. Obskurantismus, Xenophobie und Hass. Überleben werde ich all ihre Anti-Maidans und SMERSch. Den Chirurgen, Milonow, Misulina und Lawrow. Und wie sie alle heißen.

Ich werde lange, lange leben. Werde am Ufer des Flusses sitzen. Und zusehen, wie alles an mir vorbeitreibt.

Sterben werde ich mit sechsundneunzig. Im Bett. Umgeben von zwölf Enkeln und vierzig Urenkeln. Reich, gesund, bei klarem Verstand, gutem Gedächtnis und vollem Bewusstsein. Und leicht beschickert.

Aber wenn ich alter Gaul dann eben doch alle viere von mir strecken muss ...

Mädels, kommt und tanzt Twerking auf meinem Grab!

Tanzt Twerk! Und Aerobic! Und Poledance. Mit Verzehrzwang – was immer das heißen mag.

Schwingt die Hintern. Kreist die Taillen. Wackelt die Brust.

Trinkt Champagner und Burgunder, lasst das Bier schäumen,

raucht ein bisschen Gras, liebt und küsst euch, redet, streitet, bumst, amüsiert euch und erzählt Witze.

Kommt mit euren Freunden, Familien, Kindern, Kinderwagen und Luftballons.

Hängt ab und chillt out! Das Leben regiert!

Vielleicht buddle ich mich zu dem Anlass auch selbst noch mal raus und mache einen drauf mit euch.

Lebt und denkt nicht an die Arschlöcher, die auf alles sauer sind, was sich bewegt.

Das Leben an sich beleidigt die Arschlöcher.

Aber die Jugend, die Liebe und die Zukunft werden auf jeden Fall über Obskurantismus, Hass und Leichenlahmheit siegen. Vielleicht nicht so bald, aber auf jeden Fall.

Die Toten sollen sich selbst begraben.

Schickt sie alle zum Teufel.

Fröhliche Feiertage.

Auch wenn noch Montag ist.

Anmerkungen

S. 8, Chochol: russisches Schimpfwort für Ukrainer, nach der traditionellen Haartracht der ukrainischen Kosaken benannt, einer Haarsträhne auf der Stirn.

S. 16, Alexander Sergejewitsch: Puschkin, Anspielung auf dessen kritische Haltung.

S. 17, Judenitschs, Gundjajews, Surkows: Nikolai Nikolajewitsch Judenitsch, 1862–1933, General der russischen Armee und der Weißen Garde, die gegen die bolschewistische Revolution kämpfte; Wladimir Michailowitsch Gundjajew, bürgerlicher Name Kyrills II.; Wladislaw Jurjewitsch Surkow, einer der Hauptideologen des Putinismus.

S. 24, Banderowzen: in der russischen Propaganda diffamierend, von Babtschenko wiederum ironisch verwendete Bezeichnung, nach dem umstrittenen ukrainischen Nationalisten Stepan Bandera (1909–59).

S. 28, grüne Männchen: die grün uniformierten russischen Soldaten ohne Hoheitsabzeichen, die 2014 die Krim besetzten. Die russische Regierung bestritt zunächst jede Verbindung zu ihnen und gab sie später offen zu.

S. 31, Tituschkos: staatlich unterstützte Provokateure gegen die Proteste auf dem Maidan ab 2013, benannt nach dem Kampfsportler Vadim Tituschko.

S. 37, Kekse: verteilt von Victoria Nuland, Assistant Secretary des US-Außenministeriums, am 11. Dezember 2013 auf dem Maidan; auch «Nulands Kekse» genannt.

S. 52, Bushs Hühnerkeulen: Bezeichnung für seit den Neunzigerjahren aus den USA gelieferte Hühnerteile für Russland.

S. 67, Schiffchen: militärische Kopfbedeckung.

S. 112, vorbildlos: russischer Neologismus, аналоговнетный, auch von Putin oft verwendete Prahlerei in Bezug auf Waffen.

S. 119, Die-Krim-ist-kein-Butterbrot: Zitat aus einem Interview von Alexei Nawalny.

S. 133, Karl: Name eines Informanten des Estnischen Geheimdienstes, häufig auf Twitter erwähnt.

S. 135, Verpiss dich, russisches Schiff, verpiss dich: Berühmt gewordene etzte Worte der ukrainischen Verteidiger der Schlangeninsel im Schwarzen Meer, bevor sie erschossen wurden.

S. 136, Loscharik: nuklearbetriebenes russisches Forschungs-U-Boot. 2019 starben bei einem Feuer an Bord vierzehn Besatzungsmitglieder.

S. 144, M1 Abrams: der Haupt-Kampfpanzer der USA.

S. 158, Watniks: Schimpfwort für sowjetnostalgische Russen, nach den wattierten Steppjacken.
S. 170, Baba Wanga: bekannte bulgarische, auch in der Sowjetunion populäre Wahrsagerin.
S. 172, Ilja Jaschin: liberaler russischer Politiker, der 2019 nicht zu den Kommunalwahlen in Moskau zugelassen wurde, obwohl er die nötige Stimmenzahl hatte.
S. 191, Nadeln: schultergestützte Kurzstrecken-Boden-Luft-Rakete aus sowjetischer Produktion.
S. 198, Mark: Zuckerberg.
S. 201, Katze hat vier Beine: Liedtext der Petersburger Band Otava Yo.
S. 206, Arachamija: Dawyd Arachamija, Mitglied des ukrainischen Parlaments, enger Vertrauter Selenskyjs.
S. 239, Pappel: russisch «Topol» – sowohl der Baum als auch die gleichnamige Rakete.
S. 247, Dreizack: der goldene Dreizack im Wappen der Ukraine.
S. 250, Bändchen: Erkennungszeichen der Opposition in Belarus und Russland.
S. 277, Aue-Land: russische Abkürzung für арестантское уркаганское единство, lockere, geheime Organisation russischer Krimineller, oft aus Jugendlichen und Kindern bestehend.
S. 277, ChimMasch gegen Tjaschmasch: ChimMasch, Bezirk in Ekaterinburg, benannt nach dem Chemiemaschinenbetrieb UralChimMasch; TjaschMasch wäre in Analogie der Schwermaschinenbau, es gibt jedoch kein Stadtviertel dieses Namens.
S. 285, NATA: Babtschenko feminisiert die NATO.
S. 287, Detotschkin: Jurij Detotschkin, Held der Sowjetkomödie «Pass auf dein Auto auf!». Detotschkin stiehlt Autos von Reichen und gibt den Verkaufserlös an Kinderheime.
S. 289, Zemach: Wolodymyr Zemach, pro-russischer Kollaborateur in Donezk, Zeuge des Abschusses des malaysischen Passagierfluges MH-17. 2019 von der Ukraine gegen den Wunsch niederländischer Ermittler aus der Haft entlassen.
S. 295, Mrija: das Großflugzeug Antonow 225, deutsch «Traum».
S. 295, Blizna: im Karpatenvorland auf dem damaligen SS-Truppenübungsplatz Heidelager bei Blizna.
S. 289, Bontsch-Brujewitsch: Wladimir Dmitrijewitsch Bontsch-Brujewitsch, Sekretär Lenins.
S. 299, Schaben: Zitat aus Ossip Mandelstams Stalin-kritischem Gedicht «Wir Lebenden spüren den Boden nicht mehr» (1933), übersetzt von Ralph Dutli.
S. 300, Nachtwache: russisch-nationalistische Bewegung in Estland, 2007

gegründet, von Russland finanziert, vorgeblicher Anlass war der Schutz eines Sowjetsoldaten-Denkmals in Tallinn.

S. 301, Wodka: abgeändertes Zitat aus dem Kultfilm «Brat II» («Bruder 2»). Von Julia Nawalny im Flugzeug von Berlin nach Moskau wörtlich zitiert: «Junge, bring uns Wodka. Wir fliegen nach Hause.»

S. 302, Danke, Opa: Spruch, der eigentlich den Veteranen des Großen Vaterländischen bzw. Zweiten Weltkriegs gilt.

S. 308, Kalevipoeg: das von Friedrich Reinhold Kreutzwald verfasste Nationalepos Estlands.

S. 308, Pidmohylny: Walerian Pidmohylny (1901–1937), Autor und Wegbereiter des modernen ukrainischen Romans.

S. 313, Zentrum E: «Zentrum für die Bekämpfung des Extremismus» des russischen Innenministeriums.

S. 313, SMERSch: Akronym von «Смерть Шпионам!», deutsch «Tod den Spionen», sowjetischer militärischer Nachrichtendienst während des Zweiten Weltkriegs.

S. 313, Chirurg: Spitzname des Gründers der Motorradbande «Nachtwölfe», Alexander Saldostanow, ehemaliger Arzt, russischer Nationalist und Stalin-Verehrer.

gegründet, von Russland finanziert, vorgeblicher Anlass war der Schutz eines Sowjetsoldaten-Denkmals in Tallinn.

S. 301, Wodka: abgeändertes Zitat aus dem Kultfilm «Brat II» («Bruder 2»). Von Julia Nawalny im Flugzeug von Berlin nach Moskau wörtlich zitiert: «Junge, bring uns Wodka. Wir fliegen nach Hause.»

S. 302, Danke, Opa: Spruch, der eigentlich den Veteranen des Großen Vaterländischen bzw. Zweiten Weltkriegs gilt.

S. 308, Kalevipoeg: das von Friedrich Reinhold Kreutzwald verfasste Nationalepos Estlands.

S. 308, Pidmohylny: Walerian Pidmohylny (1901–1937), Autor und Wegbereiter des modernen ukrainischen Romans.

S. 313, Zentrum E: «Zentrum für die Bekämpfung des Extremismus» des russischen Innenministeriums.

S. 313, SMERSch: Akronym von «Смерть Шпионам!», deutsch «Tod den Spionen», sowjetischer militärischer Nachrichtendienst während des Zweiten Weltkriegs.

S. 313, Chirurg: Spitzname des Gründers der Motorradbande «Nachtwölfe», Alexander Saldostanow, ehemaliger Arzt, russischer Nationalist und Stalin-Verehrer.